KB213851

이 책을 추천하며

독보적인 유진 피터슨의 지도를 받은 데이비드 테일러가
매력적이고 알기 쉬운 시편 입문을 펴냈다. 자신의 인생 경험과
생생한 신앙을 강해로 엮어 내면서 시편의 시를 실생활의 경이와
씨름으로 연결시킨다. 시편 읽기에 대한 교육적 길잡이이자 시편
관련 문헌을 확장시켜 주는 반가운 책이다.

월터 브루그만 | 컬럼비아 신학대학원 구약학 명예교수

시편은 구약의 정수이자 하나님의 임재로 들어가는 관문이다.
시편에 묘사된 인간 정서와 시편에서 만나는 하나님은 우리에게
삶의 의미를 깨우쳐 준다. 실천에 중점을 둔 이 책은 독자를
시편의 핵심 주제로 안내할 뿐 아니라 거기에 머물며 하나님과
자신을 더 잘 알게 해 준다. 그대로 살고 경험한다면 참으로 삶의
길잡이가 될 책이다.

대럴 L. 보크 | 댈러스 신학대학원 신약학 수석연구교수

이 책은 시편의 하나님과 친밀해지는 길을 명확히 지도로 그려 냈다는 점에서 내게 힘이 된다. 시편의 폭넓은 범위를 망라하기가 쉽지 않은데 저자는 이를 주제별로 나누어 공들여 강해했다. 결국 하나의 일관된 주제는 화급한 인간사에 하나님이 반응하신다는 것이다. 시편의 시마다 인간과 하나님의 접촉이 보이는데, 인간의 목소리가 워낙 진실하여 우리의 공감을 자아낸다. 위기 앞에 절규하느라 날것의 감정이 드러나는 시도 많고, 감사를 외치는 시도 있다. 이 책에 힘입어 우리도 자신의 실제 경험과 있는 그대로의 모습으로 기도할 수 있다.

루시 쇼 | 리젠트 칼리지 주재작가, 『하나님을 만나는 글쓰기』, 『내 영혼의 번지점프』 저자

수도사인 나의 천주교 공동체에서 시편은 기도의 중심을 이룬다. 수도원 전통에서 전쟁과 폭력과 분노 등 시편의 문제적 개념은 외부의 타인을 향한 것이 아니라 늘 우리 내면의 영적 전투로 해석된다. 반면에 찬송과 낙심, 선과 악, 평화와 갈등은 그리스도 안의 일상생활에서 우리 모두가 겪는 일이다. 이 책은 그런 주제를 새로운 관점에서 보게 해 준다. 공인된 그리스도인 학자에게서 시편에 대한 또 하나의 좋은 책이 나와서 기쁘다.

존 마이클 탈봇 | CCM 개척자, 수도원 공동체 Brothers and Sisters of Charity 설립자 겸 원장사제

시편에 대한 책이 많은데 왜 굳이 이 책을 읽어야 할까? 시편은 실존 인물들을 실제로 상대하시는 하나님을 담아냈다는 점에서 중요하다. 그래서 이 책의 저자는 시편을 실존 인격체이신 그분과 연결시킨다. 그는 자신의 슬픔과 분노와 솔직함과 기쁨을 말함으로써 시편의 다윗이 어떻게 슬픔과 분노와 솔직함과 기쁨을 말하는지를 보여 주고, 또 하나님이 우리를 어떻게 대하시며 우리가 슬픔과 분노와 솔직함과 기쁨의 백성으로서 그분을 어떻게 대해야 하는지를 보여 준다.

존 골딩게이 | 풀러 신학대학원 구약학 명예교수

시편 자체처럼 이 책도 우리 삶과 세상의 정말 중요한 것들에 대해, 그리고 우리의 언어가 교회에 적합해 보이는지 여부에 대해 하나님께 솔직히 아뢸 것을 권한다. 저자는 시편의 기도를 닥터 수스와 래퍼와 시인과 신학자의 글과 나란히 함께 읽는다. 일간 뉴스도 빼놓지 않는다. 그의 심층 질문과 실천 제안에 힘입어 독자는 우리 마음과 공동체를 치유할 수 있는 거룩한 언어를 모색할 수 있다.

엘런 데이비스 | 듀크 대학교 신학대학원 성경신학 및 실천신학 명예교수,
『하나님의 진심』 저자

저자가 유진 피터슨에게서 넘겨받은 성화를 전달하는 이 책은 시편 순례의 길동무로서 다음 세대 목회자와 리더에게 주는 선물이다. 솔직하고 예리하면서도 목회자의 심정으로 감정을 정확히 담아낸 그의 글은 우리를 시편의 깊은 신비와 모험 속으로 데려가 창조주 하나님을 알게 한다.

마코토 후지무라 | 『컬처 케어』 저자

열정에 정확성이 더해지면 언제나 막강한 힘을 발휘한다. 옛날에 다윗이 전쟁터에서 그 둘로 골리앗에 맞섰는데, 이 감동적인 신간에도 양쪽이 똑같이 잘 조화되어 있다. 시편에 대한 확실한 애정과 탄탄한 지식을 겸비한 저자는 길잡이로 안성맞춤이다. 머리와 가슴이 멋지게 어우러진 그의 안내를 따라 우리도 총 150편의 노래를 새삼 집중해서 공부하고 새삼 공감하며 노래할 수 있다. 시편의 도발적 신앙과 그윽한 기쁨과 쓰라리고도 아름다운 솔직함을 늘 사랑했는데, 이 환상적인 책을 읽고 나서 더 사랑하게 되었다.

매트 레드먼 | 예배 인도자

그동안 내가 접한 사람들의 다양한 인생길을 보면, 우리의 창조주께서 성경에 밝혀 두신 표시판과 지도가 얼마나 정확한지를 알 수 있다. 그런 탁월한 자원으로 시편을 빼놓을 수 없다. 근래에 예배를 주제로 한 선교 세미나에 참석해서도 배웠거니와, 시편은 저자들이 삶 속에서 창조주를 만나 본연의 목적대로 살아간 내용을 담은 시집이다. 이 책을 읽으면서 내 기존의 인식이 보강되었고, 주님께서 예비하신 길로 계속될 내 인생길의 걸음을 인도할 교훈도 더욱 선명해졌다. 그래서 삶의 모든 길동무에게 이 책을 적극 추천한다!

루벤 에즈마두 | 나이지리아 크리스천선교재단(CMF) 총재, **아프리카토착운동(MANI) 대표**

저자는 우리를 시편 순례로 안내하면서 슬픔, 분노, 회의, 혼돈, 외로움, 죽음 등 삶의 현실을 깊이 탐색한다. 그의 도움으로 독자는 자신의 실상을 철두철미 솔직하게—마음을 열고 두려움 없이—대면하게 된다. 아울러 이 시편 순례에서 만나는 하나님은 주권자로서 생명과 기쁨을 주시며 우리를 하나로 연합하신다. 경건하면서도 도전적인 저자의 메시지를 읽노라면 다정다감한 격려의 말이 들려온다. 유진 피터슨 저작의 맛을 아는 독자라면 이 책에도 실망하지 않을 것이다. 자상한 목회자의 심정과 예리한 신학자의 지성에서 피터슨의 정서가 동일하게 풍겨 나기 때문이다.

패트릭 펑 | 국제 OMF 선교회 총재

성경의 심장인 시편은 우리 마음의 비밀—가장 깊은 두려움과 동경과 희망을 풀어헤친다. 저자는 우리를 성경의 숨은 심장과 독자의 숨은 마음으로 곧장 데려가 둘 다를 대담하고 아름답게 열어 보인다. 시적 특성과 원작의 문맥을 십분 존중하면서도 가장 중요하게 시편이 오늘 우리에게 어떤 의미인지를 풀어낸다. 이 책을 읽고 특히 각 장 끝의 연습과 기도를 실천하면 많은 독자의 삶이 변화될 것이다.

맬컴 가이트 | 임브리지 대학교 거튼 칼리지 사목

신학적으로나 심미적으로나 시편 자체만큼이나 풍부한 책이다. 지금처럼 위험하고 무서운 시대일수록 시편이 어느 때보다도 절실히 필요하다. 시대를 초월하는 시편의 무궁무진한 선물을 이 저자처럼 발굴해 줄 충실한 예술가와 사상가도 더 많이 필요하다.

캐런 스왈로 프라이어 | 『좋은 독서법』, 『치열한 확신』 저자

이 책은 제목대로 두려움 없이 열려 있다. 시편 자체만큼이나 모든 독자에게 하나님의 은혜를 불어넣고 노래하기 때문이다. 하나님의 시편에 푹 절여진 증언이라서 꾸밈없이 진솔하고 인간적이며 마음을 훈훈하게 한다. 권위 있으면서도 겸손하다. 행간의 교훈은 잘 정제되어 있고 대화식 어조는 독자를 끌어들인다. 덕분에 백과사전처럼 풍성한 시편이 활짝 열리면서 귀를 쫑긋 세우게 한다. 각 장에 덧붙여진 질문과 연습은 정말 알차고 재미있다. 그야말로 늘 지니고 다녀야 할 안내서 같은 책이다.

캘빈 시어벨드 | 토론토 기독교학문연구소 철학미학 명예교수

시편은 신앙생활에 위로와 도전을 주는 무궁한 원천이다. 아주 설득력 있게 우리를 시편의 수많은 핵심 덕목으로 이끌어 준 저자가 고맙다. 시편의 탁월한 외형을 소개하는 책은 많지만 이 책은 한 걸음 더 나아가 시편이 어떻게 진가를 발휘하는지를 보여 준다. 즉 시편을 통해 성령은 인간의 삶을 변화시키시고, 인간의 영혼을 치유하시며, 하나님의 경이와 영광을 황홀하리만치 깊이 깨닫게 하신다.

존 D. 위트블리트 | 캘빈 기독교예배연구소 소장, 캘빈 칼리지 음악 및 예배학 교수

지식 위주의 신앙 때문에 본의 아니게 마음을 닫고 두려워하는 우리 '지성인' 그리스도인에게 이 책은 선물이다. 우리는 양쪽 뇌 모두로—가장 솔직한 마음으로—현실을 느끼고 체화하고 그 속에 사는 법을 잊었다. 내가 오래도록 존경해 온 예술가(유진 피터슨 같은 시인과 보노 같은 음악가)들이 하나님과 타인에게 나의 전 자아를 열도록 도와주었는데, 이제 그 존경을 예술가이자 신학자인 데이비드 테일러에게 보낸다. 시편을 통해 그는 우리의 전인을 알게 하고 그리하여 하나님의 제자가 되게 한다.

토드 헌터 | 성공회 주교

저자의 야망은 우리 삶이 곧 시편이 되는 것이다. 시편의 절절한 정서와 생생한 은유와 매혹적 신비가 우리를 빚어내 우리도 그 읽은 대로 되는 것이다. 확신컨대 이 책을 읽는 사람은 그 야망에 전염되어 하나님의 노래가 될 것이다.

샘 웰즈 | 런던 세인트 마틴 인 더 필즈 교회 목사

엘런 데이비스는 시편을 '단연 최고의 신앙생활 길잡이'라 했거니와 그 이유를 테일러가 보여 준다. 시편은 예수님의 인성을 빚었고, 또한 테일러가 한 장에 훌륭하게 고증했듯이 교회사를 빚었다. 바로 그 시편으로 그는 우리에게 세례를 베풀어 우리의 정서를 치유하고 회복한다.

브루스 월키 | 리젠트 칼리지 성경학 명예교수

테일러 박사가 자신의 인생 경험과 통찰력을 나누어 이 풍부하고 유익한 자원을 내놓았으니 얼마나 귀한 공헌인가! 이 책은 시편이 어떻게 실생활에 적용되는지 궁금한 이들에게 영감을 주고, 크고 작은 모임을 독려하여 시편에 혁신적 실천으로 반응하게 하며, 저자의 말대로 우리를 '온전하고 거룩하게 할 뿐 아니라 성령으로 말미암아 이웃의 고난에도 더욱 깊은 긍휼을 품게' 할 것이다.

알렉시스 애버네시 | 풀러 신학대학원 포용평등 교수처장, 임상심리학 교수

저자는 시와 노래와 신학으로서의 시편에 상당한 비중을
둠으로써 시편 탐구를 멋지게 살려 낸다. 그의 세심한 눈길 아래서
시편의 굵직한 주제들이 생명을 입는다.

매기 던 | 세인트 메리스 칼리지 학장 겸 신학 교수

인생의 실상을 하나님 앞에서 시편만큼이나 두려움 없이 말하는
솔직한 책이다. 삶의 길잡이를 넘어 당신에게 생명을 줄 것이다.
결코 우리 혼자였던 적이 없음을 일깨워 주는 희망찬 책이다.

루크 파워리 | 듀크 대학교 채플 교목

데이비드 테일러의 책을 읽으면 오랜 친구와 함께 시간을 보내는
기분이다. 지혜롭고도 다감한 그의 글에는 교회의 생명을 지켜 온
시편 기도에 대한 사랑이 듬뿍 배어 있다. 시편 자체처럼 두고두고
음미하고 묵상하며 실천해야 할 책이다.

멜라니 로스 | 예일 대학교 신학대학원 예배학 부교수

마음을 열고, 두려움 없이

마음을 열고, 두려움 없이

데이비드 테일러 지음·유진 피터슨 서문

윤종석 옮김

삶을 인도하는 시편

바람이불어오는곳

유진과 보노에게

차례

서문

내가 시편을 처음 만난 것은 열두 살 때였다. 그때 우리 가족은 몬태나주 캘리스펠에 살았는데, 아버지의 정육점이 잘돼서 부모님은 시내 건너편 동쪽으로 이사하기로 했다. 동쪽은 모든 중요한 사람이 사는 곳이었다. 캘리스펠은 별로 큰 도시는 아니지만 동쪽과 서쪽으로 나뉘어 있었다. 반대쪽으로 이사하는 바람에 나는 친구를 다 잃었다. 같이 놀 친구가 없어 성경책을 샀는데, 내 돈으로 성경을 사기는 처음이었다. 성경을 펴서 읽기 시작했다. 시편이 중요하다고 누가 그러기에 거기서부터 읽었다.

그런데 금방 헷갈렸다. 내가 자라난 문화에서는 성경의 모든 단어가 **문자적으로** 하나님의 말씀이었다. 성경으로 장난을 쳐서는 안 되었다. 그런데 하나님이 우리의 반석이시며 내 눈물을 병에 담으신다는 말을 읽노라니 이런 의문이 들었다. '설마! 정말? 하나님에 대해 이렇게 말해도 되는 건가?' 그렇게 2-3주가 지나자 나는 완전히 혼란에 빠졌다. '내가 무언가 놓치고 있겠지'라는 생각이 들었다. 그 전까지 은유라는 단어를 들어 본 적이 없던 내가 어느새 은유가 무엇인지 배웠다. 그 말뜻을 알아서가 아니라 순전히 시편의 표현 방식을 본 결과였다.

알고 보니 시편에는 사자, 덫, 흙, 해, 그늘, 나무, 산, 양 등 은유가 넘쳐났다. 거기서 나는 언어의 새로운 용법을 배웠는데, 시어는 상상력이 풍부했고 협의의 문자적 어구가 아니었다. 열두 살의 나 같은 이들에게 시편은 상상력이 **진리 안으로 들어가는** 길임을 가르쳐 주었다. 훗날 내가 후학들에게 으레 말했듯이 은유는 보이지 않는 세계와 보이는 세계, 하늘과 땅을 이어 주는 말의 고리다.

시인들은 우리 눈과 귀가 곧잘 놓치는 안팎의 세계를 은유로 종종 표현한다. 말로써 우리의 목덜미를 잡고 우리를 실재의 심연 속으로 끌어들이는 것이다. 시는 미사여구이기는 커녕 오장육부를 까발리는 언어다. 기도하게 하는 언어다. 시편도 시인지라 암시적 은유를 동원하여 하나님의 광대무변한 말씀을 담아낸다. 하나님의 창조세계와 구원이라는 큰 나라로 우리를 데려간다.

시편은 특정 공동체의 신앙시이므로 우리에게 기도를 훈련시키되, 여태 기도해 왔고 지금도 기도하고 있는 다른 이들과 함께 기도하게 한다. 그들 곁에 무릎을 꿇고 그들과 나란히 손을 들게 한다. 시편을 통해 우리는 울고 웃는 다른 목소리에 우리의 애통하고 찬송하는 목소리를 보탠다. 시편에서 기도의 주된 용처는 자아의 표출이 아니라 자기다워지는 데 있으며, 이는 혼자서는 불가능하다. 그래서 시편의 기도에 동참할 때 우리는 성도들과 함께 점점 더 자기다워지는 법을 배운다.

그해 1944년의 여름이 다 지날 때까지 나는 시편을 서너 번 통독했고, 그 후로 여태껏 통독을 반복하며 시편으로 기도해 왔다. 리젠트 칼리지 학생들에게도 똑같이 권했다. 데이비드 테일러도 20여 년 전 강의 시간에 그 말을 들었는데, 감사하게도 내 조언을 진지하게 받아들였다 한다. 그가 이 책에서 제대로 논했듯이, 시편을 무시해서는 안 된다. 시편은 우리에게 포괄적이고 솔직한 기도를 훈련시키려는 하나님의 선물이다.

물론 우리 문화에서는 솔직해지기가 몹시 어렵다. 솔직하게 기도하는 법을 나는 시편을 풀어 쓰면서 배웠고, 그 번역이 나중에 『메시지』 성경이 되었다. 시편에서 우리는 장난이 아닌 적나라한 솔직함을 만난다. 그래서 시편은 단정하지 않다. 점잔빼지 않고 솔직하다. 데이비드 테일러의 이 책도 그렇다. 시편이 주문하는 솔직함을 그는 예리하게 직시한다. 그렇게 솔직해야 우리는 그의 표현대로 마음을 열고 두려움 없이 살 수 있다. 숨거나 변명하지 않을 수 있다. 그렇게 솔직해야 우리는 기도할 때도 당위의 모습이 아니라 실제 자신의 모습으로 기도할 수 있다.

저자의 개인사와 신중한 성경 강해가 어우러진 이 책에서 보듯이, 시편으로 기도하면 우리 삶의 적나라한 실상이나 우리 가정과 도시의 껄끄럽고 난감한 실상을 피해 갈 수 없다. 죄와 용서와 고생과 죽음의 힘겨운 작업에서 벗어날 수 없다. 오히려 그 속으로 더 깊이 들어간다. 삶이 더 쉬워지는 게 아니라 더 번거로워진다. 하지만 이 또한 하나님이 역사하여 우리를 온전하고 거룩하게 만드는 계기가 된다. 이것이 시편이 하는 일이며 이 책이 하는 일이기도 하다.

데이비드는 묘한 매력으로 우리를 초대하여 시편을 필수품으로 보게 한다. 신앙생활의 필수품, 인간됨의 필수품, 이 세상을 살아가는 법과 마음과 뜻과 목숨과 힘을 다하여 하나님을 사랑하는 법을 배우기 위한 필수품. 이 초대를 진지하게 받아들여야 한다. 그렇게 할 때 우리가 누릴 은혜가 있기 때문이다. 그 은혜가 우리의 온 삶을 예수님께로 이끈다. 시편 저자들의 기도는 바로 그분 안에서 성취되었다.

이 책은 마땅히 널리 읽혀야 할 아주 좋은 책이다. 몇 번이고 또 읽고 싶어질 책이다. 여기서 만나는 시편의 지혜를 통해 우리는 생명을 주시는 예수님의 길로 행하는 법을 배울 수 있을 것이다.

유진 피터슨

들어가며

시편의 여정은 곧 신앙생활의 여정이다.
－드니스 돔브코스키 홉킨스[1]

시편이 사고를 깨우쳐 주는 목적은 영혼에 불을 붙여 활활
타오르게 하려는 것이다. 정말 시편의 목적은 영혼을
일종의 불붙은 떨기나무가 되게 하는 것이라 할 수 있다.
－스탠리 재키[2]

집어 들어 읽으라

1996년 봄에 나는 캐나다 밴쿠버에 있는 리젠트 칼리지
라는 신학교에서 "성경 영성" 과목을 수강했다. 교수는 목사
이자 작가인 유진 피터슨이었다. 그의 성경 강해는 교회사, 신
학, 시, 문학, 그리스 신화와 맞물려 있었다. 서로 동떨어져 보
이는 분야들을 그는 그리스도인의 삶에 대한 아름답고 일관

성 있는 비전으로 엮어 냈는데, 우리 수강생들로서는 매혹적인 경험이었다.

그런데 그는 생전 학생들에게 조언하는 법이 없었다. 당연히 실천에 대한 조언도 없었다.

피터슨의 가르침과 글에 익숙한 사람이라면 누구나 알듯이, 그는 방법론에 유난히 질색한다. 설교하는 법, 전도하는 법, 교회를 개척하는 법, 리더가 되는 법을 독자에게 좀처럼 말해 주지 않는다. 당시에 젊었던 나는 그의 이런 습성을 몰랐으므로 갈수록 더 좌절감이 들었다. 그가 즐겨 칭하던 "구원의 대국(大國)"에 관한 이 모든 깨달음으로 도대체 무엇을 **하라는** 말인가?

학기말이 되어 3시간짜리 수업을 종강하면서 분명해졌다. 피터슨은 우리에게 성경 영성의 비전만 제시했지 이를 실행에 옮길 실제적 도움을 줄 의도는 전혀 없었다. 그래서 내가 손을 들고 말했다. "피터슨 박사님, 아주 풍성한 경험이었습니다. 감사합니다. 하지만 무엇을 어떻게 해야 할지 막막합니다. 우리를 도와주시겠습니까? 여태 제시해 주신 이 성경적 비전으로 우리가 실천할 수 있는 일을 한 가지만 말씀해 주시겠습니까?"

좀 길다 싶게 한참 생각하던 피터슨이 특유의 차분하고 쉰 듯한 목소리로 답했다. 허망할 정도로 간단해 보이는 답이었다. "데이비드, 내일 시편 1편을 읽게. 다음 날은 2편, 그다음 날은 3편을 읽게. 끝까지 다 읽거든, 다시 시작하게. 고맙네. 그럼 잘 가게."

그게 다였다. 그래서 나는 그대로 했다. 이튿날 아침에 시편 1편을 읽고 그다음 날 아침에 2편을 읽었다. 그렇게 계속 하루에 한 편씩 읽기를 몇 년 동안 습관처럼 지속했다. 그러자 머잖아 기독교 신앙을 보는 내 관점이 서서히 바뀌었다. 자아, 하나님, 기도, 예배, 성경, 충실한 삶 등에 대한 내 인식이 점차 시편의 언어로 푹 적셔졌다.

캐나다 서부의 강의실에서 그 대화가 오간 지 거의 20년 만인 2015년 4월 19일 일요일 오후에 나는 몬태나주 레이크 사이드 시내에서 피터슨과 록 밴드 U2의 리더인 보노를 인터뷰했다. 1시간 동안 대화하면서 시편이 어떻게 그들의 삶과 일을 빚어냈는지 알아보았다. 그로부터 3개월 후인 7월 29일에는 뉴욕시의 한 전시관에서 보노를 두 번째 인터뷰했다. 그는 자신이 어떻게 시편의 도움으로 예술과 고난과 죽을 운명과 죽음을 이해하게 되었는지를 말해 주었다.

그 두 인터뷰의 결과물이 20분짜리 단편 영화로 나왔다. 감독은 포스 라인 영화사의 네이선 클라크이고 제작은 풀러 스튜디오에서 맡았다.[3] 2016년 4월 26일에 출시된 이 영화의 유튜브 조회 수는 현재까지 1백만 회를 넘겼다. 작품을 처음 구상할 때부터 피터슨과 보노에게 설명했듯이, 내 목표는 두 가지였다.

첫 번째 목표는 영화 관람객들이 시편의 하나님을 치유와 정의와 은혜와 선과 거룩함과 자비와 사랑의 하나님으로 만나는 것이었다. 두 번째 목표는 사람들이 감화를 받아 시편을 직접 읽거나 시편으로 기도하는 것이었다. 그러면 왜 그리스도인들이 시대와 지역과 교파와 직종을 초월하여 시편을 읽어 왔으며, 왜 특별히 더 시편을 통해 신앙이 형성되었는지를 알게 된다.

이 책에 대한 나의 바람도 똑같다.

이 책에 대한 바람

이 책을 쓴 목적은 독자들이 시편이라는 기도서를 가슴 벅차게 받아들였으면 해서다. 시편은 예수님과 사도들에게나 수도원과 성당의 기도 생활에만 아니라 종교 개혁의 찬송가, 흑인 노예의 영가, 전 세계 교회의 노래에도 지대한 영향을 끼쳤다. 바라기는, 교회 리더와 평신도는 물론이고 구도자와 "종교가 없는" 사람들까지도 슬픔, 분노, 회의, 기쁨, 감사, 생사의 의문 등을 결코 자기 혼자만 겪고 있는 게 아님을 깨달았으면 좋겠다.

고금의 아주 다양한 사람들이 왜 시편 말씀을 사랑해 왔는지에 대해서도 교사와 학생들에게 호기심이 일기를 바란다. 성 아우구스티누스에서 요한 제바스티안 바흐까지, 라스타파리아니즘(1930년대 자메이카에서 생겨난 흑인 중심의 신앙 운동—옮긴이)에서 웨슬리파까지, C. S. 루이스에서 찰스 스펄전까지, 존 밀턴에서 앤 윔즈(미국 장로교의 위대한 시인—옮긴이)까지, 풋볼 선수에서 농구 코치까지, 대통령에서 피터 위어(〈트루먼 쇼〉의 감독)와 클린트 이스트우드(〈페일 라이더〉의 감독)까지 모두가 시편을 사랑했다.

아울러 독자들이 교파와 문화를 초월하여 이 거룩한 시집에서 하나님의 성품을 발견한다면, 이 또한 내게 큰 기쁨이 될 것이다. 우리를 만나 주시는 그분은 선한 목자이자 의로우신 재판장이다. 천군을 거느린 막강한 하나님이면서 피난민에게는 위로의 하나님이다. 이 하나님께 솔직해질 수 있는 신앙생활을 독자들이 각자는 물론이고 다른 이들과 함께 탐색하기를 바란다. 그리하여 기독교 신앙의 핵심에 새롭게 또는 어쩌면 난생처음 눈뜨기를 바란다.

이 말도 덧붙여야 할 것 같다. 내 내심의 바람은 유진 피터슨의 부드러운 권고의 말을 독자들도 듣고, 시편을 집어 들어 한 장씩 읽어 나가 하나님과 친밀해지는 것이다. 그분께는 아무것도 비밀로 숨길 수 없다. 성도와 죄인들 곁에 함께 서 있는 우리 각자는 신자와도 비신자와도 함께 걷는다. 마음을 열고 두려움 없이. 하나님의 한결같은 사랑이 우리 모두 위에 머물기 때문이다.

성경은 우리에게 말씀을 듣기만 할 게 아니라 행하는 자가 되라고 권한다. 변화가 일어나려면 좋은 성경 말씀을 읽고 생각만 할 게 아니라 몸으로 실천하고 구현해야 한다. 그래서 각 장 끝에 기도와 더불어 몇 가지 질문과 연습을 수록했다. 개인과 그룹은 물론이고 전체 공동체에서도 그 부분을 십분 활용하기를 바란다.

이 책의 구성

이 책에서 다룰 수 없는 주제도 많지만, 다루는 주제에 대해서는 시편 전경을 파노라마처럼 제시한 뒤 그중 중요한 부위를 상세도로 그릴 것이다. 첫 장의 주제는 "솔직함"이다. 단언컨대 시편에서 최대의 유익을 누리려면 솔직해지는 길밖에 없다. 거룩하고 온전해지려면 은혜로우신 하나님과 믿을 만한 사람들 앞에 철저히 연약한 모습으로 비밀 없이 서야 한다. 그래야 거룩해지고 온전해질 수 있으며 온전히 살아 있을 수 있다.

두 번째 장인 "공동체"에서는 솔직함과 공동체가 시편에서 서로 밀접하게 얽혀 있음을 밝힌다. 하나님의 은혜를 온전히 받아들인 공동체를 떠나서는 두려움 없이 참으로 마음을 열기가 사실상 불가능하다. 시편에 따르면 신앙의 세계에서 우리 각자는 친구와 이웃으로 "더불어" 하나님 백성의 "총회" 안에 있다. 거기서 꾸준히 은혜로 결단하여 하나님과 서로를 온전히 솔직하게 대한다.

이어지는 세 장(3-5장)에서는 독자들에게 몇 가지 기본 배경을 소개한다. 우선 지난 2천 년간 교회에서 시편을 활용해 온 "역사"를 짤막하게 훑어본다. 이어서 하나님과의 사이에서 말하고 듣는 방법인 "기도"를 **보여 줌으로써** 시편이 우리에게 가르치는 기도를 살핀다. 끝으로 시편의 시적 성격에 대한 간략한 고찰인데, 여기서 알 수 있듯이 우리는 시를 벗어나서 또는 시에도 불구하고가 아니라 "시"의 경이로운 세계를 **통해** 하나님을 만난다.

책의 나머지에서는 두세 장 단위로 다양한 주제를 탐색한다. 우선 하나님 앞에서 정서적으로 온전하다는 의미와, 정서적으로 건강하게 하나님 백성과 함께 있다는 의미를 "슬픔"과 "분노"와 "기쁨" 등 세 장에 걸쳐 살펴본다(6-8장). 끝으로 사생활과 공생활에서 하나님께 충실하려면 어떻게 해야 하는지를 "원수"와 "정의", "죽음"과 "생명", "열방"과 "창조세계" 등 두 장씩 묶어서 세 번에 걸쳐 알아본다(9-14장).

맺는말에 말하겠지만, 시편은 우리를 초대하여, 예수님의 길을 따르는 이들과 더불어 그분의 이름으로 그분과 함께 시편 말씀으로 기도하도록 이끈다. 그러면 하나님의 한결같은 사랑을 주고받을 수 있는 공간이 그 말씀을 통해 우리 마음속에 열린다.

직업이 신학자인 데다 하나님의 선하신 뜻과 하나님 백

성의 승인에 따라 안수 받은 목사이기도 한 나는, 시편을 읽으며 그 속에서 그리스도를 볼 수밖에 없다. 한편으로 그리스도는 시편을 어떻게 보셨고, 어떻게 시편으로 기도하셨으며, 어떻게 자신의 사역을 시편에 비추어 이해하셨을까?[4] 다른 한편으로 고금의 그리스도인들은 어떻게 시편 속에서 그리스도의 음성을 들었으며, 누가복음 24장 44절에 친히 제자들에게 말씀하신 대로 어떻게 시편이 그분에게서 성취되었다고 보았을까?[5]

그렇다고 내가 시편의 역사적, 문학적, 정경적 정황을 무시한다는 말은 아니다. 시편을 충실하게 읽으려면 그런 이해도 꼭 필요하다. 그러나 시편을 기독론적으로 즉 예수님의 눈을 통해 읽는 것도 똑같이 충실하다고 믿고 싶다. 그래서 각 장을 마무리할 때 예수님이 찬송과 애통, 원수와 정의, 생명과 죽음, 열방과 창조세계 등 각 주제와 어떻게 연관되는지를 짤막하게 고찰했다.

이 책에 없는 것

시편 관련 책이 워낙 다양하다 보니 이 책이 무엇이 아닌지를 밝히는 것도 유익하겠다. 이 책은 시편 개론서가 아니다(그 역할을 아주 잘하는 책들을 따로 추천한다).[6] 시편의 저자가 누구이고 본래 시편이 예배 의식에 어떻게 쓰였는지는 이 책에 나오지 않는다. 제왕시, 지혜시, 역사시 등 시의 다양한 종류도 다루지 않았다.

이 책은 예컨대 특정 시의 역사적 배경에 대한 성경학자들의 논쟁을 감히 해결하려 들지 않고, 시편 본문을 군데군데 숙독하는 정도일 뿐 장황하게 주해하지도 않는다. 그런 작업을 대수롭지 않게 여겨서가 아니라 이 책의 취지상 그러면 너무 산만해지기 때문이다. 아울러 시편에는 공동의 순례나 시온의 중심성 같은 요소도 있으나, 그런 개념도 내가 선별하여 탐색한 다른 주제들에 밀려났다.

본문을 살펴볼 때는 신개정표준역(NRSV)을 기본으로 삼아 다양한 성경 역본을 사용했고, 피터슨의 『메시지』역도 광범위하게 사용하여 다른 역본으로는 실감하기 힘든 시편의 느낌을 독자에게 전달하려 했다. 아무래도 번역을 거치면 히브리 원어에서 유실되는 부분이 많겠지만, 그래도 시편에 쓰인 술어의 개념이나 의미를 최대한 포착하여 독자에게 "속뜻"의 이해를 돕고자 했다.

유진 피터슨의 『응답하는 기도』와 비슷하게 이 책에서도 시편을 관통하는 특정한 주제들을 탐색했다. 시편을 종합적으로 조망하려 했지만 전부 다 다루지는 않았다. 끝으로 내 초점은 시편이 개인과 공동체를 빚어내는 위력에 맞추어져 있지만, 목회자들과 예배 인도자들이 감화를 입어 시편을 회중의 삶과 예배 속에 더 철저히 통합할 수 있는 방법을 모색했으면 좋겠다.

결국은, 길이다

시편은 생명에 이르는 믿음의 길을 걸으라는 초대로 시작해서 모든 창조세계와 더불어 하나님을 찬송하라는 초대로 끝난다. 중간의 많은 시에 독자가 이 길을 어떻게 걸으며 누구와 함께 걸을지가 나온다. 우리는 하나님 백성과 나란히 믿음으로 걷는다. 세상이 지켜보는 가운데 소망을 품고 걷는다. 은혜로우신 하나님의 면전에서 마음을 열고 걷는다.

결국 우리는 이 길을 예수님과 함께 걷는다. 그분께 시편은 마음의 노래다. 예수님처럼 우리도 "길"을 가면서(시 1:6, 막 8:27) 시편을 읽고 노래하고 기도한다. 하나님의 한결같은 사랑을 주고받을 수 있는 공간이 시편을 통해 우리 마음속에 열릴 것을 믿으면서, 성령의 도움으로 예수님과 함께 시편을 읽고 노래하고 기도한다. 하나님께는 아무것도 비밀로 숨길 수 없다. 예수님과 함께 우리도 시편 19편 7-8절 말씀을 고백한다.

하나님의 계시는 온전하여
　우리 삶을 회복시키고,
하나님의 이정표는 확실하여

바른 길을 알려 준다.

하나님의 인생 지도는 정확하여

기쁨에 이르는 길을 보여 주고. (『메시지』)

1. 솔직함

비밀을 털어놓기 위한 대본답게 시편에는 솔직한 신앙인만
등장한다.
- 월터 브루그만[1]

우리의 말은 솔직하면서도 지혜로워야 한다.
- 엘런 데이비스[2]

"신에게 솔직히"

1995년 2월에 텍사스 대학교 오스틴 캠퍼스에서 나는 5
백 명의 동료 학생들 앞에 공개적으로 죄를 자백했다. 대학 선
교단체 주최의 연합 기도회에서 있었던 일이다. 대형 강의실
의 높은 연단에 서서 내 정욕과 교만과 급한 성미와 분노와 이
제는 잊힌 여러 죄를 자백했다. 이전에 목사나 일단의 친구에
게 죄를 자백한 적은 있었지만 공개적으로 하기는 처음이었

다(정말 **두려운** 일이다). 예배와 기도회 도중에 죄를 자백하라는 초청이 있었는데, 이는 우리를 망가뜨리고 억누르는 각종 비밀에서 해방될 수 있는 기회를 제공했다.

물론 누구에게나 이런저런 비밀이 있다. 모든 가정과 공동체와 나라에도 비밀이 있다. 어떤 사람에게는 중독 행위가 비밀이다. 또 어떤 사람에게는 학대를 당했거나 정신적 외상을 입은 일이 비밀일 수 있다. 그런 일은 수치심만 증폭시킬 수 있다. 그런가 하면 거절당할 것에 대한 두려움, 권력욕, 통제 불능의 분노, 정서적 외도, 악의적 편견, 테러 음모, 남에 대한 끝없는 시기심, 습관성 방종 행위 등이 비밀인 사람도 있다.

무엇이 됐든 비밀이 있으면 우리는 숨는다. 타인에게서 숨고 자신에게서 숨는다. 결국은 하나님을 피해 숨는다. 그렇게 숨을 때 우리는 빛 대신 어둠을 택한다. 삶 대신 죽음을 품는다. 타인과의 허물없는 관계 대신 외로움을 취한다. 그 모든 은신의 확실한 결과로 우리는 생명의 근원인 하나님에게서 단절되고, 자신에게 낯선 존재가 되며, 창조세계로부터 소외된다. 볼품없이 추해지다가 아주 비참하게 삶을 잃고 만다.

시편은 인간의 실상을 잘 안다. 인간 최고의 모습과 최악의 모습이 시편에 생생히 그려져 있다. 일찍이 아타나시우스는 말하기를, 시편을 영혼의 거울인 양 보면 "충실한 영혼이든 죄인이든" 우리 자신의 모습이 되비친다고 했다.[3] 월터 브루그만에 따르면 시편이란 "인간의 마음 및 공동체의 모든 비밀을 공동체 가운데서 말과 노래로 하나님께 목청껏 토로한 것"이다.[4]

브루그만은 자유로워지려면 비밀을 털어놓아야 한다고 역설한다. 하나님께 받은 소명을 마음껏 펼치려면 우리의 비밀이 드러나야 한다. 그래야 좀먹는 비밀의 파괴력에 더는 지배당하지 않는다. 참으로 인간다워지려면 비밀을 숨기기는 고사하고 비밀을 정당화하려는 시도까지 다 그만두어야 한다. 바로 그 일을 시편이 도와준다. 우리의 비밀을 충실히 털어놓게 해 준다.

타인에게 비밀을 털어놓으려면 당연히 대단한 용기가 필요하다. 타인을 신뢰할 수 있어야 하는데, 이게 안전하게 느껴지는 사람은 우리 중에 별로 없다. 나아가 공동체 앞에 비밀을 털어놓으려면 특단의 믿음이 필요하다. 즉 내 약한 모습을 내보여도 공동체가 이를 악용하지—나를 부당하게 비판하거나, 배척하거나, 험담하지—않을 것을 믿어야 하고 자백해도 망하지 않을 것을 믿어야 한다. 이런 용기와 흔쾌한 신뢰를 하나님은 우리에게 얼마든지 선물로 주신다. 단 우리가 구해야 한다.

시편의 본보기대로 하나님께 두려움 없이 마음을 여는 것은 원죄의 참담한 영향에 대항하는 행위다. 아담과 하와가 죄 짓고 나서 제일 먼저 느낀 충동은 숨는 것이었다. 그들은

36

옷을 지어 입어 몸을 숨겼고, 창조주의 목소리가 들려오자 하나님을 피해 숨었다. 빤한 거짓말로 진실을 피해 숨었고, 상호 비방으로 서로에게서 숨었다. 이렇게 모든 면에서 숨은 결과로 아담과 하와는 인간성을 상실하고 말았다.

우리도 하나님을 피해 숨으면 아담과 하와처럼 그분으로부터 소외되고, 그래서 삶의 한계—죽음, 의존성, 도덕법, 하나님이 정하신 경계—를 벗어나려 안간힘을 쓴다. 타인에게서 숨으면 공동체라는 생명력 있는 선물로부터 단절된다. 창조세계를 피해 숨으면 하나님께 받은 피조물 신분을 부정한 채 자연을 돌보기보다 종종 착취하려 든다. 자신에게서 숨으면 이기적인 방종 행위를 통해 자신에게 낯선 존재가 되어, 결국 하나님의 형상대로 지음 받은 우리의 인간성이 훼손된다.

시편의 막강한 도움으로 우리는 숨은 데서 나올 수 있다. 솔직하게 하나님 앞에 두려움 없이 서고, 약한 모습으로 서로를 수치심 없이 대면하며, 인간성을 비하하고 왜곡하는 그 어떤 비밀도 없이 세상살이에 맞설 수 있다. 그래서 시편은 자신의 삶이 비밀 유지에 대폭 할애되고 있음을 아는 이들을 위한 것이다. 또 시편은 하나님의 존전만이 "비밀을 숨길 수도 없고 숨겨서도 안 되는 유일한 곳"임을 아는 이들을 위한 것이다.[5]

이렇듯 시편은 우리를 초대하여 빛 가운데 서서 자신의 참모습을 보게 하고, 시편 저자의 말을 통해 우리를 빚으시고 고치시도록 하나님의 손길에 순응하게 한다. 그럴 때 그리스도 안에서 우리의 인간성이 회복된다.

시편에 나타난 솔직함

시편 139편은 솔직한 사람의 전형적인 시다. 저자는 하나님께 아무것도 숨기지 않고, 오히려 전부 보아 주실 것을 청한다. "여호와여, 주께서 나를 살펴보셨으므로 나를 아시나이다"(1절). 이렇게 자신을 내보이면 정화와 치유가 가능해진다. 숨겨진 것도 없고(15절) 변명할 수도 없다(23절). 이렇게 그는 하나님께 속속들이 알려져 있다. 그로서는 이게 다 이해되지 않아 "이 지식이 내게 너무 기이하니"라고 고백한다(6절). 시인 로랜스 위더는 1-3절을 이렇게 번역했다.

> 들여다보소서.
> 내 영혼은 유리와도 같아
> 주께 보이지 않는
> 핏줄이나 뼈가 없나이다.
> 내가 지나는 길을
> 주께서는 다 아시며
> 밖에서나 안에서나
> 내가 하는 일도
> 미리 다 아시나이다.[6]

이렇게 하나님의 사랑받는 자로서 벌거벗은 아기처럼 부끄럼 없이 그분 앞에 마음을 열자(13-16절), 그제야 비로소 시편 저자는 자신의 참 정체성을 발견한다. "내가 주께 감사하옴은 나를 지으심이 심히 기묘하심이라"(14절). 깨어 있는 시간에도 잠든 밤중에도 주님은 그의 곁에 계신다(2-3절). 높음도 깊음도 칠흑 같은 밤도 은밀한 생각도 천국도 지옥도 그를 주님의 살피시는 눈길로부터 숨길 수 없다(8-12절). 주님의 임재를 그는 피할 수 없다(7절).

피할 마음도 없다. 자신을 향한 주님의 모든 생각만큼이나 자신이 보배롭게 느껴지기 때문이다(17절). 주께서 주권적으로 돌보시기에 그는 안전하다(16절). 그의 삶의 모든 날을 하나님이 보신다. 그래서 그는 하나님의 (종종 두려운) 살피시는 눈길을 반긴다. "오 하나님, 내 삶을 샅샅이 살피시고 나에 대해 모든 것을 캐 보소서. 나를 심문하고 시험하셔서 내가 어떤 사람인지 분명히 파악하소서"(23절, 『메시지』). 시편 17편 1-3절에도 비슷한 표현이 나온다.

하나님, 내 사정을 말씀드리니 귀 기울여 주소서.
    거짓 없는 나의 기도, 주께 올려 드립니다.
주께서도 아시는 일이니
    나의 무죄함을 세상에 알려 주소서.
나의 안과 밖을 샅샅이 살피시고

한밤중에도 들이닥쳐 나를 심문하소서.

나의 말이 틀림없음을,

조금도 거짓이 없음을 아시게 될 것입니다. (『메시지』)

저자가 이렇게 기도하는 목적은 무엇인가? 생명을 주는 "길"을 걷기 위해서다. 시편 1편 말씀과도 일맥상통한다.

이 "영원한 길"은 우리를 온전함에 이르게 하는 길이다. 그 길을 걷는 방법 중 하나가 바로 시편의 본보기대로 기도하는 것이다. "이 기도는 (흩어져 있다가 우연히 걸려드는 감정 조각의 짜깁기가 아니라) 포괄적이고 (적당히 진실한 언어로 주님의 마음에 들어 보려는 말재주가 아니라) 솔직하다."[7] 다시 말해서 시편으로 기도하는 사람은 **온전해질** 수밖에 없다.[8] 이처럼 온전해지려면 정확히 어떻게 해야 할까?

온전해지려면 기도할 때 자신의 기쁨과 슬픔에 솔직해야 한다. 우리는 **하나님을 향한** 찬송과 분노에 솔직하게 해 달라고, 아울러 **그분께 하는** 말도 솔직하게 해 달라고 기도한다. 시편 저자처럼 우리도 혀를 거짓으로부터 지켜 달라고 기도한다(시 34:13). 말로 죄 짓지 않게 해 달라고 기도한다(시 39:1). 험담과 아첨의 충동을 물리치고(시 12:3), 온전한 삶을 선택하며(시 41:12), 하나님 앞에서 우리를 부풀리거나 깎아내리는 말을 삼가게(시 32편) 해 달라고 기도한다.

그렇게 기도하면 우리 마음이 타인과 하나님 앞에 늘 열려 있게 된다. 타인과 하나님을 피해 숨으려는 유혹을 물리침으로써 우리는 말로 은폐하려는 유혹도 물리친다.[9] 대신 신뢰하는 마음으로 사실대로 말한다. 그러면 어느새 하나님께 막힘없이 기도하게 되면서 우리에게 **해방**이 찾아온다. 시편은 우리가 그렇게 말하거나 기도하지 못할 때가 많음을 잘 안다. 그래서 하나님의 백성이 듣는 데서 하나님께 자백하는 참회자를 시편은 거듭 반긴다.

> 허물의 사함을 받고
>> 자신의 죄가 가려진 자는 복이 있도다.
> 마음에 간사함이 없고
>> 여호와께 정죄를 당하지 아니하는 자는 복이 있도다.
> (시 32:1-2)

시편 저자는 죄에 대해 "입을 열지 아니할 때"의 경험을 일종의 붕괴로 표현한다(시 32:3). "내 뼈의 골수가 폭염에 달구어진 듯 녹아내려" 기력이 쇠해진다.[10] 죽음의 진토로 돌아갈 위험마저 있다(시 22:15). 그러나 죄를 "감추거나 부인하거나 변명하지 않고" 솔직하게 자백하자 주께서 그를 용서해 주신다.[11] 그가 "숨기"던 죄를 이제 하나님이 가려 주시고(시 32:1, 5), 그가 피하던 하나님이 이제 그의 "은신처"가 되신다. 시인이면서 사제인 짐 커터가 풀어 쓴 시편 32편에 그 개념이 잘 포착되어 있다.

우레와 홍수가 사납게 밀려오는
걷잡을 수 없는 환난의 때에도
주의 은혜는 내게 반석과 같아서
온갖 악한 세력에 완강히 맞서
내 속의 불화와 혼란을 다스리시고
내 목숨을 파멸에서 건지시도다.
폭풍 속에 들리는 자비한 속삭임은
온전히 용서받은 자의 평화로다.[12]

솔직함이란 하나님께 진실하게 말하고, 타인에게 진심으로 말하고, 세상의 실상을 거짓 없이 말하는 능력이다. 그래서 시편은 고난이나 회한에 대해서만 아니라 범사에 솔직하게 기도할 것을 권한다. 덕분에 우리는 수치와 우울증에 대해서도 솔직하게 기도하고(시 88편),[13] 증오에 대해서도 솔직하게 기도하고(시 137편),[14] 신뢰와 감사와 기쁨에 대해서도 솔직하게 기도한다(시 23, 46, 27, 91편).[15]

하나님의 믿을 만한 성품, 창조세계의 경이(시 104편), 토라(율법)의 아름다움(시 119편), 지혜의 덕(시 37, 49, 112편)에 대해서도 우리는 솔직하게 기도한다. 이 모두가 우리의 기도다. 피터슨도 그렇게 권면했다.

할렐루야를 외칠 때는 하나님 앞에 솔직해지기가 쉽다. 그러나 우리의 상처에 대해서는 솔직해지기가 좀 더 어렵고, 음울한 증오의 감정에 대해서는 하나님 앞에 솔직해지기가 거의 불가능하다. 그래서 우리는 부정적 감정을 (신경증적으로 떠벌일 게 아니라면) 대개 숨긴다. 설사 표현하더라도 자신이 생각하는 하나님의 임재를 멀리 벗어나서 한다. 온통 저주를 품은 모습을 보이기가 부끄럽거나 창피하기 때문이다. 그러나 하나님 백성의 표준 기도인 시편으로 기도하면, 그게 통하지 않음을 알게 된다. 우리는 당위의 모습이 아니라 실제 자신의 모습으로 기도해야 한다.[16]

능력과 변화를 주시는 성령 안에서 시편으로 기도하면, 실제 자신의 모습으로는 물론이고 장차 은혜로 **될 수 있고 반드시 될** 모습으로도 기도하게 된다. 아타나시우스의 말마따나 시편에 힘입어 우리는 하나님 앞에서 온전히 자기다워지고, 그리하여 결국 온전히 참 자신이 된다. 그에 따르면 이는 그리스도께서 친히 가능하게 해 주시기에 가능한 일이다. 아타나시우스는 그리스도께서 우리에게 오시기 전에 참 인간성의 초상을 시편에 그려 놓으셨다고 썼다. 그래서 시편으로 기도하면 우리의 인간성이 치유되고 고쳐진다.[17]

예수님을 따르는 사람이 시편에 요구된 대로 하나님께

솔직해지기로 결단하면, 다행히도 그 결과는 **자기몰두**나 **자기혐오**가 아니다. 전자는 우리 마음과 생각의 성찰에 과도히 집착하는 현상이고, 후자는 우리 삶에 대한 가장 결정적인 최종 권한이 죄에 있다는 생각에서 비롯된다. 독일의 신학자 칼 바르트가 제대로 환기시키듯이, 최종 권한은 죄가 아니라 은혜에 있다. 아무리 큰 허물이나 실패라 해도 우리의 죄가 하나님의 은혜에서 우리를 벗어나게 할 수는 없다.

바르트는 "죄를 은혜만큼 중시하거나 심지어 은혜보다 더 중시해서는 안 된다"라고 썼다.[18] 왜 그럴까? 죄를 심히 중시하시는 하나님조차도 그리스도 안에서 죄를 은혜보다 더 중시하시지 않기 때문이다. 우리는 인간 최고의 실상과 최악의 실상에 대해 하나님께 얼마든지 솔직해져도 된다. 알다시피 그분의 은혜가 우리의 솔직한 자백에 선행하고, 그분의 은혜가 우리의 솔직한 감사를 떠받치며, 그분의 은혜가 우리의 솔직한 애통을 뒤따르기 때문이다.

하나님의 은혜에 의지하여 시편으로 기도하면 어떤 일이 벌어질까? 막힘없이 마음껏 기도할 수 있다. **은혜의** 하나님께 우리를 다 내어 맡겼기 때문이다.[19] 우리는 이 하나님을 피해 숨을 필요가 없다. 그분의 은혜를 확신하기 때문이다. 예수께서 우리에게 오실 때 "은혜와 진리가 충만"하셨기에(요 1:14) 분명히 우리도 은혜로 충만해질 수밖에 없다. 우리도 담대히 기도할 수 있음은 예수께서 친히 성령의 능력으로 우리 안에

서 우리와 함께 기도하시기 때문이다.[20]

결론

그날 텍사스 대학교에서 나는 열한 가지 죄를 종이에 적어 친구들과 낯선 사람들에게 자백했거니와 그 쪽지를 보관하지 않은 게 여태 후회스럽다. 번번이 용기가 없어 내 잘못을 솔직하게 자백하지 않고 버티는 것도 한스럽다. 그래서 나는 번번이 시편으로 돌아간다. 시편은 내게 하나님께 솔직해지는 법을 가르쳐 주고, 하나님 백성 앞에 솔직해지도록 다시 훈련시켜 준다. 두려움 없이 마음을 열 수 있는 이 자유가 얼마나 그윽하게 기분 좋은지를 일깨워 준다.

존 골딩게이에 따르면 "시편은 평소에 하지 못하는 말을 능히 하게 해 준다. 다른 데서 말할 수 없는 내용을 교회에서 자유로이 말하게 해 준다."[21] 엘런 데이비스도 시편 덕분에 "우리는 하나님과의 대화에 모든 감정과 생각을 가져갈 수 있다. 그런데 우리 대부분은 먼저 그런 감정과 생각을 버려야 하나님이 관심을 갖고 우리의 말을 들어 주신다고 생각한다"라고 비슷하게 썼다.[22] 다음은 톰 라이트의 전반적인 권고의 말이다.

시편은 무궁무진하다. 마땅히 우리는 시편을 읽고 말하고 노래하고 읊조리고 속삭이고 외우고 세상에 외쳐야 한다.
시편에는 우리가 평생 느낄 감정이 (우리에게 없었으면 싶은
것까지도) 모두 표현되어 있다. 하나님 앞에 날것 그대로
드러나 있다.[23]

시편은 이런 솔직한 말을 모두 환영한다. 덕분에 우리는
"참된 생명"(딤전 6:19)을 만날 수 있다. 치유 사역 분야에서
흔히 하는 말이 있다. 인간은 자신의 비밀만큼만 병들어 있다
는 말인데, 그게 사실이라면 비밀은 우리의 인간성을 짓밟는
다. 비밀을 고집하면 그것이 우리의 생기를 앗아간다. 그러나
하나님의 은혜 앞에 드러내면 비밀의 파괴력이 더는 우리를
지배하지 못하고, "마음의 비밀을 아시"는 하나님(시 44:21)이
우리의 인간성을 회복하실 수 있는 여지가 생겨난다.

아타나시우스는 시편을 읽으면 "자신에 대해 배우는" 큰
유익을 누린다고 보았다.[24] 당신의 모든 실패와 회복과 기복
이 시편에 보인다. 성도이면서 죄인인 당신이 보인다. 그런데
시편은 우리를 도와 하나님 앞에서만 아니라 그분의 백성 앞
에서도 두려움 없이 마음을 열게 한다. 약한 모습을 투명하게
내보여 해방되고 온전히 살아 있게 한다.[25] 대인 관계에서 자
신을 이처럼 솔직하게 직시하면, 어느새 하나님의 사랑이 우
리를 다시 빚는다.

솔직함과 공동체가 시편에서—이 책에서도—서로 밀접

하게 얽혀 있는 데는 그만한 이유가 있다. 하나님의 은혜를 온전히 받아들인 공동체를 떠나서는 시편에서 권하는 대로 솔직해지기란 사실상 불가능하다. 마찬가지로 하나님께 솔직해지지 않으려는 공동체는 믿음과 소망과 사랑을 온전히 실천할 수 없다. 그분께는 아무것도 비밀로 숨길 수 없으며, 그래서 시편에 권한 대로 믿음과 소망과 사랑 안에 거하려면 예수님의 이름에 의지해야 한다. 그분은 아버지께로 가는 길을 열어 주시며, 너그럽게 우리에게 성령을 주셔서 두려움 없이 살아갈 수 있게 하신다.

> 그러나 그분께서 나를 붙잡아 주셨다.
>   하늘에서 바다까지 손을 뻗어 끌어올려 주셨다.
> 그 증오의 바다, 원수가 일으킨 혼돈에서부터,
>   내가 빠져든 그 공허로부터.
> 쓰러진 나를 그들이 걷어찼으나,
>   하나님께서 내 곁을 지켜 주셨다.
> 그분께서 나를 탁 트인 들판에 세워 주셨다.
>   나, 구원받아 거기 섰다. 놀라운 사랑이여!
>
> (시 18:16-19, 『메시지』)

묵상을 위한 질문

1. 당신의 삶에서 비교적 쉽게 솔직해질 수 있는 부분은 무엇인가? 솔직해지기가 더 어려운 부분은 무엇인가?

2. 당신의 가정이나 공동체나 문화는 하나님이나 타인을 향한 솔직함에 대해서 당신의 생각을 어떻게 빚어 왔는가? 당신의 삶에서 두려움 없이 마음을 열기 힘들게 하는 요인은 구체적으로 무엇인가?

3. 남의 비위를 맞추려는 사람도 있고, 남이 자기를 어떻게 보든 전혀 상관하지 않는 사람도 있다. 양쪽 다 그 나름대로, 솔직해지기가 어렵다. 당신도 이 연속선상의 어딘가에 있다면, 남에게서 숨으려는 충동을 어떻게 물리칠 수 있겠는가?

4. 당신이 하나님과 타인에게 온전히 솔직해진다면, 그때 일어날까 봐 두려운 일은 무엇인가? 하나님이나 타인에게서 더는 숨지 않는다고 생각하면 어떤 기분이 드는가?

5. 당신이 하나님과 타인 앞에 두려움 없이 솔직하게 약한 모습을 투명하게 내보이도록 하는 데 도움이 될 일은 무엇인가? 시편 저자가 당신에게 권하여, 믿을 만한 친구이신 하나님께 털어놓으라고 할 비밀은 무엇인가? 이런 비밀을 하나님께 자백하면 당신의 삶에 어떤

희망이나 치유가 임하겠는가?

6. 참된 솔직함은 자기몰두나 자기혐오와는 다른데, 시편은 당신이 그 차이를 이해하는 데 어떻게 도움이 되는가?

7. 칼 바르트는 하나님이 그리스도 안에서 죄를 은혜보다 더 중시하지 않으시기 때문에 우리도 죄를 은혜만큼 중시하거나 심지어 은혜보다 더 중시해서는 안 된다고 했다. 당신은 이 말을 어떻게 생각하는가? 그동안 당신은 어떻게 죄를 너무 중시했거나 충분히 중시하지 않았는가? 어떻게 은혜를 충분히 중시하지 않았는가?

연습

1. 시편 32편이나 51편을 읽으라. 여러 번 읽고 묵상하라. 그 내용으로 기도하라. 일부를 암송해 보라. 그렇게 마음속에 품고 다니면서 종일 하나님과의 생생한 대화를 지속하라.

2. 일기를 쓰기 시작하여 하나님에 대한 생각과 감정을 아주 솔직하게 적어 보라. 혼자만 간직해도 좋고, 성숙하고 진솔한 믿을 만한 친구와 정기적으로 나누어도 좋다. 일기를 쓰기보다 그냥 산책을 나가 하나님께 솔직하게 말씀드려도 괜찮다.

3. 꾸준히 죄를 자백하는 습관을 들이라. 대상은 목사나 영성 스승이나 친구일 수 있다. 당신의 공동체에서 이미 실천하고 있지 않다면, 공예배에 매번 자백 순서를 넣는 것을 고려해 보라. 이 경우 사람들에게 시간을 충분히 주어, 자백하는 동안 하나님의 음성을 들을 수 있게 하라.

4. 이냐시오의 '성찰 기도'를 꾸준히 시도해 보라. 이 기도는 다섯 가지로 이루어져 있다. (1) 하나님의 임재를 인식한다. 그날 있었던 일을 밝히 이해하게 해 달라고 기도한다. (2) 감사하며 하루를 돌아본다. 자질구레한 일과 속에도 하나님이 임재하심을 믿는다. (3) 감정에 주의를 기울인다. 당신의 감정을 통해 말씀하실 하나님을 믿는다. (4) 그날의 특징적인 일을 하나 골라 그것으로 기도한다. 성령께 맡기면 그 순간 가장 필요한 기도를 당신의 마음에서 이끌어 내 주신다. (5) 내일을 내다본다. 선한 목자이신 그리스도께서 당신을 보호하고 채워 주실 것을 믿는다.

5. 공동체로 모여서 시편 72편을 여러 역본으로 여러 번 읽고 서로의 반응을 나누라. 시편 139편 말씀으로 함께 기도하고 찬송하는 것도 좋다.

6. 공동체로 모여서 시편 32편을 한 사람이 대표로 한 번에 두 구절씩 읽으라. 두 구절이 끝날 때마다 그룹은 이

렇게 화답하라. "오 주여, 주의 자비로 우리의 기도를 들어 주소서." 이 연습을 마친 후, 성령께서 말씀하실 수 있도록 침묵의 시간을 충분히 가지라.

기도

"위대하신 하나님, 주님을 찬송할 때 제가 자기다워지고 솔직하게 하소서. 남에게 들은 일반적인 내용을 앵무새처럼 되풀이하고 싶지 않습니다. 제 삶을 도우시는 주님의 구원을 증언하고 싶습니다. 예수님의 이름으로 기도합니다. 아멘."[26]

2. 공동체

75세 이상 인구의 절반가량인 영국인 약 2백만 명이 혼자 산다. 며칠이나 몇 주씩 일체의 대인 교류 없이 지낸다고 답한 사람도 많다.

– BBC 뉴스[1]

시편 저자는 자신을 이스라엘과 따로 떼어서 한 개인으로 볼 수 없었다. 신앙 공동체에 참여함으로써 자아 정체성을 얻었기 때문이다.

– 하젤 불록[2]

하나는 가장 외로운 숫자

"정말 외로우시겠어요." 우리 많은 사람이 살다가 한번 쯤은 누군가로부터 듣고 싶은 위로의 말이다.[3] 외로움을 겪는 시기는 사람마다 다르다. 어떤 사람은 아마 어린 시절에 부모가 이혼했을 때였고, 어떤 사람은 소속감을 얻으려 방황하던 사춘기 때였다. 이미 자리가 잡혔을 법한 성인기에 외로움을 느끼는 사람도 있다.

1985년에 우리 집이 과테말라에서 미국으로 이주하는 바람에 나는 친구가 하나도 없었다. 시카고 근교 노스쇼어에서 중학교 2학년이 되었는데, 문화적으로 하나의 은하에서 정반대의 은하로 넘어온 기분이었다. 열대 지방은 한대로, 정서적 개방성은 억제로, 풍부한 신체 표현은 부동자세로 바뀌었다. 열세 살의 나는 미국 아이란 어떻게 행동해야 하는지를 전혀 몰랐다. 그래서 자주 불안했고, 내가 엉뚱한 행동이라도 할까 봐 두려웠다.

내 말이나 행동이 자기네 문화에 맞지 않으면 주변에서 나를 놀렸다. 마음이 여린 나는 많이 울었고, 그럴수록 더 놀림감이 되었다. 1년 동안 교회 중고등부를 스무 군데나 찾아가 보았으나 하나같이 다 싫었다. 나는 갈피를 잡지 못한 채 외로웠고, 아무도 나를 몰라주는 것 같았다. 과테말라시티의 내 친구들이 한없이 그리웠다. 그 시절을 돌아보면 흔히 테레사 수녀의 말로 알려져 있는 이 말이 생각난다. "가장 비참한 가난은 외로움과 사랑받지 못한다는 느낌입니다."

외로움에 시달리는 사람이 생각보다 훨씬 많다. 2018년에 미국 보험회사 CIGNA에서 실시한 연구에 따르면, 미국의 외로움은 "유행병" 수준에 이르렀다.[4] 연구진이 성인 2만 명을 조사한 결과, 때로 혹은 항상 혼자라고 느껴진다는 응답은 46퍼센트, 소외감이 든다는 응답은 47퍼센트, 자신을 정말 이해해 주는 사람이 거의 혹은 전혀 없다는 응답은 27퍼센트로 나타났다. 이에 비하여 1970년대와 1980년대에는 자주 외롭다고 답한 미국인이 11-20퍼센트에 그쳤다.[5]

만성적 외로움은 심신의 장애를 유발할 뿐 아니라 조기 사망의 위험마저 높인다. 이는 미국인만의 문제가 아니다. 덴마크에서 일본까지 각국 정부가 외로움을 심각한 사회 문제로 보고 있다. 영국 총리는 2018년에 "고독부" 장관을 지명하여 이 중대한 건강 문제에 대응하게 했다. 75세 이상의 영국인 중 약 2백만 명이 몇 주씩 유의미한 대인 교류 없이 지낸다고 응답했다.[6] 세계보건기구(WHO)에서도 이제 "사회 지원망"의 부재를 건강의 중대 변수로 꼽는다.[7]

외로움과 신앙생활

깊이 있는 공동체 생활을 벗어난 삶은 건강에 해롭다. 본래 하나님이 우리를 지으실 때 유의미한 공동체를 떠나서는 살 수 없게 하셨기 때문이다. 시편에도 그것이 고스란히 드러나 있다. 시편에 보듯이 신앙생활은 늘 공동체의 면전에서 이루어진다. 여기 시편의 무섭도록 기쁜 소식이 있다. 공동체는 우리를 다 본다. 다 볼 수밖에 없다.

시편 저자에게는 "총회"와 "회중"과 "백성"과 "이웃"과 "친구"가 늘 지척에 있다.[8] 공동체를 피해 숨는 일은 없다. 사실 숨을 필요도 없다. 숨고 싶은 유혹이 늘 도사리고 있더라도 말이다. 공동체는 개인의 찬송과 항변을 증언한다. 진실한 간구와 터져 나오는 감사도 공동체가 듣는다. 공동체의 도움으로 우리는 두려움 없이 마음을 열 수 있다.

더 중요하게 공동체는 애절한 간구를 신뢰나 감사의 고백보다 훨씬 자주 듣는다. 후자가 중요하지 않아서가 아니라—그런 고백도 매우 중요하다—이스라엘 백성처럼 우리의 기도에도 전자의 간구가 많기 때문이다. 기도하는 족족 다 응답되지는 않지만[9] 그래도 우리는 기도한다. 공동체가 함께 있어 우리를 에워싸고 지지해 주며, 우리가 혼자가 아님을 증언해 준다. 그것을 알기에 우리는 기도한다.

더 폭을 넓혀서 말하자면 시편에 현대식 개인주의자는 없다. 시편은 원래 공동체의 책이다. 개개인이 신앙과 불신앙의 세계에서 제자리를 찾는 일도 공동체의 정황 안에서 이루어진다. "나"는 "우리"라는 맥락 속에 있다. 그들의 죄는 곧 우리의 죄다(시 85편). "우리"가 있기에 "나"도 있다. 내가 기뻐함은 우리가 기뻐하기 때문이다(시 106편). "나의 온 마음"은 공동체를 떠나 있거나 언저리를 맴돌지 않고 공동체와 함께 있다. 나의 운명은 모두의 운명과 얽혀 있다(시 111편).

유진 피터슨은 그것을 이렇게 표현했다.

혼히 우리는 시편을 목자나 길손이나 난민이 작문한 개인 기도로 착각한다. 잘 공부해 보면 알겠지만 전부 단체의 시다. 전부 공동체가 공동체 안에서 드린 기도다…….
이 공동의 애통, 회중의 찬송, 단체의 간구를 개인의 위안을 얻는 편한 공식으로 쓴다면 시편의 정신에 완전히 어긋난다.[10]

시편 저자에게 독립 영성이란 없다. 하나님 백성의 공동체 안에서 살아가는 신앙이 있을 뿐이다. 이 공동체에는 우리의 선조와 후손도 포함된다(시 78편). 이 신앙은 "우리가 들어서 아는 바"요(3절) "후대에 전"할 신앙이다(4절). 신앙은 사람들로 더불어(시 40편), "나라들" 중에서(시 18편), 그리고 모든 창조세계 앞에서(시 89편) 이루어진다.

그렇지 않고서야 어떻게 시편이 공동체에 대한 우리의 비전을 빚어낼 수 있겠는가? 나아가 공동체 생활에 대한 그 비전이 어떻게 우리의 신앙에 스며들어 실천을 낳겠는가?

공동체에 대한 시편의 비전

개인과 공동체에 대한 시편의 비전이 1편과 2편에 수립되어 있다. 이런 개인과 사회를 기초로 하여 그 위에 신앙생활이 세워진다. 시편 1편은 복으로 시작되고("복 있는 사람은") 2편은 복으로 끝난다("다 복이 있도다"). 이로써 독자는 이 두 편의 시에 담긴 모든 내용이 일종의 액자 역할을 함을 알 수 있다. 마치 저자가 "이 그림만 바로 알면 시편 전체를 바로 알게 된다"라고 말하는 것 같다.

시편 1편의 개인이 복된 이유는 악인의 길을 거부하고 의인의 길을 받아들이기 때문이다.[11] 구체적으로 말해서 그는 여호와의 가르침(토라)을 즐거워하고 자아도취의 길을 배격하기 때문에 복되다. 이는 삶의 길을 걷는 두 가지 방식이요 세상에 존재하는 두 가지 방식이다. 이렇듯 시편 1편에 개인의 중요성이 확언되어 있다. 내 기도는 중요하다. 내 신앙이 무기력한지 아니면 한결같은지도 하나님께 중요하다. 내가 여호와의 길로 걷는 것이 중요하다.

그런데 나는 자급자족이 안 된다. 내 가치를 내가 정하지 않는다. 궁극적으로 하나님이 내 가치를 정하시지만 공동체도 한몫한다. 그래서 시편 2편은 전체 공동체에 주는 말이다. 복된 공동체는 주님을 의지하고, 주님의 기름부음 받은 통치자를 신뢰하고, 주님을 구하고, 토라를 가까이하여 지키고, 주님께 희망을 둔다. 공동체에는 나라와 통치자와 도시가 포함된다. 지정학적 이해관계, 사회경제적 재편, 가정의 역학, 군사적 개입이 다 망라된다.

시편 2편이 일깨워 주듯이 "나"의 신앙은 늘 "우리"의 신앙과 연계되어 존재하며, 신앙은 늘 공동체와 사회라는 공공의 장에서 펼쳐진다. 거기서 시험과 검증을 거쳐 확증되고 굳건해진다. 시편 1편에서 의로운 개인을 만난다면, 2편에서는 만인을 위해 하나님의 선하신 뜻을 이루는 의로운 왕을 만난다. 물론 신앙은 내 것이지만, "여호와께 피하는" **모든 사람**(시 2:12), "높은 사람이나 낮은 사람을 막론하고 여호와를 경외하는" **모든 사람**의 것이기도 하다(시 115:13).

이것이 복된 개인이고 또한 복된 공동체다.

시편에서 개인은 막연한 공동체가 아닌 특정한 공동체 안에서 제자리를 찾는다. 이 공동체는 종족과 가족, 친구와 모르는 사람으로 이루어진다. 사실 개인의 정체성을 발견할 다른 길은 없다. 이것이 자아에 대한 시편의 개념과 현대 서구식 개념의 중요한 차이다. 그 차이를 제임스 L. 메이스는 이렇게 설명한다.

> 본래 "나"라는 말은 개인만 아니라 소속 집단을 함께
> 지칭한다. 우리는 자신의 정체성과 개성을 지닌 채 집단에
> 들어가 그 집단의 방식과 견해를 받아들이며, 그 집단이
> 자체적 정당성을 입증하며 개인을 키워 주기를 기대한다.[12]

더 구어체로 말하자면 "팀 안에 '나'는 없다." 개인은 결코 순전히 사인(私人)이 아니다. 개인이 발견하는 정체성은 전통, 부모의 방식, "옛적"(시 68:33) 등과 대립되지도 않는다. 신앙

은 하나님과 나 사이의 개인주의적 거래가 아니다. 시편의 관점에서 볼 때, 신앙생활에 수반되는 많은 개인 체험은 결코 단지 사적인 체험이 아니다. 골딩게이는 이렇게 주해했다.

> 하나님께 표현하는 감사가 개인과 그분 사이의 사적인 거래라는 생각은 어불성설이다. 감사란 본래 공공 행위다. 감사할 일에 대해 공동체 앞에서 하나님께 영광을 돌림으로써 공동체 전체의 신앙을 세워 나가는 것이다.[13]

실제로 "당신"이 경험하는 기쁨은 "모두"의 기쁨과 맞물려 있고, "나"의 범죄는 "우리"라는 백성의 죄성과 얽혀 있다. 만일 시편 저자는 "환난에서 구원받는데 이스라엘은 그렇지 못하다면, 이는 부분적 구원에 불과하다."[14]

시편 저자에게 가장 고통스러운 일 중 하나는 친구에게 버림받는 것이다. 친구의 배신이나 외면이 시편 전체에 반복해서 등장한다. 시편 38편 11절에 "내가 사랑하는 자와 내 친구들이 내 상처를 멀리하고"라고 했고, 41편 9절에는 "내가 신뢰하여 내 떡을 나눠 먹던 나의 가까운 친구도 나를 대적하여 그의 발꿈치를 들었나이다"라고 되어 있다. 가장 쓰라린 표현은 88편 18절에 나온다. "주는 내게서 사랑하는 자와 친구를 멀리 떠나게 하시며 내가 아는 자를 흑암에 두셨나이다."

혈연과 달리 친구는 내가 **선택한** 사람이다. 취향도 서로

같고, 사고방식도 통하고, 하나님에 대해 말하는 것도 비슷해서다. 그래서 친구에게 버림받으면 그토록 고통스럽고, 친구가 입힌 상처는 영영 낫지 않을 것만 같다. 하지만 우리가 거리낌 없이 죄를 자백할 수 있는 대상도 친구다. 굳이 기쁜 소식을 맨 먼저 전하는 대상도 친구다. 시편 22편 22절에 보면 "벗들이 예배하러 모일 때, 나 이렇게 말하겠습니다. 주님을 찬양하여 힘주어 말하겠습니다. 너희 하나님을 예배하는 이들아, 할렐루야를 외쳐라"라고 했다(『메시지』).

시편 107편 말씀처럼 우리 중 더러는 광야를 방황했고 더러는 흑암에 앉아 있었다. 누구는 바보가 되었고 누구는 배를 타고 바다로 나갔다. 궁지에 몰려 망연자실 주저앉은 사람도 있다. 이 모두가 혼자서는 감당할 수 없는 경험이다. 그러나 시편 저자의 말대로 공동체가 함께 짐을 져 주기에 우리는 무엇이든 감당할 수 있다. 그도 짐을 혼자서 질 필요가 없었다. 스탠리 하우어워스는 이런 관점을 제시한다.

하나님에게서 난 우정의 특성은 마땅히 충절이어야 한다. 우정을 잃는 한이 있더라도 친구에게 기꺼이 직언할 수 있어야 한다. 이런 공동체 안에 있어야 우리 모두의 영혼을 위협하는 외로움을 이겨 낼 수 있다.[15]

친구는 우리가 선택하지만 회중은 우리가 선택하는 게 아

니다. 이는 공동체 차원의 신앙에 대해 시편이 주는 또 하나의 깨달음이다. 회중은 특별한 종류의 공동체다. 신학적 입장을 일부 공유할 수도 있고, 특정한 문화 취향에 끌릴 수도 있고, 언어나 민족이 같을 수도 있다. 그러나 건강한 회중에는 우리와 취향이 다른 사람, 우리처럼 생각하지 않는 사람, 하나님에 대해 말할 때 우리가 보기에 이상하거나 지루하거나 반감을 주는 사람도 포함되게 마련이다.

여간 다행한 일이 아니다.

"백성의 총회 중에서" 자백할 때, 우리는 믿음이 충만하다는 게 실로 무슨 뜻인지를 배운다. 딱히 우리를 좋아하지 않거나 이해하지 못할 수도 있는 사람들 앞에서 하나님께 솔직해지려면 엄청난 신뢰가 요구되기 때문이다. 시편의 그런 공동체는 우리의 슬픔과 기쁨, 희망과 불안을 다 본다. 삶의 갈등과 유한성과 오류와 고난은 물론이고 삶의 최악의 모습까지도 증언한다.[16]

그래서 시편의 정신은 동정과 공감으로 규정된다. 우리는 타인을 **위해서만** 아니라 때로 타인을 **대신하여** 기도한다. 그들 스스로는 당장 기도할 말을 찾지 못하거나 기도할 의욕조차 없기 때문이다.[17] 신앙의 주변부에 있거나 신앙 때문에 박해받는 사람의 상처와 소외감과 실패와 낙심을 우리의 기도에 대신 담아낼 수 있을까?[18] 시편의 답은 긍정인 것 같다.

하나님은 우리의 슬픔이나 분노나 막막한 심정을 경청해

주시건만, 우리 공동체의 어떤 이들에게는 그게 잘 믿어지지 않는다. 반대로 어떤 이들에게는 공동체가 자신의 행복을 귀 담아 들어 줄지가 잘 믿어지지 않는다. 그래서 자칫 침해처럼 느껴질까 봐 남에게 폐를 끼치기가 꺼려진다. 그러나 시편은 이 모두를 반긴다. 시편 22편 26절을 피터슨의 번역으로 보자.

> 부랑자들이 하나님의 식탁에 앉아
> 배불리 먹는다.
> 하나님을 찾는 모든 이들이
> 여기서 그분을 찬양한다.
> "마음껏 즐겨라, 머리부터 발끝까지.
> 절대 멈추지 마라!"(『메시지』)

결국 시편은 하나님이 공동체를 가능하게 하시기에 그런 일도 가능하다고 믿는다. 이런 공동체를 통해 "모든 백성들"(시 106:48)이 하나님을 찬송하고 (장 칼뱅의 표현으로) "영혼의 모든 세포"[19]가 소리 내어 기도한다. 그리스도인의 경우, 바로 예수님이 한가운데 서서 그런 공동체가 어떤 곳인지를 보여 주신다. 레지 키드가 시편 22편에 근거하여 말했듯이, 예수님은 많은 목소리로 노래하시는 분이다.[20] 히브리서 2장 12절에도 그분은 최고의 예배자로 그려져 있다.

키드는 "그분의 목소리는 그 모든 목소리 위에 있으면서, 아무도 배제하지 않고 모두의 목소리로 노래하신다"라고 썼다.[21] 그리스도께서 부르시는 노래는 무엇인가? 그분은 모든 족속의 노래(시 22:23, 27), 풍성한 자의 노래(시 22:29상), 가난한 자의 노래(시 22:26), 앞서간 세대의 노래(시 22:29하), 장차 올 세대의 노래(시 22:30-31)를 부르신다.[22] 지나간 시대인 옛적의 노래도 부르시고, 다가올 시대인 새로운 창조세계의 노래도 부르신다.

예수께서 이 모든 노래를 부르심은 성령으로 말미암아 한 백성의 공동체를 지으시는 것이 그분의 영원한 기쁨이기 때문이다. 이 공동체는 비슷한 사람과 다른 사람, 부자와 가난한 자, 강자와 무력한 자, 하나와 다수로 이루어진다. 그분이 이런 노래를 "회중 가운데서"(시 22:22) 부르시는 것은 역사와 문화를 초월하는 공동체의 창출을 기뻐하시기 때문이다. 이 공동체를 구성하는 모든 부족과 언어와 나라는 저마다의 독특한 공동체적 방식으로 언제 어디서나 하나님의 생명을 증언한다.

결론

그렇다면 시편이 우리 현대 세계에 주는 기쁜 소식은 무엇인가? 시편은 공동체의 주변부에 숨어 외롭게 살아가는 사람, 수치심과 오해와 두려움과 배척에 시달리는 사람에게 자리를 내준다. 그들 혼자만 그런 일을 겪는 게 아님을 보여 주고, 조금이나마 위안과 친구가 되어 준다. 이거야말로 내가 시카고 근교 노스쇼어에서 중학교 2학년 때 원하던 바였을 것이다. 시편을 읽는다고 해서 간절히 바라던 친구가 저절로 생겨나지는 않았겠지만, 적어도 그런 바람이 나만의 것이 아님은 알게 되었을 것이다.

시편은 우리 모두에게 참된 공동체의 모습을 보여 주고, 그런 공동체를 구현할 것을 권고한다. 거기서는 무엇이든 잊지 않고 기억할 수 있다. 큰 소리로 감사를 기쁘게 외치고, 건져 주신 일을 간증하고, 죄를 자백하고, 연약함을 인정할 수 있다. 시편의 방식대로만 하면 공동체 안에서 무엇이든—즐거이 세상에 외치고 싶은 일만 아니라 차라리 비밀로 간직하고 싶은 일까지도—다 말할 수 있으며, 이를 통해 하나님은 우리를 치유하여 "영원한 길로"(시 139:24) 인도하신다.

「월스트리트 저널」의 사회과학 칼럼니스트인 수전 핑커는 2017년에 "장수의 비결은 사교 생활일 수 있다"라는 제목으로 테드(TED) 강연을 했다.[23] 그녀의 연구 결과 이탈리아의 사르디니아 섬에는 100세 이상 노인이 북미보다 열 배나 더 많았다. 이유가 무엇일까? 올리브유나 화창한 기후 때문은 아니다. 글루텐 없는 식단이나 성격 유형 때문도 아니다. 비결은 양질의 친밀한 인간관계와 대면 교류에 있었다. 그녀는 강연

64

을 이렇게 마무리했다.

우리의 도시와 일터와 일정 속에 대면 교류를 구축하면……
혈류와 뇌에 기분 좋은 호르몬이 분출되어 수명을
연장시킵니다. 이런 마을을 형성하고 지속하는 일이야말로
생사의 문제라 할 수 있습니다.

알고 보면 타인과 더불어 사는 풍성한 공동체 관계는 건강에도 좋다. 시편 저자들은 그것을 잘 알았다. 그들이 알았듯이 하나님이 창조하신 세상의 삶은 깊고 유의미한 공동체를 경험하는 데 달려 있다. 그래서 우리는 희망을 품고 시편 5편 말씀으로 기도할 수 있다. 나미비아 공화국의 제파니아 카미타 목사는 그 시를 이렇게 풀어 썼다.

주님, 신자의 사랑과 교제는
주님 나라 공동생활의 맛보기입니다.
저를 주님 뜻을 행하는 이들의 교제 속에 두소서.
이 길에서 떨어져 나가지 않도록 힘을 주소서.[24]

묵상을 위한 질문

1. 당신의 인생에 특별히 외롭게 느껴지던 시기가 있는

가? 그때 어땠는가?

2. 당신은 정말 좋은 공동체를 경험한 적이 있는가? 당신이 좋은 공동체의 요건으로 꼽고 싶은 것들은 무엇인가?

3. 공동체를 피해 숨기가 아주 쉬운 이유는 무엇인가? 더 구체적으로 말해서, 공동체와 쉽게 단절되게 만드는 우리 사회의 변수는 무엇인가?

4. 공동체를 피해 숨지 않는 데 도움이 될 만한 요소는 무엇인가? 어떻게 하면 공동체에서 아주 솔직하게 비밀을 나누는 데 도움이 되겠는가?

5. 시편의 공동체 문화는 우리 문화와 어떻게 다른가? 우리 문화는 "나"와 "우리"의 관계, "나"와 "모두"의 관계를 어떻게 생각하는가?

6. 스탠리 하우어워스는 우정을 서로 "직언할" 수 있는 사이라 보았다. 물론 그러다 우정을 잃을 수도 있다. 당신은 이런 우정을 경험한 적이 있는가? 그것을 가능하게 하는 요소는 무엇인가? 우리의 공동체는 어떻게 그런 우정을 지원할 수 있겠는가?

7. 유진 피터슨은 시편 22편 26절을 "부랑자들이 하나님의 식탁에 앉아 배불리 먹는" 경험으로 번역했다. 자신이 부랑자로 느껴진 적이 있는가? 그렇게 느낄 만한 사람을 알고 있는가? 어떻게 하면 그런 사람을 당신의 공

동체에 받아들일 수 있겠는가?

8. 레지 키드는 시편 22편에 근거하여 그리스도께서 부르시는 노래의 종류를 말했는데, 그 말을 읽으면서 당신은 어떤 생각과 의문이 드는가? 당신의 공동체에서 그런 "노래"가 나오게 하기 위해 당신이 할 수 있는 일은 무엇인가?

연습

1. 평소에 당신이 어떤 면에서 개인주의자로 살고 어떤 면에서 공동체의 구성원으로 사는지를 10-15분에 걸쳐 구체적으로 기록해 보라.

2. 외로운 사람을 당신의 공동체 안에 반가이 맞이하거나, "부랑자"에게 따뜻한 환대를 베풀거나, 친한 친구가 없어 보이는 사람과 더불어 우정을 가꾸어 보라.

3. 현재 공동체에 속해 있지 않다면, 당신이 속할 만한 회중이나 소그룹을 신앙에 기초한 기관을 통해 찾아보라. 공동체에 적극 참여할 수 있는 길을 모색해 보라. 하나님이 당신에게 은혜를 베푸셔서, 꼭 맞는 공동체를 찾아내 거기에 오래 붙어 있게 해 주실 것을 믿으라.

4. 시편 7편, 22편, 26편, 35편, 40편, 79편, 89편, 105-107편, 111편, 115편, 126편 중에서 두 편을 고르라. 공동

체와 개인이 어떤 관계인지에 특별히 주목하라. 공동체와 개인이 서로의 경험을 증언해 주는 방식, 당신의 공동체가 이질적인 사람에게도 자리를 내줄 수 있는 방식, 당신의 공동체가 모든 구성원에게 동정과 공감을 보일 수 있는 방식 등을 서로 나누어 보라.

5. 레지 키드가 시편 22편에 근거하여 제시한 그리스도의 다섯 가지 노래―(1)모든 족속의 노래, (2)풍성한 자의 노래, (3)가난한 자의 노래, (4)앞서간 세대의 노래, (5)장차 올 세대의 노래―를 모델로 삼아, 어떻게 하면 당신의 공동체에도 이런 노래 내지 기도가 일상화될 수 있겠는지를 토의해 보라. 이런 모든 공동체를, 그리고 하나님이 거기에 임재하시는 모든 방식을 당신은 어떻게 꾸준히 증언할 수 있겠는가?

6. 공동체와 개인을 양쪽 다 표현해 주는 기도나 연도(連禱, 인도자의 기도에 회중이 화답하는 형식)를 글로 써 보라. "조상들이 우리에게 전한" 내용과 "우리가…… 후대에 전"할 내용도 포함시키라.

7. 공동체에 대한 기도에 시편 1편과 2편에 쓰인 "복"의 표현을 접목해 보라. "모든 감사를 들어 주는 공동체는 복이 있습니다", "모든 슬픔과 자백을 들어 주는 공동체는 복이 있습니다", "삶의 유한성과 오류를 증언해 주는 공동체는 복이 있습니다"와 같은 식으로 하면 된다.

기도

선한 목자이신 주님, 주님은 고독한 자를 가족 중에 처하게 하시고, 고아와 과부를 돌보시며, 나그네와 집 없는 자에게 거할 곳과 집을 주십니다. 기도하오니 우리에게 좋은 공동체를 선물로 주소서. 그리하여 거기서 우리의 제자리를 찾고, 남에게 깊이 사랑받음을 알고 안심하며, 우리 또한 타인을 너그러이 반기게 하소서. 우리를 형제자매라 부르시는 주님을 위하여 그리하게 하소서. 성부, 성자와 성령의 이름으로 기도합니다. 아멘.

3. 역사

"모세의 율법과 선지자의 글과 시편에 나를 가리켜 기록된
모든 것이 이루어져야 하리라."
– 누가복음 24:44

시편은 귀신을 쫓아내고, 천사의 도움을 부르고, 밤의
공포에 맞설 무기를 주고, 하루의 수고 끝에 안식하게 한다.
시편은 어린아이에게는 안전이고, 한창때의 남자에게는
운치이고, 노인에게는 위안이고, 여자에게는 최적의
단장이다. 시편은 고독한 곳에 인적이 있게 하고, 장터에
합의를 이루어 낸다. 시편은 초보자에게는 시작이고,
중급자에게는 발전이며, 종결자에게는 확증이다. 시편은
교회의 목소리다.
– 성 바실리우스[1]

아낌없이 주는 기도

2천 년이 넘도록 하나님의 백성은 시편으로 기도함으로써 그분과의 사이에서 말하고 듣는 법을 배웠다. 시편은 대대로 전해 내려온 기도이며(시 89:1), 교회사 내내 그리스도인에게 아낌없이 주는 기도이다. 동방정교회, 천주교, 성공회, 장로교, 감리교, 오순절 계통 등 많은 교파의 예배와 기도에 시편의 언어가 물씬 배어 있어, 그들을 초대 교회의 예배 행위와 연결시켜 준다.

나는 미국 남부의 표현으로 "성서교회"인 자유교회 전통에서 자라느라 시편을 꾸준히 접하지 못했다. 공동 찬송가에 시편의 어휘가 조금씩 들어 있었고, 시편 23편의 목자가 융판과 성경책 표지에 그림으로 등장하는 정도였다. 설교자가 가끔 시편을 **언급했을지는 몰라도** 내 기억에 시편 자체를 본문으로 한 설교는 단 하나도 없었다. 어린 내 마음에 시편은 구약의 너무도 긴 목차에서, 수수께끼 같은 욥기와 지루하게 반복되는 잠언 사이에 끼어 있는 책이었다.

20대가 되어서야 나는 시편이 영혼—내 영혼—의 제반사와 하나님을 담아낸 말로 가득한 기도의 보고(寶庫)임을 깨달았다. 그러다 30대 말이 되어서야 시편을 내 기독교 신앙의 필수 요소로 받아들였다. 그러면서 의문이 들었다. 내가 속했던 신앙 전통은 왜 교회사 속의 소수 입장에 빠져, 우리에게 시편을 읽는 법이나 시편을 그리스도인 삶의 통상적 일부로 보는 법을 가르치지 않았을까? 세계 교회 어디서나 그리스도 의 몸 된 지체들이 2천 년도 넘게 교회 생활의 모든 면에서 시 편을 잘 가르쳐 왔는데 말이다.

시편이 교회에 쓰인 역사를 간략히 훑어보면, 왜 우리도 시편을 신앙생활의 더없이 귀한 보조물로 보아야 하는지를 더 잘 알 수 있다. 엘런 데이비스는 시편을 "현재까지 인쇄된 단연 최고의 신앙생활 길잡이"라고 표현했다.[2]

각각의 시가 기록된 시기는 이르면 주전 10세기로까지 거슬러 올라가지만, 시편의 형태가 최종 완성된 것은 대략 학 자들이 말하는 제2성전 시대(주전 530년경부터 주후 70년까지) 였다.[3] 시편을 잘 읽어 보면, 우선 이 "다윗의 시"들이 총 다섯 권으로 배열되어 있고 각 권마다 송영으로 끝난다는 사실이 눈에 띈다.[4] 아래와 같이 다섯 권으로 나눈 편집은 유대교와 기독교에 시편이 사용되어 온 방식에서 중요한 의미를 지닌 다.

- 제1권: 시편 1-41편
- 제2권: 시편 42-72편
- 제3권: 시편 73-89편
- 제4권: 시편 90-106편
- 제5권: 시편 107-150편

각 권마다 얼추 모세오경의 거울 역할을 한다.[5] 이스라엘은 토라(율법)를 배울 뿐 아니라 노래해야 했다. 모세가 이스라엘을 축복하며 생애를 마쳤듯이(신 33:29) 시편은 개인을 축복하는 말로 시작된다(시 1:1). 또한 하나님의 말씀을 마음에 새길 뿐 아니라 입술로 노래해야 했는데, 시편은 고금의 그리스도인에게 그 방법을 보여 준다.[6]

초대 교회 때의 시편

신약에 시편이 적어도 196회 인용된다. 따라서 시편이 초대 교회의 주된 예배서 역할을 했다고 말해도 무방하다. 예컨대 복음서에서 마리아와 사가랴는 각각 시편의 언어로 하나님을 찬송한다. 요한에게 세례 받으신 예수님을 아들로 확증해 주신 하늘로부터 들려온 소리도 시편 2편을 떠올린다(마 3장).

예수님도 사역 중에 거듭 시편의 언어를 소환하신다. 성전에서 보이신 그분의 행동에 서기관들이 항의했을 때는 시편 8편 2절을 인용하여 답하시고(마 21:12-17), 대제사장들이 그분의 권위를 따져 물었을 때는 시편 118편에 호소하신다(마 21:23-46). 바리새인들과 대화하실 때는 자신이 다윗 자손으로서 사명을 받으셨다는 증거로 시편 110편을 제시하시고(마 22:41-45), 산상수훈을 마치실 때는 자신의 이름을 헛되이 부를 자들에게 시편 6편 8절을 인용하여 답하신다(마 7:23).

한 제자에게 배반당할 일을 예고하실 때 예수님은 시편 41편 9절을 인용하신다(요 13:18). 잠시 후에는 시편 35편 19절과 64편 4절에 호소하여 자신의 사역이 곧 율법의 성취임을 보이신다(요 15:25). 십자가에서 그분은 시편 22편 1절 말씀으로 처참한 고통을 토로하신다(마 27:46). 부활 후 예루살렘에서 제자들과 함께 최후의 시간을 보내실 때도 재차 "모세의 율법과 선지자의 글과 시편에 나를 가리켜 기록된 모든 것이 이루어져야 하리라"라고 가르치신다(눅 24:44).

그리스도께서 승천하신 후 교회가 모여 오순절을 기다릴 때, 제자들은 시편 69편과 109편에 근거하여 유다의 후임자를 뽑는다(행 1:12-26). 제자들에게 성령이 임하셔서 베드로가 성령 충만하게 무리에게 전한 첫 설교는 시편 16편 8-11절, 132편 11절, 110편 1절을 주해한 것이다(행 2:25-35). 나중에 베드로와 요한이 감옥에서 풀려나자 교회는 시편 2편 말씀에 힘입어 하나님을 찬송한다(행 4:23-31).

고린도전서 14장 26절에 바울은 그리스도의 몸 된 지체들의 각기 다른 은사를 몇 가지 나열한다. 그 은사 중에 "찬송시"는 헬라어로 '프살몬' 즉 시편을 가리킨다. 골로새서 3장 16-17절에 권면한 대로 신자는 특히 "시" 즉 시편으로 서로 가르쳐야 한다. 에베소서 5장 18-20절에도 같은 개념이 강조되는데, 시편을 노래하는 일이 성령의 역사하심과 연계된다. 야

고보 사도는 야고보서 5장에 "너희 중에…… 즐거워하는 자가 있느냐"라고 물은 뒤 "그는 찬송할지니라"라고 답한다(13절).

바울은 로마 신자에게 보낸 서신에 시편 14편, 18편, 19편, 32편, 44편, 51편, 53편, 69편, 116편, 117편, 140편 등 다수의 시를 암시한다. 히브리서에는 1-2장에만도 시편이 연달아 아홉 번이나 인용되는데, 그중 제왕시와 애통시가 가장 두드러진다. 끝으로 학자들이 으레 지적하듯이 성경의 마지막 책인 요한계시록도 시편을 확실히 모르고서는 제대로 이해할 수 없다.[7]

교회사 속의 시편

물론 시편의 영향력은 초대 교회에서 끝나지 않는다.[8] 주후 200년경에 아프리카의 신학자 테르툴리아누스는 당시의 예배를 "성경을 낭독하고 시편을 노래하고 설교를 전하고 간구를 올린다"라고 묘사했다.[9] 실제로 그 증거를 어렵지 않게 찾을 수 있다. 아우구스티누스 시대에는 교회력의 특정한 날짜마다 그에 맞는 시편이 지정되어 있었다.[10] 오리게네스(185-254년)와 히에로니무스(342-420년)와 아우구스티누스(354-430년)는 모두 시편 주석을 집필했다.[11]

주후 318년경에 알렉산드리아의 주교 아타나시우스는 시편에 대해 이렇게 썼다. "알고 보면 이 신성한 노래들은 삶의 모든 상황에서 우리에게 적합하여, 언제나 우리 영혼의 필요를 채워 준다."[12] 아우구스티누스는 『참회록』에 서방 교회도 동방 교회의 예배 습성을 흡수했다며, "역시 찬송과 시편을 노래해야 한다. 그래야 사람들이 끝 모를 슬픔 때문에 약해지지 않는다"라고 썼다.[13]

중세 초기에 성 베네딕투스는 모든 수사와 수녀에게 일주일 동안 시편 전체를 낭송하도록 규정했다.[14] 871년에 잉글랜드 웨섹스의 왕이 된 알프레드 대제는 새벽녘과 해질녘에 시편을 읊던 습관으로 유명했다. 중세 말기에는 성직자가 되려는 많은 젊은이들이 시편을 암기하여 글자를 깨쳤다. 중세 내내 평신도는 성경 중에서 아마도 시편 사본만 소지할 수 있었다.[15] 시편이 그들의 "성경"이었다.

롤런드 베인턴이 『마르틴 루터』 평전에 썼듯이, 루터에게 시편은 "그가 늘 통과하던 영적 씨름의 기록"이었다.[16] 루터는 인간의 마음을 거친 바다에서 바람에 떠밀리는 배와 같다고 표현한 적이 있다. 그리고 시편이 그런 마음을 진정시켜 주는 역할을 한다고 믿었다. 다음은 그의 글이다.

시편에는 그런 풍랑의 와중에 진심에서 우러나온 말이 가득하다. 찬송이나 감사의 시편 외에 어디서 기쁨을 표현할 더 고결한 말을 찾을 수 있겠는가? 그런 시에 담긴 모든 성도의 마음을 들여다보노라면 마치 아름답고 즐거운 정원이나 천국을 보는 것 같다……. 또 애통의 시편 외에 어디서 비애를 표현할 더 깊고 슬픈 참회의 말을 찾을 수 있겠는가? 그런 시에 담긴 모든 성도의 마음을 들여다보노라면 마치 죽음이나 지옥을 보는 것 같아서, 하나님의 진노의 그림자가 시시각각 이동하며 그려 내는 풍경이 너무도 어둡고 칙칙하다.[17]

"95개조 반박문"을 게시한 지 12년 후인 1529년에 루터는 시편 46편을 각색하여 '내 주는 강한 성이요'라는 찬송가를 작사했다. 역설적이지만 당시의 한 예수회 신부는 "루터의 설교보다 그의 찬송이 더 많은 영혼을 죽였다"라고 평했다.[18] 장 칼뱅을 뒤이은 전통을 보면, 운율 시편을 노래하는 일이 16-17세기에 칼뱅주의를 구별 짓는 특유의 표지가 되었다. 역사가 호튼 데이비스는 이렇게 말한다.

도저히 상상하기 어려울 정도로 시편의 쓰임새는 거의 만인 보편이었다. 도시 축제에서 시장이 연회를 베풀 때 시편을 노래했다. 군인은 행군 중에나 모닥불 곁에서 시편을 노래했고, 농부와 마부는 일하면서 시편으로 휘파람을 불거나 노래를 불렀다. 순례자가 신대륙을 찾아 나선 것도 오직 시편을 노래할 자유를 얻기 위해서였다. 시편은 침울한 사람의 노래이기는커녕, 숙녀도 연인과 함께

시편을 노래했다.[19]

장로교 청교도는 외부 관찰자로부터 "시편으로 고함치는 성도"라는 별명을 얻었다. 장로교가 기원하여 융성한 나라 스코틀랜드에서는 시편 23편의 한 버전이 어찌나 유명한지 "스코틀랜드 국가"로 불리기도 한다. 16세기의 프랑스 개신교도처럼 스코틀랜드의 개신교 신자도 문자적으로나 은유적으로나 시편의 전쟁시에 힘입어 신앙을 지켜 냈다. 전쟁시에는 하나님이 의로우신 재판장이자 능하신 왕으로 지칭된다.

미국 식민지에서 최초로 간행된 책은 1640년에 매사추세츠주 케임브리지에서 인쇄된 『베이 시편집』이다.[20] "저자(다윗 왕)의 말을 그리스도인의 표현처럼 다듬으려" 한 것으로 유명한 아이작 왓츠는 1719년에 시편 98편으로 '기쁘다 구주 오셨네'라는 찬송가를 지었다.[21] 다음 두 발췌문을 보면 왓츠의 어휘가 시편 어디에서 왔는지 알 수 있다.

시편 98편 4, 8절

온 땅이여, 여호와께 즐거이 소리칠지어다.
    소리 내어 즐겁게 노래하며 찬송할지어다.

여호와 앞에서 큰물은 박수할지어다.
    산악이 함께 즐겁게 노래할지어다.

'기쁘다 구주 오셨네'

기쁘다 구주 오셨네.

　만 백성〔"땅이여"〕 맞으라.

이 세상의 만물〔"큰물"과 "산악"〕들아,

　다〔"즐겁게"〕 화답하여라.

(괄호 안은 가사 원문이다―옮긴이)

　그로부터 20년 후인 1739년에 벤저민 프랭클린은 "저녁
에 필라델피아를 걷노라면 거리마다 집집마다 시편을 노래하
는 소리가 들리지 않는 날이 없다"라고 말했다.[22] 대서양 저편
에서는 게오르크 프리드리히 헨델이 1741년에 유명한 〈메시
아〉를 작곡하면서, 이사야서 다음으로 시편을 가장 많이 인
용했다. 예컨대 오라토리오 6장 1부와 2부에 시편 2편 본문이
나온다.

　어찌하여 이방 나라들이 분노하며

　민족들이 헛된 일을 꾸미는가.

　……

　세상의 군왕들이 나서며

　관원들이 서로 꾀하여

　여호와와 그의 기름 부음 받은 자를 대적하며

......

우리가 그들의 맨 것을 끊고

그의 결박을 벗어 버리자 하는도다.

존 웨슬리(1703-1791년)가 어려서 처음 배운 어휘에는 시편 일부가 들어 있었다. 에이브러햄 링컨은 변호사 시절 (1837-1847년)에 죽어 가는 한 여인에게 자신이 외워 두었던 시편 23편 말씀을 들려주었다.

현대의 시편

시간을 건너 뛰어, 독일의 순교자 디트리히 본회퍼가 플로센뷔르크 강제 수용소에서 나치에 처형당하기 전 1940년에 마지막으로 쓴 책 중 하나가 『시편 이해』였다. 교수형에 처해지기 2년 전인 1943년 4월에 나치 수용소에서 부모에게 보낸 편지에 그는 이렇게 썼다. "늘 그랬듯이 날마다 시편을 읽습니다. 시편은 제가 잘 알뿐더러 다른 어느 책보다도 사랑하는 책입니다."[23]

파키스탄의 에릭 사르와르 목사는 자국의 박해받는 그리스도인이 읽을 수 있도록 시편을 펀자브어로 번역했다. 에스토니아의 작곡가 아르보 패르트는 라틴어 시편 130편을 배경으로 합창곡 '데 프로푼디스'(내가 깊은 곳에서)를 작곡했다.

필라델피아에서 활동하는 래퍼 샤이 린의 "가사 신학" 프로젝트에는 R&B 버전의 시편 37편이 들어 있다. 소웨토 복음 성가대는 남아프리카 공화국의 소토어로 시편 23편 "케 나 레모디사"(주는 나의 목자시니)를 불렀다. 이렇듯 전 세계의 목회자와 음악가가 각종 음악과 언어로 시편을 살려 내고 있다.

1969년 7월 20일에 아폴로 달착륙선 '이글호'가 달에 착륙했다. 달 표면에 첫발을 디딘 닐 암스트롱의 역사적인 말은 대다수 사람이 기억할 것이다. "이것은 한 인간에게는 작은 발걸음이지만 인류에게는 커다란 도약입니다." 그러나 태평양에 착수(着水)하기 전날인 비행 마지막 밤에 에드윈 '버즈' 올드린이 했던 동급의 명언을 기억할 사람은 많지 않다. 이제 막직접 목격하고 온 신기한 사건을 돌아보며, 그는 시편 8편 말씀에 기대어 이렇게 말했다.

> 개인적으로 지난 며칠의 사건을 돌아보면 시편의 한 구절이 떠오릅니다. "주의 손가락으로 만드신 주의 하늘과 주께서 베풀어 두신 달과 별들을 내가 보오니 사람이 무엇이기에 주께서 그를 생각하시며."[24]

그로부터 4년 전인 1965년 2월 1일에 마틴 루서 킹 주니어는 허가 없이 행진했다는 죄목으로 앨라배마주 셀마에서 체포되었다. 옥중에서 그는 누구나 찬송을 인도하거나 기도할 수 있는 퀘이커교 방식의 모임을 제안했다. 그의 친구이자 동료 목사인 랄프 애버너시가 시편 27편 1절을 읽어 모임을 시작했다.

여호와는 나의 빛이요 나의 구원이시니
　내가 누구를 두려워하리요.[25]

1970년에 자메이카의 멜로디언스라는 밴드는 시편 137편을 각색하여 라스타파리언 풍의 노래로 녹음한 '바빌론 강가에서'를 출시했다. 이 노래는 왜 그해에 자메이카 최고의 히트곡이 되었을까? 자메이카의 흑인들은 그때 왜 그 노래를 불렀고 지금도 부를까? 케빈 애덤스는 저서 『150편: 시편에서 만나는 당신의 이야기』에서 이렇게 설명한다.

그들은 신의 침묵을 종식시키려고 노래한다. 아프리카가 강탈당하여 아프리카의 자손이 노예 제도와 식민지주의와 압제에 시달리는 동안, 신은 침묵하는 듯 보였다. 그래서 그들도 이 시의 충격적인 종결부에 애절하게 공감하며, 옛날 바빌론에 포로로 끌려갔던 히브리 백성처럼 정의를 부르짖는다.[26]

리처드 닉슨과 로널드 레이건의 대통령 보좌관을 역임한

데이비드 거겐이 1996년 12월 25일에 하버드 대학교 기념교회의 피터 곰스 목사에게 물었다. 성경을 잘 모르는 사람은 어디서부터 읽어야 하느냐는 그의 질문에 곰스는 이렇게 답했다.

> 저는 늘 이해하기 쉬운 책부터 시작하라고 조언해
> 왔습니다. 당신에게도 시편부터 읽을 것을 권합니다.
> 어떤 사람들은 "하지만 시편은 너무 아기자기하고
> 음악적입니다. 더 강한 걸로 읽어야 하지 않을까요?"라고
> 말합니다. 시편을 읽되 아주 열띤 속도로—1년씩 걸릴
> 게 아니라 두어 주 만에—통독한다면, 총 150편에 담긴
> 인간의 경험이 심히 다양해서 심리 치료사가 썼나 싶을
> 것입니다.[27]

끝으로 아일랜드의 밴드 U2는 2015년에 전 세계를 순회한 "순수와 경험" 공연에서 콘서트를 마칠 때마다 천장에서 시편의 페이지를 흩뿌렸다. 이는 U2의 리더 보노가 예전부터 시편을 사랑한 것과 맥을 같이한다. 시편 40편에 기초한 그의 노래 '40'에 그 사랑이 농축되어 있다.[28] 본인의 말로 들어 보자.

> 내가 성경의 다윗이라는 인물에 늘 흥미를 느낀 것은 그가

실수투성이기 때문이다. 나는 성경에서 하나님이 택하여 쓰신 사람들이 다 거짓말쟁이, 사기꾼, 간음한 사람, 살인자라는 게 참 재미있다. 그 당시 내가 그런 행동 중 무엇을 저지르고 있었는지는 모르겠지만, 다윗에게 공감한 것만은 분명하다. 이 곡으로 나의 시편을 쓴 셈이다.[29]

결론

시편을 잘 활용해 온 역사 속의 그리스도인들과 달리, 현대의 그리스도인들은 안타깝게도 시편을 아예 경시하거나 조금씩만 사용할 뿐이다. 이는 막대한 손해다. 이번 장 서두에 보았듯이 시편은 예수님의 생애와 사역의 뼈대를 이루었다. 평생의 기도 습관을 통해 그분이 시편 말씀을 내면화하셨기 때문이다. "충성된 증인"(계 1:5)이신 예수님의 기도 생활을 닮고 싶다면 우리도 그 습관을 본받는 게 좋다.

그러나 시편을 읽다가 만나는 것은 예수님께 영향을 미친 기도 생활만이 아니다. 우리는 거기서 이를테면 작은 성경도 만난다. 우리의 사생활과 공생활의 모든 상황 속에서 항상 하나님 앞에 충실하게 살아가는 데 필요한 모든 것이 그 속에 들어 있다. 그래서 마르틴 루터는 이렇게 말했다.

요컨대 선명한 색깔과 생생한 형체로 그려진 거룩한 기독교

교회의 축소판을 보고 싶다면, 시편을 앞에 두라. 광택을 발하는 그 아름답고 환한 거울을 통해 기독교가 무엇인지를 들여다볼 수 있다.[30]

물론 우리를 빚어내려는 시편의 초대는 항상 열려 있다. 「공동기도서」의 표현을 빌리자면, 오늘도 시편은 우리에게 시편을 "듣고, 읽고, 표시하고, 배우고, 속으로 소화할" 것을 권유한다.[31] 시편은 "생명의 길"을 제시하며(시 16:11) 그 "길"로 우리를 축복한다(시 1편). 우리의 신앙이 어떤 상태이든 간에, 시편은 우리 앞에 "봄철 딸기보다 더…… 붉게 잘 익은 딸기보다 더"(시 19:10, 『메시지』) 나은 생명의 말씀을 차려 낸다.

묵상을 위한 질문

1. 시편의 역사에 대해 당신이 새롭게 배운 내용은 무엇인가?
2. 자신의 개인사를 돌아볼 때, 시편의 특정한 시들이 어떻게 당신의 인생 경험 속에 들어왔는가?
3. 시편에서 당신의 기억 속에 남아 있는 최초의 시는 무엇인가? 최근에 읽어 기억나는 시는 무엇인가? 그 시작의 때로부터 지금까지의 당신의 신앙 여정을 비교하며 대조해 보라.

4. 당신의 교회 전통에 시편이 어떻게 쓰였는지를 최대한 아는 대로 말해 보라. 당신의 회중이나 공동체가 어떻게 시편을 지금보다 더, 또는 아예 지금과는 다르게 활용했으면 좋겠는가?

5. 시편을 사랑하는 그리스도인의 명단을 읽으면서 "나는 그들과는 다르다. 시편을 잘 이해하지 못하겠다"라는 생각이 들지 모른다. 하지만 처음에는 누구나 그럴 수 있다. 시편을 더 꾸준히 읽기 위해 당신이 할 수 있는 일 한 가지는 무엇인가?

6. 시편의 역사는 당신 혼자서나 공동체로 기도, 예배, 제자도, 선교를 실천하는 데 어떻게 힘이 되는가?

연습

1. 시편 106편이나 107편을 읽으라. 여러 번 읽고 묵상하라. 그 내용으로 기도하라. 일부를 암송해 보라. 그렇게 마음속에 품고 다니면서 종일 하나님과의 생생한 대화를 지속하라.

2. 시편 98편을 읽고 나서 아이작 왓츠의 찬송가 '기쁘다 구주 오셨네'의 가사를 읽거나 노래로 들어 보라. 왓츠가 시편 저자의 말을 어떻게 해석하고 찬송가에 응용했는지 살펴보라. 그가 포함시킨 부분과 제외한 부분

은 무엇인가? 시편 98편을 일부만 활용한 결과로 자칫 놓칠 수 있는 의미는 무엇인가? 이 똑같은 연습을 헨델의 〈메시아〉 중에서 일부 가사를 가지고 해도 좋다.

3. 이번 장에 나오는 인용문 중 하나를 골라 인쇄하여 집이나 직장에 붙여 놓으라. 그것을 볼 때마다 당신의 삶과 연결되는 시편 속의 하나님의 진리를 상기하라.

4. 유튜브나 스포티파이 등에서 멜로디언스의 '바빌론 강가에서'나 U2의 '40'을 찾아서 그룹으로 함께 듣고 서로의 반응을 나누어 보라.

5. 공동체로서 C. S. 루이스의 『시편 사색』, 디트리히 본회퍼의 『시편 이해』, 토마스 머튼의 『가장 완전한 기도』, 유진 피터슨의 『응답하는 기도』, 톰 라이트의 『땅에서 부르는 하늘의 노래, 시편』 등의 짤막한 책 중에서 하나를 구입하거나 도서관에서 대출하여 함께 읽고 토의해 보라.

6. 현재 정기적으로 모이는 소그룹이 있다면, 매번 모임을 시작하고 끝낼 때 시편을 한 편씩 읽어 보라.

7. 그룹으로 단편 영화 〈보노와 유진 피터슨: 시편〉을 보고 서로의 감상을 나누어 보라.

기도

주의 백성에게 대대로 기도에 충실할 것을 가르치신 주님, 우리 삶의 모든 상황 속에서 항상 주님을 찬양하는 가운데 시편 말씀 속에서 주의 음성을 듣게 하소서. 그 동일한 말씀 속에서 주님도 우리의 음성을 기뻐 들으심을 알게 하소서. 성부, 성자, 성령께 이제부터 영원까지 존귀와 영광을 돌리며 우리 주 예수 그리스도의 이름으로 기도합니다. 아멘.

4. 기도

나의 삶은 하나님께 드리는 기도입니다.
- 시편 42:8(『메시지』)

노래와 기도를 들어 보면 그 사람의 신학을 알 수 있다.
- 고든 피[1]

"거짓 없는 나의 기도"

뭐니 뭐니 해도 시편은 기도다. 이미 기도할 줄 아는 사람과 전혀 기도할 줄 모르는 사람에게 주는 기도다. 온 마음으로 하나님께 기도하려는 사람에게 주는 기도다. 순교한 독일의 신학자 디트리히 본회퍼는 1935년 7월 31일에 학생들에게 강연할 때 이렇게 말했다. "시편을 이해하려면 무릎을 꿇는 수밖에 없습니다. 온 회중이 힘을 다하여 시편 말씀으로 기도해야 합니다."[2]

나의 기도 생활은 들쭉날쭉하다. 하루 일을 시작하기 전에 아침마다 충실하게 기도한 적도 있다. 하루를 마친 후 겨우 맥없이 기도한 적도 있는데, 대개는 썩 좋은 기도가 아니었다. 기도할 말이 없거나 더 솔직히 말해서 기도할 의욕이 없었던 적도 있다. 그럴 때면 시편이 내게 물꼬를 터 준다. 토마스 머튼의 표현을 풀어 쓰자면, 시편은 내 출애굽의 광야에서 하늘의 만나가 되어 주었다.[3] 요긴할 때 내 지친 심령에 양분을 주면서 다시 해 보라고 나를 떠밀어 준다.

시편에는 **하나님에게서 온** 말씀도 있고 **하나님에 대한** 말씀도 있고 **하나님께 아뢰는** 말씀도 있다. 당신이나 나나 기도를 잘하려면 그 모든 말씀이 필요하다. 하나님께 말하는 법을 가르쳐 준다는 점에서, 그 모든 말씀은 그분과의 대화를 위한 문법이다.[4] 본회퍼의 말대로 "우리의 기도로 시편을 해석하는 게 아니라 시편이 우리의 기도를 해석한다."[5] 다시 말해서 시편 말씀을 입에 올림으로써 우리는 기도 학교에 입학한다. 일단 그 학교 학생이 되면 평생 졸업하지 않고 하나님께 기도하는 대화법을 배운다. 그래서 유진 피터슨은 시편을 "기도의 스승"이라 칭하며 이렇게 썼다.

> 우리는 이 스승의 도제가 되어 연장 다루는 솜씨를
> 터득하며, 그리하여 점점 더 자기다워진다. 일부러 시편에
> 무지해져도 기도할 수 없는 것은 아니지만, 무딘 연장으로

시행착오를 거쳐 가며 척박한 땅을 직접 개간해야 한다.[6]

물론 기도는 묘한 데가 있다. 간단히 말해서 기도란 하나님과의 사이에서 말하고 듣는 것이지만, 실제로는 **전혀** 간단하지 않다. 오순절 교인은 방언으로 기도한다. 한국에서는 장로교인도 일제히 통성으로 기도한다. 베네딕토회 수사는 라틴어로 기도하거나 묵도한다. 어린아이는 재잘재잘 잘도 기도하는데, 성인은 하나님께 말하기가 힘들거나 도무지 익숙해지지 않는다. 즉석 기도든 미리 글로 쓴 기도든, 격식을 차린 기도든 격의 없는 기도든 다 마찬가지다.

시편은 그 모든 기도와 모든 사람에게 자리를 터 준다. 4세기의 설교자 성 바실리우스의 말처럼 시편은 만인을 똑같이 초대한다. "시편은 초보자에게는 시작이고, 중급자에게는 발전이며, 종결자에게는 확증이다."[7] 예수님은 시편으로 기도하셨고(눅 23:46), 바울은 시편으로 기도하라고 초대 교회에 권고했다(엡 5:18-19). 지금도 유대교인과 기독교인은 시편으로 기도하며, 교황과 농민과 팝 스타도 마찬가지다. 그 모든 사람에게 시편은 "거짓 없는 나의 기도"(시 17:1, 『메시지』)로 기도할 공간을 내준다.

시편을 최대한 활용하려면 시편을 기도로 이해할 뿐 아니라 시편이 기도를 어떻게 "하는지도" 알아야 한다.[8] 시편은 충실한 기도의 속성을 다음과 같이 보여 준다.

첫째로, 시편은 우리를 막연한 신이 아닌 지극히 특정한 하나님과의 대화로 초대한다. 이 하나님은 단지 '엘로힘' 즉 고대 근동 세계의 흔한 신이 아니라, 아브라함과 이삭과 야곱의 하나님이다. 이스라엘을 노예 생활에서 구해 내신 모세의 하나님이다. 이 하나님께는 이야기가 있다. 그래서 그분은 특정한 창조주(시 104편), 왕(시 5편), 주(시 2편), 능하신 분(시 62편), 목자(시 23편), 피난처(시 46편), 빛(시 27편), 용사(시 24편), 구원자(시 81편), 해와 방패이시다(시 84편).

시편에 소개되는 하나님은 가까이 계시면서도 부재하시는 것처럼 느껴진다. 여기서 만나는 그분은 모든 압제자를 응징하시는 의로운 재판장이면서(시 9편) 고통당하는 자의 부르짖음에 귀를 기울이시는 자비로운 분이다(시 86편). 이 하나님은 약자의 원수를 갚으시고(시 26편), 마음이 상한 자를 치유하시고(시 147편), 과부를 보호하시고(시 146편), 힘없고 궁핍한 자를 채워 주시고(시 68편), 회개하는 자를 용서하시고(시 32편), 죄인을 죄에서 속량하신다(시 51, 103편).

이 하나님을 알려면 마냥 주관적으로 내면생활을 살필 게 아니라 그분의 말씀과 행동을 보아야 한다. 이 하나님은 하늘과 땅을 다스리시고 과거와 미래를 주관하신다. 인생과 열방과 은하를 통치하신다.[9] 우리의 재주대로라면, 우리 자신의 형상대로 만들어 낸 신—합리적인 신, 달래 주는 신, 활동적인 신, 추상적인 신, 기적을 베푸는 신 등—에게 기도할 소지가 높다. 우리 스스로는 하나님을 참으로 온전히 알 수 없기에, 하나님을 계시해 주는 성경의 결정적인 본문 중 하나인 시편에 의존해야 한다.

둘째로, 시편의 하나님은 내재하시면서도 초월적인 존재다. 즉 시편 도처에서 만나는 하나님은 가깝고도 먼 분이다.

하나님의 내재성부터 보면, 시편은 가까이 계신 그분을 다양한 은유로 묘사한다. 예컨대 그분은 목자로 제시되는데, 시편 28편 9절에 유난히 친밀감을 주는 표현이 나온다. "그들의 목자가 되시어 영원토록 그들을 인도하소서." 시편 저자들은 거듭 하나님을 안전한 곳으로 지칭한다. 46편 1절에 그분은 "우리의 피난처시요 힘이시니 환난 중에 만날 큰 도움"으로 기술된다.

시편 89편 26절에 저자는 하나님을 다윗 왕의 아버지로 표현한다. 시편 3편 3절의 하나님은 우리의 머리를 드시는 분으로 친근감 있게 그려진다. 시편 73편 28절에는 단순히 "하나님께 가까이 함이 내게 복이라"라고 되어 있다. 이런 은유에 암시된 하나님은 가까이 계신 분, 바로 곁에 머무시는 분, 모태에서부터 우리를 아시는 분이다. 이 선한 목자는 자기 양을 이름으로 아시고, 자기 백성에게 환난 중에 평화를 주시고, 자격 없는 자를 사랑하시며, 슬퍼하는 자를 위로하신다.

그러나 시편은 초월자 하나님도 보여 준다. 즉 범접할 수 없는 '타자'의 속성을 지니신 크신 하나님이다. 시편 80편 1절에서 우리는 "그룹 사이에 좌정하신" 하나님을 만난다. 그분은 만군의 주(시 103:12, 148:2), 천지만물을 지으신 분(시 95, 104, 146, 148편), 악과 악인을 대적하시는 의로우신 재판장(시 18:47, 58:10, 79:10), 천사 군대의 하나님이시다(시 46편, 『메시지』).

하나님의 초월성을 가장 막강하게 대변하는 은유는 아마도 왕권이다. 시편 29편 10절에 "여호와께서 홍수 때에 좌정하셨음이여, 여호와께서 영원하도록 왕으로 좌정하시도다"라고 했고, 시편 47편 2절에는 "지존하신 여호와는 두려우시고 온 땅에 큰 왕이 되심이로다"라고 부연된다. 이 하나님은 조종당하거나 인간의 변덕에 놀아나지 않으신다. 이 하나님은 우리가 알 수 있기는 하지만 다 알 수는 없는 분이다. 이 하나님은 거룩하시다(시 22:3, 71:22, 99:5, 111:9).

셋째로, 시편에는 부름과 반응의 리듬이 본보기로 제시된다. 시편에서 하나님은 "부르시고" 인간은 대답한다. 하나님이 주도하시고 인간은 반응한다. 반대로 인간이 부르짖고 하나님이 응답하실 때도 많다. 어쨌든 독백이 아니라 언제나 대화이며, 궁극적 주도권은 하나님께 있다. 브루그만의 말처럼 시편은 "성경적 신앙이 단호하고도 자연스럽게 대화로 이루어짐"을 우리에게 일깨워 준다."[10] 시편 12편이 단적인 예다. 1절에 저자 쪽에서 이렇게 대화를 시작한다.

여호와여, 도우소서. 경건한 자가 끊어지며
　충실한 자들이 인생 중에 없어지나이다.

5절에 주께서 응답하신다.

여호와의 말씀에 "가련한 자들의 눌림과 궁핍한 자들의
탄식으로 말미암아
　내가 이제 일어나……."

시편 50편에서는 역할이 바뀌어 하나님이 대화를 주도하
신다. 1절에 배경이 설정된 후 7절에 그분의 말씀이 시작된다.

전능하신 이 여호와 하나님께서 말씀하사
　해 돋는 데서부터 지는 데까지
　세상을 부르셨도다.

"내 백성아, 들을지어다. 내가 말하리라.
　이스라엘아, 내가 네게 증언하리라.
　나는 하나님 곧 네 하나님이로다."

시편 저자의 반응은 14절에 암시되어 있다. "감사로 하나
님께 제사를 드리며."

나머지 시편에도 늘 하나님과 저자 사이에 모종의 교류가 오간다. 이것이 독자에게는, 하나님께 속마음을 다 쏟아 내고 그 대신 주님의 말씀을 받으라는 초대가 된다. 피터슨의 책 제목 『응답하는 기도』처럼 시편은 하나님께 응답하는 법을 우리에게 가르쳐 준다. 그분은 늘 우리를 불러, 그분을 알고 사랑하라고 초대하신다.[11]

넷째로, 시편에는 개인 기도 및 공동체 기도의 대화가 본보기로 제시된다. 존 위트블리트가 저서 『기독교 예배 속의 시편』에 말했듯이, 시편은 하나님과 인간 사이의 대화만 아니라 어떻게 개인과 공동체로서 그분께 말해야 하는지도 보여 준다.[12] 이로써 시편은 우리를 비인격적인 집단주의나 자기몰두의 개인주의에 빠지지 않게 지켜 준다. 시편은 1인칭 기도의 중요성을 부정하기는커녕 그런 기도를 공동체의 정황 속에 둔다.[13] 데이비드 포드는 그것을 이렇게 설명했다.

시편 저자의 "나"는 동서고금을 뛰어넘어 개인과 단체의 거대한 회중을 품는다. 신기하게도 그들 모두가 이 "나" 속에 들어 있다. 시편의 1인칭에 동화하는 이들은 시편에서 가지각색의 이야기와 상황과 고난과 복과 기쁨과 죽음을 읽어 내며 기도해 왔다. 결국 이 "나"는 한없이 널찍하여 모두를 환대한다.[14]

시편 저자는 개인의 경험 중 특수한 세부 사항은 대폭 생략한다. 시편 51편 3절의 "무릇 나는 내 죄과를 아오니 내 죄가 항상 내 앞에 있나이다"처럼 아주 구체적인 심상을 표현할 때도 말이다. 이로써 저자는 "널찍한" 1인칭 기도가 무엇인지를 보여 준다. 그것은 늘 공동체를 염두에 두는 기도다. 저자는 그 반대 또한 사실임을 보여 준다. 시편에는 공동체 기도이면서 개인에게 넉넉히 자리를 내주는 본보기도 나온다. 누구나 그 속에서 자신이 대변됨을 볼 수 있다.

다섯째로, 시편은 우리를 말로 하는 기도로만 아니라 침묵으로도 초대한다. 시편에 실린 150편의 기도는 길이가 다양하다. 가장 긴 시는 176절까지 있는 119편이고, 가장 짧은 시는 두 구절밖에 없는 117편이다. 그러나 모든 시의 언어가 우리 기도의 틀과 방향을 잡아 준다. 모든 시가 한결같이 우리에게 말로 하는 구체적인 기도를 권유한다. 일례로 시편 30편은 이렇게 끝난다.

여호와여, 내가 주께 부르짖고
　여호와께 간구하기를⋯⋯

주께서 나의 슬픔이 변하여 내게 춤이 되게 하시며
　나의 베옷을 벗기고
　기쁨으로 띠 띠우셨나이다.

이는 잠잠하지 아니하고 내 영광으로 주를 찬송하게
하심이니
　여호와 나의 하나님이여 내가 주께 영원히
감사하리이다. (시 30:8, 11-12).

　그러나 목표는 충실한 발화와 어구를 훈련하는 것만이
아니다. 충실한 침묵의 훈련도 목표다. 학자들에 따르면 "셀
라"라는 단어의 배후에 그런 개념도 들어 있다. 이 단어는 일
종의 쉼표 역할을 하는데, 문서상에서만 아니라 독자에게도
서두르지 말고 기다리며 듣고 묵상하라는 신호다. 시편 62편
1절에 "나의 영혼이 잠잠히 하나님만 바람이여. 나의 구원이
그에게서 나오는도다"라고 했고, 65편 1절에도 "주 앞에 침묵
이 있사오며"(NASB)라고 되어 있다. 그런 침묵 속에 충만함
이 있다.
　**여섯째로, 시편은 기도할 때 하나님께 무엇이든 다 아뢰라
고 권유한다.** 시편을 처음 대하는 이들에게는 아마 이것이 가
장 의외로 느껴질 것이다. 시편이 가르치는 기도는 하나님께
몇 가지 일부—그분이 듣기 원하실 듯한 "합당하거나 거룩한"
내용—만이 아니라 **온갖 것을 다** 아뢰는 기도다. 예를 들면 이
렇다.

▪ 주님은 거룩하십니다(시 22편)

- 주님을 사랑합니다(시 31편)

- 우리를 도와주소서(시 12편)

- 내가 죄를 지었습니다(시 51편)

- 나를 용서하여 주소서(시 25편)

- 어찌하여 이러십니까?(시 22편)

- 어느 때까지입니까?(시 13편)

- 나는 혼자입니다(시 88편)

- 나를 지켜 주소서(시 43편)

- 자비를 베푸소서(시 57편)

- 주님은 선하십니다(시 100편)

- 우리는 기뻐 외칩니다(시 98편)

- 주께서 행하신 일을 기억하소서(시 105편)

- 다시 와 주소서(시 6편)

- 우리에게 은혜를 베푸소서(시 123편)

- 말씀하신 대로 그런 하나님이 되어 주소서(시 4편)

- 우리가 주님을 찬송합니다(시 66편)

- 우리에게 복을 주소서(시 67편)

- 저를 인도하여 주소서(시 31편)

- 감사합니다(시 100편)

시편은 우리에게 기도의 모양과 소리와 내용을 보여 준다. 게다가 하나님께 기도하는 내용이 많기도 하다. 꼭 해야 할 말은 다 한다. 기쁜 소식의 환희를 온 마음으로 목청껏 외치고, 이 땅의 순례길에 수반되는 슬픔과 상실도 아주 솔직하고 적나라하게 털어놓는다. 우리가 배울 마음만 있다면 시편은 하나님께 "거짓 없는 나의 기도"(시 17:1, 『메시지』)를 드리는 법을 보여 준다.

일곱째로, 그래서 시편 덕분에 영혼의 모든 세포가 말할 수 있다. 장 칼뱅은 시편을 이렇게 묘사했다. "인간이 느낄 수 있는 감정 중 시편에 거울처럼 대변되지 않는 것은 하나도 없다."[15] 시편의 기도에는 어떤 감정도 배제되지 않고 어떤 주제도 논외가 아니다. 이것은 우리 많은 이들에게 무한히 기쁜 소식으로 다가와야 한다. 하나님이 몇 가지 일부—어쩌면 우리의 너저분한 속마음 전체가 아니라 "옳은" 내용—만 들으려 하실까 봐 염려하는 우리에게 말이다.

4세기의 목회자 아타나시우스가 이집트 알렉산드리아의 한 젊은 집사에게 보낸 편지에 썼듯이, 시편은 "시편을 노래하는 사람에게 거울과도 같아서 자신과 자기 영혼의 감정을 지각하게" 해 준다.[16] 구약학자 엘런 데이비스는 하나님이 우리의 감정을 반기신다고 일깨워 준다. 그녀에 따르면 시편 덕분에 "우리는 하나님과의 대화에 모든 감정과 생각을 가져갈 수 있다. 그런데 우리 대부분은 먼저 그런 감정과 생각을 버려야 하나님이 관심을 갖고 우리의 말을 들어 주신다고 생각한다."[17]

다시 말하지만 이것은 기도할 때 늘 잘 정돈되어 있어야 한다고 믿는 우리에게 기쁜 소식이다. 시편이 우리를 안심시켜 주듯이, 중요한 것은 하나님께 말하려는 마음뿐이다. 시편으로 기도하면 담대히 우리 마음을 전부 하나님께 가져갈 수 있다. 팀 켈러의 표현으로 시편은 "마음에 쓸 약상자"다.[18] 시편의 편집된 시어를 통해 우리의 편집되지 않은 감정을 표현할 수 있다.[19] 시편의 틀 덕분에 우리는 자유롭되 충실한 방식으로 "속내를 다 쏟아낼" 수 있다.

여덟째로, 시편을 통해 우리는 자신의 관심사만 아니라 온 세상의 일을 하나님께 가져간다. 시편을 핑계 삼아 자신에 대해서만 기도해서는 안 된다. 그런 기도도 개인의 신앙생활에 꼭 필요하지만 말이다. 오히려 시편을 계기로 우리는 모든 일, 즉 역사와 창조세계와 이웃과 세상 등의 문제로 하나님께 기도해야 한다.

시편에서 역사는 하나님을 만나는 무대로서 제격이다. 기도로 우리는 하나님이 자기 백성을 대해 오신 역사를 소환한다. 그래야 신실하신 그분을 오늘도 기억하면서 그분의 뜻이 이루어질 날을 고대할 수 있다. 또 시편을 통해 우리는 모든 창조세계의 찬송에 동참한다. 우리는 그 합창단의 일원이면서 또한 만물의 찬송을 글로 표현해 주는 시인이기도 하다. 자연은 우리와 함께 찬송할 때도 있고 창조주를 제대로 인정하지 않는 우리의 잘못을 지적할 때도 있다.

개인 기도가 시편의 기본 사항이기는 하지만, 시편은 우리에게 이웃과 세상을 위해서도 기도하게 한다. 예컨대 이웃의 슬픔, 정의의 필요성, 악의 부조리, 죽음의 현실, 기적 같은 새 생명의 선물, 환경 보호, 열방에 하나님의 한결같은 사랑을 증언할 책임 등이 이에 해당한다. 시편은 우리를 내면의 여정만큼이나 자주 바깥세상의 여정으로 데려간다.

끝으로, 이로써 시편은 우리에게 공감과 동감의 기도를 훈련시킨다. 우리는 어느 날에는 시편에 이끌려 그 순간의 감정—절박함, 기쁨, 감사, 소망, 두려움, 분노, 회의 등—대로 기도한다. 어느 날에는 시편에 이끌려 그 순간의 감정에도 불구하고 기도한다. 즉 시편은 **믿음으로** 기도하게 해 준다. **전혀** 기도하고 싶지 않을 때도 의지적으로 하나님께 아뢰게 해 준다. 이 두 가지 방식으로 기도하면 동정과 공감의 덕목이 길러진다.

기도 생활에 동정과 공감이 왜 중요할까? 그것을 통해 우리도 예수님처럼 애정을 주고받을 수 있기 때문이다. 시편으로 기도하노라면 그 순간 자신에게는 없는 감정일지라도 남의 감정에 **공감**이 가는 날이 있다. 덕분에 우리는 이웃을 보고 알고 돌볼 수 있다. 예컨대 내가 기뻐서 시편 96편(찬송의 기도)을 읽고 싶을 때에 반대로 시편 88편(낙심한 자의 기도)을 읽으며 내 이웃의 고통 속에 들어간다면, 이는 하나님의 공감하시는 사랑을 드러내는 한 방법이다.

시편으로 기도하노라면 자신에게 느껴지는 감정처럼 남들도 이렇겠다고 **동감**이 되는 날도 있다. 예컨대 내게 용서가 절실히 필요하여 시편 51편을 읽을 때면, 내 이웃에게도 하나님의 용서가 필요하다는 게 느껴진다. 이웃의 죄를 내가 알든 모르든 관계없다. 우리가 이렇게 기도하면 하나님의 동감하시는 사랑이 드러난다. 요컨대 이 두 가지 방식으로 기도하면 자신과 이웃을 잘 돌보도록 훈련된다. 예수님도 그런 애정을 죄인과 성도에게 공히 베푸신다.

결론

시편은 우리에게 예수님처럼 기도하는 법을 가르쳐 준다. 한편으로 예수님과 함께 기도하면, 그분이 참되신 인간으로서 모든 충실한 기도를 **가능하게** 해 주신다. 이렇게 기도하면 반드시 하나님이 우리 인간의 모든 면을 돌보아 주신다. 그분은 우리를 바라보시고 사랑하신다. 성령께서 우리 삶 **전체**, 즉 아타나시우스의 표현으로 "모든 변화와 기복과 실패와 회복"을 예수님의 기도에 담아 아버지께 충실하게 올려 드리신다.[20]

다른 한편으로 예수님과 함께 시편으로 기도하면, 그분이 우리의 기도를 **체화해** 내신다. 예수님과 함께 우리도 버림받은 심정이 된다. 그분과 함께 우리도 하나님이 원수로부터 지켜 주심을 느낀다. 그분과 함께 우리도 다시 우리를 새롭게 하시는 성령의 생명을 느끼고, 우리의 신분이 하나님의 사랑받는 자녀임을 느낀다. 그분과 함께 우리도 공동체 속에서 감사의 마음으로 하나님을 찬송한다. 거리낌 없이 연약한 모습으로 온전히 살아 있는 상태에서 말이다.

시편은 기도 생활을 나 혼자 해결하라고 하지 않고 내 기도를 도와준다. 함께 기도할 친구들을 데려다 준다. 시편으로 기도하면 확신컨대 그 속에서 성도와 죄인의 목소리가 들려온다. 확신컨대 그 속에서 그리스도의 음성도 들려온다. 확신컨대 유진 피터슨이 번역한 시편 66편의 표현대로, 하나님은 내 기도 소리를 들으시고 한걸음에 달려오신다. 마음을 다한 기도든 마지못한 기도든 관계없이 말이다. "찬양받으실 하나님, 주께서는 귀를 막지 않으시고 한결같은 사랑으로 나와 함께 계셨습니다"(시 66:20, 『메시지』).

묵상을 위한 질문

1. 당신이 직접 경험해 온 기도는 어떠한가? 당신의 기도 생활에서 쉬운 부분은 무엇이고, 어렵거나 어색하거나 혼란스럽거나 낙심되는 부분은 무엇인가?
2. 기도 생활을 다시 시작하거나 어쩌면 심화하고 확장하기 위해, 어떻게 이제부터 시편을 당신의 "기도 학교"로

삼아 읽을 수 있겠는가?

3. 기도로 하나님께 나아간다고 생각할 때 당신에게 느껴지는 감정의 폭은 어떠한가? 어떻게 시편의 도움으로 긍정적 감정과 부정적 감정을 양쪽 다 재조정할 수 있겠는가?

4. 당신의 가정이나 교회에서 하나님께 기도해도 된다고 가르친 내용은 무엇인가? 무엇이든 다 기도하라는 시편의 권유는 어떻게 당신에게 설렘이나 우려를 자아내는가?

5. 하나님이 당신의 기도에 응답하셨다고 느껴진 때와 응답하지 않으셨다고 느껴진 때는 각각 언제인가? 시편은 어떻게 그 점에서 당신의 경험과 비슷하며, 당신 혼자만 그런 게 아님을 일깨워 주는가?

6. 시편의 기도에 나타난 "부름과 반응", "개인과 공동체", "나와 세상"의 틀은 당신의 기도 생활에 어떤 깨우침을 주는가?

7. 대개 우리는 자신의 당면한 필요와 기분에 대해 기도한다. 어떻게 시편의 도움으로 자신을 벗어나 공감과 동감으로 남을 위해 기도할 수 있겠는가?

연습

1. 시편 4편과 5편을 읽으라. 여러 번 읽고 묵상하라. 그 내용으로 기도하라. 각각 "저녁의 시"와 "아침의 시"인 이 두 시의 일부를 암송해 보라. 그렇게 마음속에 품고 다니면서 종일 하나님과의 생생한 대화를 지속하라.

2. 기도에 대한 당신의 긍정적 개념과 부정적 개념을 쭉 꼽아 보라. 시편을 통해 기도에 대한 당신의 생각과 신념을 고칠 수 있는 몇 가지 방법을 구체적으로 찾아보라.

3. 시편에 표현된 감정을 열거해 보라. 그중 당신도 느끼는 것에 표시해 보라. 당신의 기도에 결여되어 있는 감정에 대해서는 친구와의 대화나 소그룹에서 자신의 생각과 기분을 나누어 보라.

4. 많은 그리스도인이 대표 기도나 통성 기도를 꺼리거나 겁낸다. 어떻게 시편에서 더 담대히 기도할 말을 얻을 수 있는지를 함께 토의해 보라.

5. 당신의 공동체가 어떻게 공기도와 공예배에 시편을 더 많이 활용할 수 있을지를 모색해 보라. 아울러 하나님의 음성을 들을 수 있도록 기도 중에 침묵의 시간을 늘리는 것도 고려해 보라.

6. 당신이 시편을 읽고 시편으로 기도하기 위한 토대로

써, 팀 켈러와 캐시 켈러의『예수의 노래들』과 유진 피터슨의『시편으로 드리는 매일 기도』중 하나를 구하여 읽어 보라.

7. 그룹으로 헌신하여 하루에 한 편씩 시편 전체로 기도하라. 150일이 지난 후 함께 모여 서로의 경험을 나누어 보라.

기도

제자들에게 기도를 가르치신 주 그리스도시여, 내게도 기도를 가르쳐 주소서. 듣는 법을 가르치시고, 주님의 음성이 들리지 않더라도 너무 불안해하지 않게 하소서. 충분히 오랫동안 침묵하는 법을 가르치셔서, 세상의 온갖 소음과 언쟁 속에서 주님의 세미한 음성을 듣게 하소서. 내 기도가 소심해질 때는 내 마음을 강건하게 하소서. 기도할 의욕이 없을 때는 다시 시작할 은혜를 주소서. 저 혼자 기도할 때는 동반자가 되어 주소서. 두렵거나 수치스러울 때는 주의 백성에게서 격려의 말을 듣고 믿음을 다잡게 하소서. 말문이 막힐 때는 내 안에서 기도하시는 성령의 음성을 듣게 하소서. 예수님의 이름으로 기도합니다. 아멘.

5. 시

시인들과 교제하고 나면 나는 늘 깨어 있었다. 성경적으로
깨어 있었고 예수님께 깨어 있었다. 시인은 말을 중시하고,
말에 정직하며, 말의 엄청난 위력을 존중하고 높인다.
－유진 피터슨[1]

시는 설교를 피하는 사람을 찾아내
쾌락을 희생으로 바꾸어 놓는다.
－조지 허버트[2]

시가 있는 신앙

어렸을 때 나는 시를 좋아했다. 닥터 수스의 『초록 달걀
과 햄』, 와티 파이퍼의 『넌 할 수 있어, 꼬마 기관차』, 루드비
히 베멀먼즈의 『마들린느』 시리즈 등 엄마가 읽어 주던 책들
의 공용어가 시였기 때문이다. 십대 때는 시가 어려워서 겁을

먹었다. 필수 과목인 영어의 일부라서 원소 주기율표나 역대 대통령처럼 반드시 **배워야 했다.** 시는 시인의 몫이지 나와는 상관없다고 느꼈다.

대학에서 시가 좋아졌으나 안타깝게도 동기가 바르지 못했다. 세련되어 보이고 싶은 불안한 욕망 때문에 시를 사랑한 것이다. 똑똑한 사람은 시를 사랑했고, 더 똑똑한 사람은 셰익스피어나 디킨슨의 시를 장황하게 인용했다. 30대가 되어서야 나는 시를 하나님 세상의 모든 선한 것처럼 즐길 수 있음을 깨달았다. 특정한 음식이나 음악 양식처럼 시라는 선물도 고민이나 부담 없이 점차 **좋아졌다.**

신학교에서는 시편의 시를 만났다. 유진 피터슨이 나를 시와 재회시켜 주었다. 한때 두려웠으나 이제는 다정하게 지낼 수 있는 옛 친구와 재회하는 기분이었다. 피터슨을 통해 나는 시가 만인의 것임을 확신하게 되었다. 산문처럼 시도 하나님 세상의 한 구성 요소였고, 산문처럼 시도 이해하려면 노력이 필요했다. 그러나 중요하게 기억해야 할 게 또 있었다. 시는 산문이 하지 못하는 일을 할 수 있으며, 시편에 따르면 우리는 시가 없이는 온전한 인간일 수 없다. 고금의 시인들은 그것을 늘 알았고, 거듭 우리에게 일깨워 준다.

시인의 길

뭐니 뭐니 해도 시인은 말의 경이와 궤적을 사랑한다. 귀에 들리는 말, 발성 기관에 느껴지는 말, 말이 지닌 감각적 깊이 등 말의 음악성을 사랑한다고 표현할 수도 있을 것이다. 언어의 음악성을 닥터 수스만큼 최대한 살려 낸 시인은 많지 않다. 그의 이야기 「거트루드 맥퍼즈」에 보면 언어가 살아서 톡톡 튄다.

그러자 깃털이 솟아났다! 여기저기 쑥쑥!
깃털은 봄에 피어나는 꽃처럼 만발했다.
한껏 여왕 같은 그 자태는 얼마나 장관인가!
깃털은 다이아몬드와 사탕과 금처럼 반짝였다![3]

시인은 말과 말소리를 사랑할 뿐 아니라 말이 오용되거나 남용되지 않도록 지킨다.[4] 그런 면에서 시인은 말의 목자와도 같다. 그래서 시인들 덕분에 우리는 난생처음인 양 진리를 느낀다. 예컨대 작자 미상의 널리 알려진 한 영가(靈歌)에서, 십자가는 단지 천사들이 초연하게 바라보는 하나님의 속죄 행위가 아니다. 천사의 무리에게 십자가는 우주적 규모의 수수께끼다.

천사들은 내려가 홍수로 해를 끄고
달을 핏빛으로 변하게 하라!
천사들은 돌아와 문빗장을 지르라,
마침내 기다리던 때가 찼으니.[5]

우리는 아침에 일어날 때마다 해를 당연시하기 쉽다. 그
런데 유진 피터슨이 번역한 시편 19편 4-5절에서처럼, 시인
에게는 아침 해가 "신방에서 달려 나온 새신랑"으로 보이고,
"동틀 무렵의 해는 결승선을 향해 질주하는 달리기 선수"가
된다. 완전히 **그날만의** 해로 새로워 보인다. G. K. 체스터턴이
저서 『오소독시』에서 상상한 것처럼 "아침마다 하나님은 해
에게 '또 하라'라고 말씀하신다." 거의 완전한 구형(球形)에 뜨
거운 플라스마로 이루어진 하나뿐인 해를 그분이 순전히 기
뻐하시기 때문이다.[6]
    시인은 "늘 우리에게 잔디는 초록이고 우레는 요란하고
입술은 붉다"라고 말하지만, 일찍이 C. S. 루이스가 꼬집었듯
이 시인이 늘 하는 말이 또 있다. 초록은 초록 **이상이고**, 우레
는 요란하기만 **한 게 아니며**, 입술은 **유난히** 붉다는 것이다.[7]
다시 말해서 세상은 단지 경험적 분류 대상으로 끝나지 않는
다. 세상은 **경이**로 충만하다. 마땅히 우리의 소중한 시간과 사
랑과 관심을 쏟을 만하다. 시는 우리의 속도를 충분히 늦추어
주어, 마땅히 하나님의 세상에 주의를 기울이게 한다.

신앙의 시

시편은 속속들이 시다. 물론 당연한 말이지만 당연한 말도 꼭 해야 할 때가 있다. 성경의 저자이신 성령의 섭리에 따라, 시편에서 우리는 시에도 불구하고가 아니라 시를 **통해** 하나님을 만난다. 충실한 삶도 시를 벗어나서가 아니라 시를 통해 빚어진다.[8] 시편을 최대한 누리려면 시편의 시성(詩性)을 어느 정도 이해해야 한다. 그래서 C. S. 루이스는 우리에게 이렇게 일깨운다.

> 단연코 시편은 시로 읽어야 한다. 모든 파격과 형식과
> 과장법이 구사된 서정시로 말이다. 서정시에는 논리적
> 인과보다 감성의 흐름이 어울린다……. 그렇지 않으면
> 시편에 있는 것은 놓치고 시편에 없는 것이 제멋대로
> 보인다.[9]

그런데 여기서 많은 의문이 제기된다. 시는 어떻게 작동하는가? 시는 우리가 시편을 읽는 데 어떤 영향을 미치는가? 그리고 시는 어떻게 믿음의 삶을 빚어내는가? 시편의 내용을 십분 누리려면 반드시 답해야 할 질문들이다.

시라는 언어는 더 많은 것을 말하되 그것을 일반 언어보다 농축해서 더 강렬하게 말한다. 이를 위해 성경의 시는 직유법,

은유법, 대구법, 운율, 과장법 등 여러 문학적 장치를 구사한다. 이것이 시가 "의미"를 전달하는 방식이다. 시편 8편 1-4절의 말소리를 예로 들어 보자.

> 여호와 우리 주여,
> **주의 이름**이 온 땅에 어찌 그리 아름다운지요.
> 주의 영광이 하늘을 덮었나이다.
> 주의 대적으로 말미암아
> 어린 아이들과 젖먹이들의 입으로 권능을 세우심이여.
> 이는 원수들과 보복자들을 잠잠하게 하려 하심이니이다.
> 주의 손가락으로 만드신 **주의 하늘**과
> 주께서 베풀어 두신 달과 별들을 내가 보오니
> 사람이 무엇이기에 주께서 그를 생각하시며
> 인자가 무엇이기에 주께서 그를 돌보시나이까.

히브리어 원문에서 "주의 이름"과 "주의 하늘"은 발음이 거의 똑같다.[10] 이 말소리만으로 우리는 하늘이—해와 달과 별들과 더불어—주의 이름의 철자를 쓰고 있음을 알 수 있다. 주의 이름은 친밀한 인격적 임재를 가리킨다. 설령 히브리어를 모른다 해도, 반복되는 "주의"라는 단어를 유심히 관찰하면 이 뉘앙스를 포착할 수도 있다.

대다수 역본에 그 단어가 여섯 번 등장하여 그분을 가리켜 보인다. 마치 시인이 일부러 피아노의 어느 한 건반을 연신 되풀이해 치는 것 같다. "주의 손가락"과 "주의 손"으로 일하여 창조하신 "주의 하늘"에 "주의 영광"과 "주의 이름"이 나타나 있다. "주의 이름"은 시의 첫 행과 마지막 행에 반복되어 쌍괄식 틀을 이룬다. 시인이 보기에, 그 틀 안에서 벌어지는 모든 일은 하나님의 인격적 이름의 특정한 단면을 소통하기 위한 것이다.

또 다른 예로 저 위의 창공을 생각해 보자. 과학자들에 따르면 지구의 대기권은 질소(약 78퍼센트), 산소(약 21퍼센트), 아르곤(약 0.9퍼센트), 미량의 이산화탄소와 기타 기체로 이루어져 있다. 대기권의 질량은 약 5.15×1018킬로그램이고 주요 층은 외기권, 열권, 중간권, 성층권, 대류권이다.

그러나 시편 저자가 지각한 창공은 사뭇 다르다. 그것을 그는 신학적으로 탄탄한 이 시에 담아냈다.

하나님의 영광, 하늘을 순회하고
　하나님의 솜씨, 수평선을 가로지르며 펼쳐진다.
낮이 아침마다 수업을 열고
　밤이 저녁마다 강연을 베푼다.
그들의 말 들리지 않고
　그들의 목소리 녹음되지 않으나
그 침묵은 온 땅을 채우고

소리 없는 진리 어디에나 울려 퍼진다.

마음을 어루만져 믿음을 갖게 한다. (시 19:1-4, 6, 『메시지』)

이렇게 시편 19편은 창공을 더 농축되고 더 음악적이고 더 시적인 언어로 묘사한다. 물론 여전히 창공이지만 과학에서 말하는 것보다 훨씬 풍성하다.

시는 언어의 음악적 질감을 부각시킨다. 예컨대 19세기 어느 영가의 한 연에는 시옷 발음이 유난히 많이 쓰였다. 노래를 듣는 이들에게 사탄의 사악한 유혹을 실감나게 하기 위해서다.

사탄이 신은 신발 미끄러워

방심하면 우리를 슥 덮친다.

풀숲의 독사처럼 기다리다

스쳐가는 우리를 덥석 문다.[11]

W. H. 오든은 "말의 말을 들으며 말과 함께 노는 게 즐겁다"라고 고백한 바 있다.[12] 그래서 시인들은 그 직업을 좋아한다. 그런데 하나님은 우리 모두도 언어의 음악성을 좋아하도록 지으셨다. 인간이 운율과 보격(步格)을 좋아하는 속성은 "우리의 심장 박동, 피의 맥박, 허파의 들숨 날숨과 직결되어" 있다.[13] 그러니 시편 저자들이 시를 하나님 앞에서 자신을 표

현하기에 알맞은 도구로 본 것은 놀랄 일이 아니다.

시인이기도 한 유진 피터슨이 번역한 시편 24편 9-10절에는 낭랑하게 울려 퍼지는 느낌이 잘 포착되어 있다.

일어나라, 너 잠든 도성이여!
　일어나라, 너희 잠든 백성들아!
영광의 왕께서 들어가신다.
　영광의 왕이 누구신가?
만군의 하나님이시다.
　그분이 영광의 왕이시다. (『메시지』)

시편은 모든 독자를 초대하여 말씀의 자구를 음미하게 한다. 시편 119편 103절에 하나님의 말씀은 꿀에 비유된다. "주의 말씀의 맛이 내게 어찌 그리 단지요. 내 입에 꿀보다 더 다니이다." 19편 10절에도 토라(율법)를 사랑하는 저자의 마음이 비슷하게 표현된다. 그러니 시편이 우리에게 주님의 말씀을 맛보고 보고 듣고 기뻐하라고 거듭 권하는 것은 당연한 일이다.

시는 우리를 풍부한 은유의 세계로 데려간다. 은유란 무엇인가? 대개 뜻밖의 방식으로 대상을 다른 무엇으로 표현하는 수사법이다. 예컨대 줄리엣은 태양이고, 교회는 성전이고, 하나님은 우리의 반석이다. 시편에서 하나님에 대한 진리는 은

유의 이면에 존재하는 게 아니라 은유를 **통해** 존재한다. "여호
와는 나의 목자시니"를 예로 들어 보자.

　물론 주님의 직업이 튀니지의 염소치기나 호주의 양치기
처럼 실제로 목자는 아니다. 그렇다고 그저 그분이 자기 백성
을 두루 돌보신다는 게 요지도 아니다. 목자의 은유에는 훨씬
풍부한 의미가 담겨 있다. 구약학자 존 골딩게이가 지적했듯
이, 이스라엘의 삶의 정황에서 목자는 온화한 이미지가 아니
었다. 목자는 때에 따라 맹수를 가차 없이 죽이던 억센 인물이
었다.[14]

　목자의 은유는 모세에 대한 기억을 불러일으켰다. 이스
라엘의 출애굽을 연상시켰다. 물이 갈하고 야수가 양떼의 안
전을 위협하던 광야의 풍경을 환기시켰다. 영주처럼 백성을
봉신 취급하던 세상 왕들의 강압적인 모습을 되살려 냈다. 주
님이 목자라는 은유는 무궁무진한 의미로 이 모든 이미지를
소환한다.

　은유는 이미 아는 내용을 그저 멋들어지게 말하는 것도
아니고, 결국 없어도 그만인 장식적 요소도 아니다. 하나님과
세상에 대해 다른 방식으로는 알 수 없는 면이 은유를 통해 드
러난다. 은유에 대한 설명은 은유의 경험과는 다르며 그 경험
을 따라가지 못한다. 요컨대 목자로 만나는 주님은 의미가 아
주 풍부하여 다른 어떤 이미지로도 똑같이는 대신할 수 없다.
돌보시는 하나님이나 보호하시는 하나님으로는 안 되고 반드

시 "여호와는 나의 목자시니"라야만 한다.

시는 대상의 특수성에 우리의 주의를 끈다. 훌륭한 시인은 늘 추상과 일반성보다 구상과 특수성에 관심을 둔다. 하나님처럼 시인들도 삶의 세세한 면을 사랑하기 때문이다. 하나님처럼 시인들도 사물과 사람의 독특한 성질을 즐거워한다. 영국 시인 제라드 맨리 홉킨스는 「물총새에 불이 붙듯」이라는 1877년의 시에 그 개념을 담아냈다.

> 피조물마다 하는 일은 똑같이 한 가지니
> 곧 자기 내면의 존재를 표출하는 것,
> 자기다움을 떳떳이 "나"라고 밝히는 것.
> "내 행동이 곧 나니 이를 위해 내가 왔노라." [15]

시인이 하는 일은 "하나의 생명을 다른 생명과 구분하는 것, 다양성을 드러내는 것, 지극히 작은 존재라도 구석구석까지 그 무엇과도 다른 특수한 개체임을 밝히는 것, 그 작은 존재의 특이성에 경탄하며 개별적 신성함을 말하는 것"이다. [16] 이런 작업을 통해 시인들은 우리에게 하나님의 세상에는 "복제품"이 없음을 일깨워 준다. 아무것도 "그저 또 하나의 무엇"으로 일축될 수 없다. [17] **사물**마다 **사람**마다 전부 독특하기에 세심한 주의를 요한다.

시편은 우리에게 잣나무와 학, 리워야단과 레바논, 너구리와 광야의 올빼미, 뽕나무와 달팽이 등 하나님 세상의 특수한 것들에 주목하게 한다. 그리하여 그것들을 하나님이 사랑하시듯 사랑하게 한다.

시는 속도를 늦추고 세심히 주목하도록 우리를 이끌어 준다. 서둘러서는 하나님 세상의 풍경에 주목할 수 없다. 속도를 늦추어야 하는데, 시가 그것을 도와준다. 시는 속독이 안 되는데, 시인이 아닌 우리는 그래서 답답할 수 있으나 사실은 그것이 시의 선물이다. 시는 천천히 읽어야 제맛이 난다. 왜 그런지 유진 피터슨의 도움으로 더 잘 이해할 수 있다.

> 시는 읽고 또 읽어야 한다. 활자로 지면을 꽉 채우는 산문과
> 달리 시는 흰 여백을 많이 남긴다. 시어를 이해하려면
> 침묵도 소리만큼이나 중요하고 꼭 필요하다는 뜻이다.
> 시를 급히 읽을 수는 없다. 연관성을 살피고 운율을 느끼고
> 공명음을 들어야 하는데, 그러려면 다 시간이 걸린다.[18]

시를 이렇게 읽는 게 신앙생활과 어떤 관계가 있을까? 다시 피터슨의 설명이다. "신앙과 기도와 예배와 전도의 삶에서도 이런 주목과 기다림과 외경심이 핵을 이룬다."[19] 충실〔신실〕한 삶은 쇼핑 목록처럼 최대한 효율적으로 끝마치는 용무가 아니다. 그저 하나님에 관한 옳은 개념을 외우는 것도 아니다. 충실〔신실〕한 삶은 하나님을 묵상하며 그분의 임재 안에

머물라는 초대다. 그분을 위해 **행동할** 뿐 아니라 그분과 함께 **있으라는** 초대다. 피터슨은 시편 27편 4절을 이렇게 옮겼다.

> 하나님께 구하는 것은
> 오직 한 가지.
> 내 평생
> 그분의 집에서 그분과 함께 살며
> 그분의 아름다우심 묵상하고
> 그분의 발치에서 전심으로 배우는 것. (『메시지』)

이렇듯 시 덕분에 우리는 세심히 주목할 수 있고, 시편의 경우 시 덕분에 시간을 내서 하나님과 사람과 사물에 주목할 수 있다. 시는 우리의 청각 근육을 다시 단련시켜 우리를 지으신 분의 음성을 듣게 한다. 시가 속도를 충분히 늦추어 주기에 우리는 창조주께 합당하게 지금 여기에 산다는 의미를 깨우칠 수 있다.

시편은 공동체 지향의 구전 문화에서 기원했다. 따라서 시편의 시가 어떤 **의미**인지를 알려면 소리 내어 읽고 들어야 한다.[20] 시의 의미는 구두(口頭)의 성격에도 불구하고가 아니라 그것을 통해 생겨나며, 훌륭한 시인이라면 누구나 당연히 그렇게 말한다.[21]

요점은 이것이다. 우리는 정의에 대한 신학 서적을 집필

할 수 있으나(그런 책이 필요하다), 시편 10편 같은 시를 교독할 때 비로소 정의가 **이해된다**. 거기서 "악인"의 소행―"자랑하며", "저주"하고, "엎드려 기다리며", "구푸려", "가련한 자를 심히 압박"하고, "무죄한 자를 죽이"는―에 눈감지 않으시는 하나님을 생생한 이미지로 접할 때, 비로소 정의의 '감'이 잡힌다. 또 우리는 친구를 잃는다는 주제로 설교할 수 있으나(그런 설교가 필요하다), 시편 88편을 노래할 때 비로소 그 아픔이 **절절히** 느껴진다. 18세기의 찬송가 "나의 하나님 나의 구주"도 그 시를 각색한 것인데, 3절에 묘사된 얼얼한 쓰라림과 비참한 슬픔은 그대로 우리의 공감을 자아낸다.

> 친구 잃고 나 홀로 한숨지으니
> 주 나를 음침한 곳에 두셨도다.
> 아무도 찾는 이 없고
> 놓여날 가망 없도다.
> 두 눈에 눈물 마를 날 없으니
> 내 눈은 쇠하고 슬픔 더하도다.
> 오 주여, 기도하오니
> 속히 나를 도우소서.[22]

하나님의 속성인 위엄을 말로 설명할 수도 있지만, 시편 33편 6절에 기초하여 삼위일체 하나님을 찬송한 찰스 웨슬리

의 노래를 부르면서 그 위엄을 회중에게 직접 맛보게 할 수도
있다.

전능하신 주 여호와
우리와 예수의 아버지
입 기운으로 만상을
말씀으로 하늘을 지으셨네.
예수가 불어넣으신
우리 안의 복된 성령도
새 하늘과 새 땅에서
성부 성자와 연합하도다.

성부 성자 성령이여,
동일한 찬송 받으소서.
천지를 지으신 주가
새 하늘과 새 땅도 지으시니
영광의 복 받은 우리
삼위 하나님 찬송하고
눈으로 주를 뵈오며
보좌 앞에 영원히 외치리.[23]

이상의 모든 예에서 대상—정의, 우정, 하나님—의 의미

는 시에도 **불구하고가** 아니라 시를 **통해** 밝혀진다. 말하거나 노래하거나 보여 주는 등 오감으로 경험하면, 대상을 더 참되고 온전하게 이해할 소지도 높아진다. 시편을 묵독만 해서는 그게 불가능할 수도 있다.

시편은 "다윗 전통"의 산물이자 시인 공동체에 속해 있다. 시편에 세 종류의 시인이 있다. (1)이름이 밝혀진 시인, (2)무명의 시인, (3)이름은 밝혀지지 않았으나 시인 조합이 아는 시인 등이다. 시편에는 다윗이 쓴 시와 다윗의 정신으로 쓴 시가 있다.[24] 성전의 음악가 조합인 고라 자손과 아삽이 쓴 시도 있다.[25] 그리고 누구인지 모르는 사람들이 쓴 시가 있다.

이름이 밝혀져 있든 무명이든 그 외의 경우든, 시편의 시인들은 자신의 관심사와 공동체의 일을 공히 표현한다. 둘 중하나가 아니라 양쪽 모두 다. 부모의 비탄, 젊은이와 노인의희망, 노동자 계급의 두려움, 지배 계급의 불안, 일반 대중과유명인 등 모든 사람이 어떻게든 어딘가에 대변되어 있다.

시편의 시를 특징짓는 형식은 대구법이다. 성경의 시는 표현이 최대한 간결한 게 특징이며, 화려하거나 과장된 유형의 시가 아니다.[26] 성경의 시에서 가장 눈에 띄는 특성은 대중시의 보편적 특성인 각운이 아니라 학자들이 말하는 "대구법"이다.[27] 이는 고대 성경 세계의 기본 장치였던 '부름과 반응'과비슷하다. 한 행이 다른 행을 부르면서 반응을 기대한다. 반응은 긍정적이거나 부정적일 수도 있고 그 밖에 다른 것일 수도 있다.

다음은 전형적인 히브리어 시의 네 가지 예다.

곧 여호와의 일들을 기억하며
   주께서 옛적에 행하신 기이한 일을 기억하리이다.
(시 77:11)

저녁에는 울음이 깃들일지라도
   아침에는 기쁨이 오리로다. (시 30:5하)

온 땅은 여호와를 두려워하며
   세상의 모든 거민들은 그를 경외할지어다. (시 33:8)

하나님이여, 물들이 주를 보았나이다.
   물들이 주를 보고 두려워하며
   깊음도 진동하였고. (시 77:16)

77편 11절에 나타난 **동의** 대구법에서는 2행이 기본적으로 1행의 반복이다. 30편 5절은 두 행에 서로 반대되는 사상을 표현하는 **반의** 대구법의 예다. 33편 8절처럼 동사와 명사가 어떤 식으로든 서로 화답하는 경우를 학자들은 **문법** 또는 **어휘** 대구법이라 칭한다. 77편 16절은 **종합** 대구법의 예로, 2

행이 1행을 강조하거나 부연한다.

이 모든 예가 합해져서 히브리어의 대구법을 이룬다.[28] 대구법은 **단순한 반복**이 아니라 시의 행과 행 사이 또는 단락과 단락 사이의 대화와도 같다. 이런 대화는 농축된 표현을 낳는다. 즉 하나님을 향해서나 공동체를 향해서나 시편 저자의 마음이 물씬 전달된다. 기도와 관련해서는, 대구법 덕분에 우리 마음이 시편 말씀 속에 침잠하여 마치 소가 여물을 씹듯 말씀을 곱씹으며 기도 안에 머물 수 있다. 또 하나님께 드리는 우리의 공통된 기도에서 다른 사람들의 음성을 들을 수 있다.[29]

결론

강조해서 말하거니와 시는 그저 명제 발화의 전조도 아니고, 실용 언어의 있으나 마나 한 부속물도 아니다. 물론 명제 정리와 실용 어법도 하나님이 우리에게 자신을 계시하시고 그 반응으로 우리가 그분께 소통하는 다양한 매체에 포함되어 있지만, 그것만이 전부는 아니다. 시어도 그 매체에서 빼놓을 수 없다. 시어는 시편에만 아니라 요엘과 욥기, 사도행전과 아가, 잠언과 이사야, 출애굽기와 에스겔, 누가복음과 히브리서, 스가랴와 요한계시록에도 등장한다.

시는 하나님과 하나님 백성의 모국어다. 시는 성육신한

말씀이신 예수님께도 모국어라서, 그분의 입에서 시편 말씀이 줄줄 나왔다. 성경의 저자이신 성령도 시라는 예술 매체를 통해 우리에게 가르치시기를, 시편의 기도와 찬송으로 하나님께 말을 건네라 하신다.

본래 좋은 시는 익숙한 것을 낯설게 해 주고 낯선 것을 익숙하게 해 준다. 시편의 시도 하나님과 삶과 신앙과 기도에 대해 우리에게 익숙한 부분을 다시 낯설게 해 준다. 그리하여 그런 대상을 우리가 길들이거나 완전히 정복할 수 없음을 일깨워 준다. 아울러 시편의 시는 하나님, 삶, 신앙, 기도처럼 우리에게 낯선 것들을 다시 익숙하게 해 준다. 그리하여 그런 대상을 우리가 능히 알고 행할 수 있음을 일깨워 준다. 자격 요건이나 전공 학위는 필요 없다.

끝으로, 기도처럼 시도 사람들의 삶에 세심히 주목함으로써 그들을 사랑하는 한 방식이다. 나는 밤마다 딸과 함께 기도하는데 기도 제목이 구체적이다. 우리는 건강, 여행, 친구, 고민, 음식, 토끼, 악몽, 할머니, 할아버지에 대해 천천히 신중하게 기도한다. 얼른 기도하고 끝내는 게 아니라 대상에 주목한다. 예수님도 우리가 그러기를 바라실 것이다. 시편의 시도 그와 같다. 시편에 힘입어 우리는 하나님께 중요한 것들에 주목한다. 내 이웃과 세상에 중요한 것들에도 주목한다.

묵상을 위한 질문

1. 이번 장 서두에 인용한 유진 피터슨과 조지 허버트의 말은 당신이 시편을 시로 인식하는 데 어떤 깨우침을 주는가?

2. 시를 좋아하는 사람도 있고 솔직히 그렇지 않은 사람도 있다. 우리 중 다수는 시에 겁을 먹거나 시를 어려워한다. 당신은 어떤 편인가? 시를 누구나 감상할 수 있음을 깨닫는 데 시편이 어떻게 도움이 되겠는가?

3. 시가 무엇이며 어떻게 작동하는지를 더 잘 이해할 수 있도록, 시인들이 당신에게 해 주었으면 하는 말은 무엇인가?

4. 하나님을 "목자"로 보는 시편의 주된 은유를 생각해 보라. 그간의 삶에서 하나님은 어떻게 당신의 목자이셨는가(또는 그렇지 않았는가)? 그 밖에 당신이 경험한 하나님과 잘 맞아드는 은유는 무엇인가?

5. 시편을 시로 읽으면 어떻게 당신의 속도가 늦추어지는가? 그래서 당신은 더 힘을 얻는가, 아니면 답답한가? 어떤 방식으로 자신이 더 속도를 늦추고 더 세심히 주목할 수 있었으면 좋겠는가? 시편의 시가 어떻게 주목의 근육을 강화시켜, 당신의 삶을 세세한 면까지 깊이 살피시는 하나님을 더 잘 보게 해 줄 수 있겠는가?

6. 히브리어 시의 대구법은 당신에게 새로운 개념인가? 이런 문체를 통해 어떻게 시편 자체를 그리고 그 속의 시가 하는 일을 새롭게 볼 수 있는가? 이런 문체로 보아 우리가 개인으로나 공동체로나 하나님께 말해도 되는 방식은 무엇인가?

연습

1. 시편의 시적 느낌을 잘 살려 낸 역본으로 시편 8편이나 148편을 읽으라. 여러 번 읽고 묵상하라. 그 내용으로 기도하라. 일부를 암송해 보라. 그렇게 마음속에 품고 다니면서 종일 하나님과의 생생한 대화를 지속하라.

2. 시편 19편을 『메시지』역으로 읽어 보라. 처음에는 묵독하고 다시 소리 내어 읽으라. 낭독하면 시가 어떻게 다르게 느껴지는가?

3. 좋아하는 역본으로 시편 4편을 교독하라. 한 사람이나 그룹이 1절을 읽고 다른 사람이나 그룹이 2절을 읽는 식으로 하면 된다. 교독하면 시의 의미를 다르게 이해하는 데 어떻게 도움이 되는가?

4. 시편에서 당신의 주목을 끄는 특정한 은유들에 대해 서로 토의해 보라. 잘 공감되지 않는 은유와 그 이유도 나누어 보라.

5. 시편의 한 특정한 은유를 살려서 기도문을 써 보라. 그룹에서 낭독해도 좋다. 예컨대 하나님은 이런 분으로 은유되어 있다.

- 왕
- 목자
- 반석
- 피난처
- 요새
- 거처
- 재판장
- 빛과 방패
- 노래와 힘
- 도움

6. 아래의 지침을 따라 직접 시를 써 보라. 친구에게나 소그룹에서 시를 나누고 토의해도 좋다.

- 주제를 정한다.
- 문구를 간결하게 하고 긴 문장은 삼간다.
- 추상적으로 두루뭉술하게 말하기보다는 특수하고 구체적인 표현을 쓴다.

- 연상 작용을 일으키는 이미지와 구체적인 은유를 정한다. 그러면 자신이 무슨 기도를 하는지 더 잘 알 수 있다.
- 성경의 시적 문체인 대구법을 써서 자신의 시에 운율을 더한다.
- 제목을 붙인다.

기도

사랑하는 예수님, 육신을 입으신 말씀으로서 말의 소리와 궤적을 사랑하신 주님께서 제 이야기가 주님의 전체 이야기의 어디에 들어맞는지를 가르쳐 주소서. 선한 목자이신 주님의 돌보심, 생명의 떡이신 주님의 양분, 빛이신 주님의 위로, 문이신 주님의 환대, 길이신 주님의 인도하심, 포도나무이신 주님의 생명수, 부활과 생명이신 주님의 소망이 제게 느껴지게 하소서. 그리하여 주님의 아름다운 행적과 말씀을 세상에 드러내는 한 편의 살아 있는 시가 되게 하소서. 아멘.

6. 슬픔

지금 우는 자는 복이 있나니.

– 누가복음 6:21

그 어둠을 솔직히 인정하지 않는 한…… 복음을 전하는
자들은 자신의 전도가 남에게 미칠 모든 장기적 영향에
대해 차라리 입을 다무는 게 낫다.

– 프레드릭 비크너[1]

망가진 세상

우리는 망가진 세상에 살고 있다. 이혼은 가정을 갈라놓
고, 자녀는 신앙을 버리고, 상처 주는 말 때문에 금 간 우정은
좀처럼 회복되지 않고, 오랜 외로움은 심한 우울증으로 이어
진다. 유의미한 직장을 잃으면 자살 충동이 일고, 큰 빚을 갚
지 못하면 일가족이 빈곤으로 떨어진다. 예기치 못한 사별은

사람을 비탄에 잠기게 하고, 만성 통증은 삶의 소소한 낙에서 기쁨을 앗아간다.

사노라면 한 번쯤 공허감이나 조용한 절망이나 반복되는 실패가 우리에게 격통을 안긴다.[2]

삶의 교란은 사회 차원에서 경험되기도 한다. 도시는 또 다시 홍수에 붕괴되어 시민들이 집을 잃고 원망에 잠긴다. 산불은 가옥과 동물의 목숨을 삼켜 버린다. 테러 공격은 공설 시장에 대규모 살상을 부른다. 고질화된 인종 차별은 끔찍한 폭력의 악순환을 낳는다. 종교 박해는 공동체를 몽땅 집 없는 난민으로 둔갑시킨다. 요동치는 유가는 업계 전체를 위험에 빠뜨린다. 바이러스로 감염되는 유행병은 수백만의 목숨을 앗아간다.

빈곤과 압제와 질병과 대량 학살과 환경 파괴는 모두 어떤 식으로든 우리네 세상에 오점을 남긴다.

2010년 4월 17일에 우리 부부는 첫 아기를 유산으로 잃었다. 하필 그날은 내 서른여덟 번째 생일이었다. 그 후로 몇 달 동안 고통이 우리를 떠나지 않았다. 고통은 우리 속을 야금야금 갉아먹으며 우리를 깊은 혼란에 빠뜨렸다. 그러다 2011년 9월 11일에 첫딸 블라이드가 태어났다. 우리 마음속에 다시 희망이 솟았다. 이제 다른 자녀도 쉽게 낳을 수 있으려니 했다. 우리 나이가 많은 편이기는 했지만, 대가족—다섯 자녀!—의 꿈을 이루는 게 아직 가능했다.

몇 달간의 불임 치료 끝에 2014년 크리스마스를 이틀 앞두고 우리는 다시 아이를 유산했다. 이때부터 결혼 생활이 상당히 힘들어졌다. 부부 간의 소통이 자꾸 막혔고, 서로의 필요를 채워 줄 힘마저 증발해 버렸다. 작은 상처에도 버럭 화내며 충돌하곤 했다. 고통을 달래 보려고 둘 다 대용품에 의지했으나 오히려 사태가 악화될 뿐이었다.

지금도 그 고통을 감당하지 못할 것 같은 날들이 있다. 둘 다 나이는 먹어 가고 양가 부모님도 연로해져 가는데, 친구들의 자녀는 벌써 대학 진학을 앞두고 있다. 이러다 영영 기회를 놓칠 것만 같다. 그때 우리에게 필요했던 것은 마음속에 모호한 신음으로만 잡히던 것을 입 밖으로 표현할 언어였다. 또 우리의 슬픔을 증언해 줄 공동체가 아주 절실히 필요했다. 무엇보다 우리의 상한 심령과 미친 듯이 따지는 말을 하나님이 얼마든지 받아 주심을 우리는 알아야 했다.

예나 지금이나 시편이 우리에게 주는 것이 바로 그것이다. 시편에 나오는 애통의 기도는 형언 못할 심정을 표현할 언어를 우리에게 준다. 시편의 노래는 신자 공동체에서 슬픔을 슬픔이라 말하게 해 준다. 우리를 지으신 분이 우리를 위로받지 못할 고통 속에 버리신 듯 느껴질 때가 많은데, 그럴 때 시편의 시는 그분의 임재 안에서 우리의 지리멸렬한 감정을 가지런히 정돈해 준다.

여호와여, 나의 말에 귀를 기울이사

나의 심정을 헤아려 주소서……

내가 부르짖는 소리를 들으소서. (시 5:1-2)

주여, 나는 외롭고 괴로우니

내게 돌이키사 나에게 은혜를 베푸소서. (시 25:16)

우리 부부가 어려움에 처했을 때, 시편의 애통시는 편집되지 않은 감정을 표현할 편집된 언어를 우리에게 주었다. 바로 그것을 시편은 어려움에 처한 다른 모든 사람에게도 줄 수 있다.

그렇다면 애통시의 기본 형태와 관심 주제는 무엇인가? 애통시가 우리 각자에게 주는 기쁜 소식은 무엇인가?

애통시의 기본 형태

시편을 잘 읽어 보면 금방 알겠지만 애통시에는 두 종류가 있다. 하나는 개인의 고뇌를 표현한 시로 시편 5, 6, 17, 22, 41, 88, 109편이 이에 해당한다. 주제로는 버림받고 병들고 학대당하고 상실한 경험 등이 있다. 지극히 개인적인 애통인데도 시편의 최종 편집자들의 공동체적 분별을 통해 이스라엘 예배의 공생활 속에 통합되었고, 그래서 누구에게나 자신의 애통이 된다. 시편 6편 6-7절을 예로 들 수 있다.

내가 탄식함으로 피곤하여
　밤마다 눈물로 내 침상을 띄우며
　내 요를 적시나이다.
내 눈이 근심으로 말미암아 쇠하며
　내 모든 대적으로 말미암아 어두워졌나이다.

　두 번째 종류는 시편 44, 74, 83, 85, 89편처럼 공동체의 애통을 표현한 시다. 이런 공적인 상실의 사건에 해당하는 주제로는 가뭄, 기근, 전염병, 국난, 전쟁 등이 있다. 시편 44편 13-14절과 74편 1절이 이 종류의 좋은 예다.

주께서 우리로 하여금 이웃에게 욕을 당하게 하시니
　그들이 우리를 둘러싸고 조소하고 조롱하나이다.
주께서 우리를 뭇 백성 중에 이야기 거리가 되게 하시며
　민족 중에서 머리 흔듦을 당하게 하셨나이다.

하나님이여, 주께서 어찌하여 우리를 영원히
버리시나이까.
　어찌하여 주께서 기르시는 양을 향하여 진노의 연기를
뿜으시나이까.

대다수 애통시는 소망을 긍정하거나 찬송을 고백하면서 끝난다. 시편 5편과 7편에서 이를 생생히 볼 수 있다. 반면에 44편과 88편 같은 애통시는 암울한 어조로 끝난다. 하지만 양쪽 다 성경에 들어 있으며, 따라서 우리 개인과 공동체의 기도에서도 양쪽 다 그대로 해도 된다.

개인의 시든 공동체의 시든 애통시에는 눈에 띄는 틀이 있다. 시편 13편에서 보듯이 그 전형적인 틀은 바로 불만과 간구와 결단이다.

불만(1-2절)
여호와여, 어느 때까지니이까. 나를 영원히 잊으시나이까.
　주의 얼굴을 나에게서 어느 때까지 숨기시겠나이까.
나의 영혼이 번민하고
　종일토록 마음에 근심하기를 어느 때까지 하오며
내 원수가 나를 치며 자랑하기를 어느 때까지 하리이까.

간구(3-4절)
여호와, 내 하나님이여 나를 생각하사 응답하시고
　나의 눈을 밝히소서. 두렵건대 내가 사망의 잠을 잘까
하오며
두렵건대 나의 원수가 이르기를 "내가 그를 이겼다" 할까
하오며

내가 흔들릴 때에 나의 대적들이 기뻐할까 하나이다.

결단(5-6절)

나는 오직 주의 사랑을 의지하였사오니

　나의 마음은 주의 구원을 기뻐하리이다.

내가 여호와를 찬송하리니

　이는 주께서 내게 은덕을 베푸심이로다.

이 틀에도 변형이 많기는 하지만, 불만을 토로하는 대상은 주로 하나님이다. 시편 3편 1절에 "여호와여, 나의 대적이 어찌 그리 많은지요"라고 했고, 10편 12절에도 "여호와여, 일어나옵소서. 하나님이여, 손을 드옵소서. 가난한 자들을 잊지 마옵소서"라고 되어 있다. 불만의 내용은 무엇일까? 하나님, 자신의 삶, 뻔한 원수 등이다. 시편 38편 3절에 "나의 죄로 말미암아 내 뼈에 평안함이 없나이다"라고 했고, 72편 4절에서는 하나님께 "궁핍한 자의 자손을 구원하며 압박하는 자를 꺾으리로다"라고 구한다.

시편 저자들이 하나님께 간구하는 내용은 아주 다양하다. 치유와 건짐과 신원과 공급과 보호 등을 구하며, 죄를 자백하는 경우에는 용서를 구한다. 애통시의 최종 결단은 믿음을 고백하거나 찬송을 결심하거나 순종을 다짐하는 등이다. 증명할 만한 경험적 자료가 없음에도 불구하고 하나님의 신실하심을 담대히 긍정할 때도 있다. 유진 피터슨은 이렇게 말했다.

[기도의 주된 언어는] 우리의 환난—고통, 죄책감, 회의, 절망—을 하나님께 부르짖는 것이다. 우리 삶이 위태롭다. 도움이 없으면 죽거나 바닥으로 떨어질 수 있다. 기도의 언어는 이런 환난의 도가니에서 빚어진다. 혼자 힘으로는 안 돼서 도움을 구할 때, 우리는 원초적 언어로 말한다. 지금의 처지가 싫어 벗어나고 싶을 때나 자신의 모습이 싫어 달라지고 싶을 때도 마찬가지다. 기도는 바로 그 언어에서 발원한다.[3]

시편 속 슬픔의 시

사뭇 충격적이게도 애통시에는 하나님을 심문하는 말까지 들어 있다. 알고 보면 이런 말투도 그분이 허락하신다.[4] 시편 121편 4절의 고백처럼 주님은 졸거나 주무시지 않으시고 우리를 지켜 주시는 분이다. 그런데 44편 23절의 저자는 감히 "주여, 깨소서. 어찌하여 주무시나이까. 일어나시고 우리를 영원히 버리지 마소서"라고 말한다. 마치 바알 신의 사제들을 조롱하던 엘리야의 말처럼 들린다.

큰 소리로 부르라. 그는 신인즉 묵상하고 있는지 혹은 그가
잠깐 나갔는지 혹은 그가 길을 행하는지 혹은 그가 잠이
들어서 깨워야 할 것인지. (왕상 18:27)

천지를 지으신 분께 이렇게 말해도 될까? 이게 거룩하신
분께 합당한 말투일까? 주권자이신 하나님께 굳이 그래야 할
까? 시편 저자에 따르면 답은 때에 따라 긍정이다.

이는 대담한 신학의 표출이다. 시편 저자는 격한 고통을
마구 토해 낸다. 답변해 보시라고 다그쳐도 주님이 침묵하시
자 "잠잠하지 마옵소서"(시 35:22, 109:1)라고 되받는다. 다시
말하지만 이는 그만큼 적나라하게 솔직하다는 증거며, 충실
한 예배의 일부다. 이것은 믿음 없이 전능자를 대적하는 고함
도 아니고 무신론자의 공격도 아니다. 오히려 **주님의 임재 안
에서** 벌이는 믿음의 씨름이다. 시편 저자에게 "문명화된" 말
씨란 없다. 오기로 버티거나 묵묵히 체념하지도 않는다. **하나
님의 면전에 더 치열하게 아뢸 뿐이다.**

**애통의 기도에는 시편 저자의 삶만이 아니라 더 중요하게
주님의 이름이 걸려 있다.** 문제는 주님의 평판과 속성이고 약
속을 지키실 그분의 능력이다. 시편 79편 9절에 저자는 "주의
이름을 증거하기 위하여 우리를 건지시며"라고 기도한다. 브
루그만에 따르면 우리는 이런 기도가 부담스러워 종종 꺼릴
수 있지만, 이 또한 지극히 성경적인 기도다.

화자는 그 열망을 알 만큼 **충분히 솔직하고**, 발언은 그
열망을 하나님께 맡길 만큼 **충분히 충실〔신실〕하다.**[5]

애통시에는 사하소서(시 79:9), 고치소서(시 6:2), 판단하
소서(시 43:1), 건지소서(시 31:15), 붙드소서(시 119:116-117)
등 명령형 동사가 가득하다. 가장 자주 쓰인 명령형은 "기억하
소서"이다(시 74편). 이런 시에 힘입어 신자는 **"나를 기억하소
서! 우리를 기억하소서! 주의 약속을 기억하소서!"**라고 소리 내
어 말할 수 있다. 하나님 백성의 회중이라면 마땅히 고백해야
할 말이다.

당장이든 한참 나중에든 저자의 사후에든, 하나님의 응
답 여부는 또 다른 문제다. 시편 저자가 토로하는 불만은 매번
수동적 믿음이 아닌 능동적 믿음의 징후다. 브루그만의 표현
으로 "그런 기도는 치열하고 위험하고 화급하다. 아무것도 걸
려 있지 않은 평소의 밋밋한 기도의 저변으로 깊숙이 파고든
다. 모든 것이 걸려 있는 기도인 까닭이다."[6]

많은 애통시는 침묵이나 진토로 이어진다(시 4:4, 28:1,
39:9). 침묵을 숨 막혀 하는 사람도 있고, 침묵 때문에 하나님
에 대한 개념이 더 혼란스러워지는 사람도 있다. 그러나 어떤
사람에게는 침묵이 주님의 세미한 음성을 듣는 기회가 된다.
시끄럽게 따지는 중에는 이 음성을 들을 수 없고, 잠시나마 고
통에서 벗어나려고 정신없이 바빠져도 들을 수 없다. 이 음성

은 침묵 속에서만 똑똑히 들린다. 시편 55편 17절에 잘 나타나 있듯이, 이는 우리를 보고 들으시는 분의 음성이다.

저녁과 아침과 정오에
　내가 근심하여 탄식하리니
　여호와께서 내 소리를 들으시리로다.

예배자를 진토로 데려가는 애통시도 많다. 시편 22편 15절에 "주께서 또 나를 죽음의 진토 속에 두셨나이다"라고 했고, 44편 25절에는 "우리 영혼은 진토 속에 파묻히고 우리 몸은 땅에 붙었나이다"라는 고백이 나온다. 시편의 문맥에서 "진토"는 자발적 예배의 반대다. 비참하게 기진하여 침체된 사람의 자리다. 진토는 생령(히브리어로 '네페쉬 하야')이 처할 수 있는 가장 밑바닥이다.

그런데 충실한 자에게는 이 낮은 진토에 소망의 창이 열린다. 하나님은 우리의 시조 아담을 땅의 흙(히브리어로 '아다마')으로 지으셨듯이, 이 진토도 창조의 재료로 삼아 거기서 새것이 태어나게 하신다. 캐럴 스털뮐러는 "하나님 앞에서 말없이 경배에 잠겨 진토 속에 있을 때 우리는 모든 의문의 궁극적 답을 받을 준비가 된다. 그 답이란 우리가 그리스도 예수 안에서 새로운 피조물이 된다는 것이다"라고 말했다.[7]

그래서 진토는 충실한 자에게 기쁜 소식이 된다. 그리스도의 경륜에는 공연한 죽음이란 없다. 부활하려고 죽는 것이다. 실제로 주님은 가난한 자를 일으키시기를 기뻐하신다(시 113:7). 시편 저자는 이렇게 썼다.

> 아버지가 자식을 긍휼히 여김 같이
>   여호와께서는 자기를 경외하는 자를 긍휼히 여기시나니
> 이는 그가 우리의 체질을 아시며
>   우리가 단지 먼지뿐임을 기억하심이로다.
> (시 103:13-14)

이 낮은 자리에서 우리는 내 힘으로 행복을 얻어 내야 한다는 해로운 생각으로부터 건짐 받는다. 우리의 행복은 하늘 아버지를 전적으로 의지하는 데 있다. 진토에서 우리는 성령을 받아들이며, 그러면 성령께서 죽은 자들 가운데서 먼저 나신 예수님의 생명으로 우리를 새롭게 하신다.

그렇다고 침묵이나 낮아짐을 우리가 수용하기만 하면 만사가 해결된다는 뜻은 물론 아니다.[8] 믿음이 선물인 것은 맞다. 믿음은 분명히 우리를 해방시켜 고난 중에서도 하나님의 선하심을 받아들이게 한다. 하지만 그렇다고 우리 삶이 늘 행복 일색이라는 뜻은 아니다. 구조적 불의를 겪는 이들에게 대개 확실한 해결이란 없다. 학대 피해자의 심신에는 여태 쓰라린 상처가 남아 있을 수 있으며, 대개 의문이 풀리지 않는다.

깨어지고 무력한 이들은 그저 참는 수밖에 없을 때가 많다.

　　그런데 바로 그런 사람들의 심정을 시편이 표현해 준다.
그들도 어엿한 하나님 백성의 일원이다. 시편 저자는 "나의 하
나님이여, 나의 원수에게서 나를 건지시고 일어나 치려는 자
에게서 나를 높이 드소서"라고 기도한다(시 59:1). 88편의 저
자는 1-4절에 이렇게 부르짖는다.

> 여호와 내 구원의 하나님이여,
> 　　내가 주야로 주 앞에서 부르짖었사오니
> 나의 기도가 주 앞에 이르게 하시며
> 　　나의 부르짖음에 주의 귀를 기울여 주소서.
>
> 무릇 나의 영혼에는 재난이 가득하며
> 　　나의 생명은 스올에 가까웠사오니
> 나는 무덤에 내려가는 자 같이 인정되고
> 　　힘없는 용사와 같으며.

　　시편이 주는 선물이 또 있다. 지리멸렬한 경험 앞에서 시
편은 우리에게 조리 있는 시를 준다. 선물치고는 이상해 보일
수 있다. 정의나 생계 수단이 필요한 사람에게 시가 무슨 소용
이겠는가? 죽은 가족의 생환을 바라는 사람이 왜 각운을 원하
겠는가? 그러나 아무것도 이해되지 않을 때 애통시는 우리의

혼란스러운 세상에 갈피를 잡아 준다.

애통시에는 무의미해 보이는 내러티브 대신 도입과 중간과 결말이 있다. 불협화음의 소음 대신 운율의 울림이 있다. 무질서하게 엉킨 생각과 감정 대신 정연한 은유의 세계가 있다. 이런 것들을 줌으로써 시편은 삶을 새로운 관점에서 보게 해 준다. 그것도 특정한 역사에 비추어서 말이다.

중요하게 기억해야 할 점인데, 애통시는 순전히 주관으로 귀결되는 게 아니라 기존의 전통 안에 머문다. 시편 저자는 이스라엘이 고백해 온 친숙한 말로 기도할 때가 많다. "주는 선하사 사죄하기를 즐거워하시며 주께 부르짖는 자에게 인자함이 후하심이니이다"(시 86:5). 이는 저자가 선조의 신앙 고백인 율법과 선지자의 말(출 34:6, 민 14:18, 왕하 19:19, 사 37:16)을 믿음으로 선포한 것이다.

시편이 일깨워 주듯이, 회의를 처음 느낀 사람은 우리가 아니다. 분노와 슬픔도 사람마다 자신의 경험이 최초인 양 느껴질 수 있지만, 사실은 그렇지 않다. 남들도 이미 겪었다. 그래서 그들이 공들여 남긴 신앙고백을 우리도 따라할 가치가 있다. 우리는 하나님 백성의 전통 안에 있으며, 그 전통은 적절한 어구를 우리에게 전수해 준다.

그런 어구를 우리 입으로 자꾸 소리 내어 말할 필요가 있다. 그렇게 우리의 고통을 남들과 함께 나누면 말이 치유력을 발휘할 수 있다. 말은 우리에게 온전해질 기회를 줌으로써 우리를 치유한다. 덕분에 우리는 상실 때문에 분열되거나 슬픔 때문에 방향을 잃지 않을 수 있다. 말은 또 현실을 있는 그대로 표현해도 된다는 희망을 줌으로써 우리를 치유한다. 덕분에 우리는 잦은 무의미한 일에서도 의미를 찾을 수 있다. 나아가 그런 어구는 하나님을 대면하게 함으로써 우리를 치유한다. 그분은 긍휼과 은혜를 베푸시고, 인자가 풍성하며, 끝까지 신실하신 분이다(시 86:15).

결론

결국 시편의 표현을 무시하거나 더 "의례적인" 말을 고른다면, 이는 하나님이 망가진 인류를 감당하실 수 없고 우리의 체질을 망각하셨다고 믿는 것이나 다름없다. 하지만 그분은 망각하지 않으셨다. 긍휼이 바닥나지 않으셨다. 그리스도 안에서 그분은 우리와 함께 고통당하신다. 그리스도 안에서 우리의 깨어진 모습에 동참하신다. 그분도 심한 통곡으로 기도하셨다(히 5장). 그분도 슬퍼하시고 고민하신다(막 14장). 그분도 우신다(눅 19장). 그분도 버림받고 유기된 심정이셨다(막 14-15장).

중요하게 강조하거니와 애통시에 담겨 있는 것은 **그냥** 슬픔이 아니라 하나님 앞에서의 슬픔이다. 여기에 그냥 불만은 없다. 불만을 하나님과 **떼어놓지** 않고 그분께로 **가져간다.**

시편 저자가 정말 폭력 피해자로서 억울함을 풀어야 하는 경우에도, 애통시에 피해 의식은 없다. **공동체 내에서** 고통을 철저히 솔직하게 인정할 뿐이다. 이 공동체의 사람들은 아무리 힘들어도 하나님을 떠나지 않고, 그분과 씨름하면서 온전한 인간이 되고자 애쓴다.

장 칼뱅이 애통시를 잘 요약했다. "사람 앞에 고백하기에도 부끄러울 우리의 치부를 이런 시 덕분에 하나님 앞에 드러낼 수 있다."[9] 이는 엄청난 선물이다. 아내 페드라와 나도 삶의 온갖 크고 작은 일로 애통할 때 바로 이 선물을 받는다. 예수님과 동행하려 힘쓰는 공동체 사람들과 함께 말이다. 우리가 믿기로 애통시는 하나님이 택하신 도구로서, 우리를 온전하고 거룩하게 할 뿐 아니라 성령으로 말미암아 이웃의 고난에도 더욱 깊은 긍휼을 품게 한다.

묵상을 위한 질문

1. 지난주 당신의 삶에서 애통해야 한다고 느껴진 일은 무엇인가? 당신의 공동체에서 애통을 요하는 일은 무엇인가? 국가적 차원이나 세계적 차원에서 마땅히 애통해야 할 일은 무엇인가?
2. 당신이 애통하기 힘든 일과 애통하기 더 쉬운 일은 무엇인가?

3. 당신이 슬픔을 느끼는 데 도움이 되는 경험과, 슬픔을 느끼기 어렵게 하는 요인은 각각 무엇인가? 당신은 슬픔이 어색하거나 창피하거나 두려운가? 당신만 그런 것 같아서 잘못이라 느껴지는가?

4. 우리의 슬픔과 애통을 공동체로서 나눌 때와 나누지 않을 때 각각 무엇을 얻고 잃는다고 생각하는가?

5. 애통시(시 5, 7, 13, 22, 35, 42-43, 59, 88, 109편)에서 당신이 경험하는 애통과 비슷한 본문은 무엇인가?

6. 오늘 당신의 애통 속에 하나님이 구체적으로 어떻게 동참해 주셨으면 좋겠는가? 다른 사람들이 어떻게 함께해 주었으면 좋겠는가?

연습

1. 잠시 침묵의 시간을 내라. 5-10분밖에 낼 수 없더라도 그것만이라도 하나님께 감사하라. 이 침묵의 시간에 당신의 슬픔이나 분노를 유발한 일에 주목해 보라. 그 경험을 돌아볼 때 떠오르는 것은 무엇인가? 어떤 면에서 이 슬픔을 당신이 감당할 만하거나 또는 감당할 수 없다고 느껴지는가? 어떤 면에서 이 일을 남들이 — 또는 하나님이 — 보고 있거나 또는 보아 주지 않는다고 느껴지는가? 변명하거나 설명할 필요 없이 슬픔을 충

분히 느껴 보라. 당신의 슬픔 속에 하나님이 함께 계심을 믿으라. 이 슬픔에 동참해 주실 것을 청하라. 슬픔을 표현해야겠거든 시편 6, 11, 17, 26, 38, 41, 86편 같은 개인의 애통시 중 하나로 기도해 보라.

2. 5장의 연습 6번에 제시한 기본 형태대로 당신의 애통시를 써 보라. 하나님을 상대로 불만과 구체적인 간구를 쓰라. 당신의 시간표와 다를지라도 하나님이 그분의 때에 간구를 들어 응답하실 것을 믿겠다는 결단도 쓰라. 당신의 재량껏 시편 13편처럼 희망의 어조로 맺어도 좋고, 88편처럼 어쩌면 너무도 절절하게 느껴지는 진토와 흑암으로 맺어도 좋다. 당신만 겪는 일이 아님을 믿으라. 하나님이 그리스도 안에서 당신과 함께 계시고, 성령께서 "말할 수 없는 탄식으로" 당신을 위해 중보하시며(롬 8:26), 다른 사람들도 비슷한 처지에 놓여 있음을 믿으라.

3. 시편의 애통시 중 하나를 정해서 공부하라. 공부하는 동안 시의 일부나 전부를 암송하여 머릿속과 마음속에 품고 다닐 것도 생각해 보라. 그 말씀 덕분에 당신은 현실을 있는 그대로 인정하며 진실을 받아들일 수 있다. 최소한 비틀걸음으로나마 진실 쪽으로 나아갈 수 있다.

4. 개인이나 공동체가 애통하고 있는 일을 서로 나누어 보라. 시편 41편을 교독하는 식으로 기도해 보라. 다음

한 주 동안 서로의 애통에 의지적으로 동참할 수 있는 방법을 찾아보라. 당장 실제적 해법을 제시할 필요성을 느끼지 않는 상태에서, 서로 동행하며 애통을 통과할 수 있는 길도 생각해 보라.

5. 공동체의 애통시(시 44, 74, 77, 79, 80, 83, 85, 89편) 중 하나를 바탕으로 기도문을 작성해 보라. 당신 공동체의 예배와 기도 시간에 이 기도문을 활용해 보라.

기도

우는 자와 함께 우시고, 압제당하는 자를 건지시고, 궁핍한 자에게 귀를 기울이시고, 버림받은 자에게 가까이하시고, 슬픔에 잠긴 자를 싸매시고, 낮은 자를 높이시며, 몸 또는 마음이 상한 자를 긍휼히 여기시는 자비의 하나님이여, 우리 기도를 들어 주소서. 우리의 고통을 외면하지 마시고, 괴로워하는 우리를 불쌍히 보소서. 우리의 고난을 종식시켜 목숨을 보전하여 주소서. 우리를 건지시고 치유하소서. 오늘 우리 곁에 계셔 주소서. 이렇게 기도함은 우리도 주님께로 피하는 무리에 합류하여 주님의 거룩하신 이름을 찬송하기 위해서입니다. 간고를 많이 겪고 질고를 아시는 주님께 우리의 염려를 다 맡기며 예수님의 이름으로 기도합니다. 아멘.

7. 분노

불이 내 몸속까지 태워 전신 화상을 입혔고, 피부가
말라붙으면서 가려웠으며, 땀 흘리는 기능을 잃어
베트남의 폭염 속에 살점이 부글부글 끓었다. 내게 이런
고통을 입힌 가해자들을 향해 나는 늘 분노와 독기와
원한을 품고 거기에 짓눌리며 살았다.
ㅡ킴 푹 판 티[1]

용기를 내서 고함치고, 의심하고, 격한 분노로 하나님께
발길질한 루이스에게 또한 감사한다. 대개 권장되지
않지만 이는 건강한 비애의 과정이다.
ㅡ매들렌 렝글[2]

세상의 분노

나는 평생 분노로 씨름해 왔다. 대학 시절에는 금방이라

도 터질 듯 분노가 부글거리는 채로 캠퍼스를 활보했다. 그러다 아무 일에나—버스를 놓치거나, 기회를 날리거나, 뜻밖에 실패하거나, 누가 함부로 말하거나 반갑지 않게 끼어들면— 버럭 폭발하기 일쑤였다. 나와 가장 가까운 사이인 가족이나 친한 친구들은 대개 나의 분노 폭발을 직접 당했다.

딸 블라이드가 태어난 뒤로 나는 뒷좌석에 아기를 태우고 노스캐롤라이나주 더럼 시가를 운전하고 다녀야 했다. 복수 영화의 주인공처럼 내게는 모든 자동차가 내 외동아이의 목숨과 나아가 내 행복을 위협하는 요소로 보였다. 신호등 앞에서 기다릴 때면 내 안에 과도한 분노가 끓어올라, 공격자를 야구 방망이로 때려 혼수상태에 빠뜨리는 상상을 하곤 했다. 정작 내게 있지도 않은 방망이로 말이다.

그로부터 몇 년 전에 텍사스주 오스틴에서는 젊은 목사였던 내가 동료 목사에게 폭발한 적도 있다. 그러잖아도 평소에 그에게 원한을 품고 있던 차였다. 내가 보기에 그가 꼭 해야 할 일을 하지 않았기 때문이다. 교역자 회의 중에 그가 한 말이 내 아픈 데를 찔렀다. 나는 듣다 말고 버럭 소리를 질렀다. 목이 터져라 외쳤다. 그에게 삿대질을 해 가며 비방 세례를 퍼부었다. 꼴사납고 창피했다. 지금 생각해도 낯부끄럽다.

하지만 분노로 씨름하는 사람이 나만은 아님을 안다. 세상 사람들은 경제 상황, 운동 경기의 결과, 병의 재발, 친구의 배신, 가정 폭력의 경험, 위계상의 권력 남용, 무죄한 인명 살상 등 수많은 일에 분노한다.

2018년에 레베카 트레이스터는 『선한 분노: 여성 분노
의 혁명적 위력』을 출간했다. 그녀가 논증했듯이, 고질적 불
의에 대한 분노는 "흑인의 목숨도 소중하다"(BLM)와 "미투"
(#MeToo) 같은 운동의 도화선이 되었다. 천주교 신도들은 성
직자가 아동과 수녀를 성폭행하는데도 이 문제에 침묵하는
주교들에게 오랫동안 분노해 왔다.

2018년작 영화 〈더 퍼스트 퍼지〉의 주인공은 "이 나라를
구원하려면 우리의 모든 분노를 하룻밤 사이에 쏟아 내야 한
다"라고 말한다. 영화의 문맥상 이는 그해의 하룻밤 동안 시민
들 마음대로 아무렇게나 폭력을 행사하게 해 주어야 한다는
뜻이다.

「타임」지 편집장 제프리 클루거는 '라스베이거스 총기
난사와 분노의 시대'라는 기사에 이렇게 썼다.

> 근자에 미국인은 분노를 숭배하다시피 해 왔다. 우리의
> 어법에까지 스며든 엄연한 사실이다. 이제 그냥
> "활성화되는" 게 아니라 늘 "격분하는" 게 기본이다. 의료
> 보험을 둘러싼 논의도 "활발한" 게 아니라 늘 "노기를
> 띤다." 2016년 선거의 준비 단계로 CNN/ORC에서 실시한
> 여론 조사 결과, 미국인의 69퍼센트는 나라의 상태에 대해
> 매우 또는 다소 화가 나 있다고 답했다.[3]

실제로 버니 샌더스는 "나는 화가 나 있으며 수백만의 미국인도 화가 나 있다"라고 말했다.[4]

사람들은 자신에게도 분노하여 이런 말을 한다. "나는 정말 멍청하다. 나는 뚱뚱하다. 나는 못생겼다. 나는 늘 실패한다." 잔소리하는 사람도 있고, 느닷없이 노발대발하는 사람도 있다. 그런가 하면 수동적 공격 성향으로 속이 부글부글 끓는 사람도 있다. 불의한 분노는 파멸을 낳지만, 의분은 정의와 평화의 활동을 부추긴다. 하나님도 노하시고 예수님도 노하신다. 사도 바울은 분노에 대해 많은 말을 했는데, 그 모두가 자명한 말은 아니다.

그렇다면 우리는 자신이나 주변 사람들이 경험하는 분노에 정확히 어떻게 반응해야 할까? 억압하고 부정해야 할까? 아니면 갈 데까지 가야 할까? 남에게 이용당할 때 어떻게 해야 "이성을 잃지" 않을까? 자신의 가해 행위를 인정하지 않으려는 사람을 어떻게 용서할 것인가? 상상 속의 복수를 실행에 옮기려 드는 감정을 어떻게 처리할 것인가? 이번 장에서 바로 이런 의문에 답해 보고자 한다.

시편 속 분노의 시

한 가지 전진의 길은 시편에 나오는 분노의 시를 잘 활용하는 것이다. 시편 5, 6, 11, 12, 35, 37, 52, 54, 69, 79, 83, 109,

137, 143편 등이 그에 해당하며, 때로 이를 저주시라고도 한다. 물론 여기서 제기되는 의문이 있다. 초대 교회 시대부터 그리스도인들이 던져 온 질문이기도 하다. **정말 우리는 저주의 시로 기도해도 될까?**[5]

이런 기도는 아이작 왓츠의 주장대로 "복음의 정신"에 정면으로 위배되지 않는가?[6] 예수께서 우리에게 원수를 저주하지 말고, 오히려 우리를 박해하는 자를 위해 기도하라고 명하시지 않았던가? 분노는 7대 죄악 중 하나가 아닌가? "시편의 이런 끔찍하거나 (감히 말하자면) 야비한 시를 대하는 한 가지 방법은 그냥 내버려 두는 것이다"라고 한 C. S. 루이스의 말은 결국 옳은가?[7]

내 생각에 이 점에서는 루이스가 틀렸다. 그런 시를 내버려 두어서는 안 된다. 대신 우리는 하나님이 우리에게 분노의 시를 주셔서, 분노를 느끼되 분노에 망하지 않게 하신다고 믿는다. 하나님이 이런 시를 주셔서, 남에게 폭력을 행사하려는 욕망에서 우리를 건지신다고 믿는다. 하나님이 이런 시를 주셔서 우리를 치유하고 연합하시며, 충실한 분노의 가능성을 보여 주신다고 믿는다.

시편의 문맥상 저주시란 저자가 분노의 기도로 자신의 원수를, 그리고 자신이 생각하는 하나님의 원수를 대적하는 시다. 저자가 원수를 저주함은 자신이 상처를 입었기 때문이다. 상처가 너무 쓰라리고 깊어 저자의 분노를 유발한다. 내

상담자가 상담 시간에 종종 내게 일깨우는 말이 있다. 우리의 고통이 깊어서 "슬픔"이 "분노"로 발전하는 것은 자연스러운 현상이지만, "분노"가 "악"으로 치달아 이웃에게 죄를 범하는 것은 언제나 본인의 선택 소관이다. 남에게든 자신에게든 폭력을 행사하려는 이 결심으로부터 우리를 건져 주는 것이 바로 저주시다.

그런 맥락에서, 저주시의 기본 형태도 애통시와 같다. 분노의 뿌리에 언제나 슬픔이 있기 때문이고, 저주시도 애통이기 때문이다. 시편 12편이 그런 시의 전형이다. 이 시는 신자의 불만으로 시작되어 하나님께 드리는 간구로 넘어간 뒤, 다시 신자의 반응으로 마무리된다.

불만(1-2절)

여호와여, 도우소서. 경건한 자가 끊어지며
　　충실한 자들이 **인생** 중에 없어지나이다.
그들이 이웃에게 각기 거짓을 말함이여,
　　아첨하는 입술과 두 마음으로 말하는도다.

간구(3-6절)

여호와께서 모든 아첨하는 입술과
　　자랑하는 혀를 끊으시리니
그들이 말하기를 "우리의 혀가 이기리라.

우리 입술은 우리 것이니 우리를 주관할 자 누구리요"
함이로다.
여호와의 말씀에 "가련한 자들의 눌림과
　궁핍한 자들의 탄식으로 말미암아 내가 이제 일어나
　그를 그가 원하는 안전한 지대에 두리라" 하시도다.
여호와의 말씀은 순결함이여,
　흙 도가니에
　일곱 번 단련한 은 같도다.

반응(7-8절)
여호와여, 그들을 지키사
　이 세대로부터 영원까지 보존하시리이다.
비열함이 인생 중에 높임을 받는 때에
　악인들이 **곳곳에서** 날뛰는도다.

이 기본 형태를 염두에 두고서, 그렇다면 분노 시편의 관심 주제는 무엇일까? 내가 보기에는 다음 네 가지다.
　첫째로, 뭐니 뭐니 해도 저주시의 관건은 하나님이다. 시편 전체는 하나님이 악인을 심판하신다는 말로 시작되어 하나님이 악인을 심판하신다는 말로 끝난다. 시편의 처음부터 끝까지에 분명히 나타나 있다.

무릇 의인들의 길은 여호와께서 인정하시나

　악인들의 길은 망하리로다. (시 1:6)

여호와께서 겸손한 자들은 붙드시고

　악인들은 땅에 엎드러뜨리시는도다. (시 147:6)

　　시편 저자의 관점에서 보면, 결국 관건은 우리가 아니며 악인에 대한 우리의 경험도 아니다. 시편에서 악인이란 하나님의 선한 질서를 어떤 식으로든 대적하는 개인과 사회와 권력의 약칭이다. 관건은 우리가 "나쁜 사람들"에게 응분의 벌을 가해야 한다는 게 아니다. 결국 관건은 하나님이다. 그분의 성품이다. 그분의 신실하심과 선하심과 거룩하심과 자비하심이다.

　　더욱이 중요하게 밝혀 두거니와 시편이 말하는 복수는 사사로운 복수가 아니라 하나님의 정의다. 시편 저자가 고대하는 것은 하나님의 신원(伸寃, vindication)이다. "히브리 전통에서 정의의 시행은 하나님만의 특권이다. 고통을 아시고 수용하시는 분은 하나님이며, 그래서 저자는 그분께 신자의 편에서 행동해 주시기를 탄원한다……. 시편의 신앙은 이상주의가 아니라 섬뜩하리만치 현실주의다."[8]

　　가해자에게 "응분"의 대가를 치르게 하려는 복수심은 때로 물리치기가 힘들지만, 시편이 우리에게 권유하는 것이 바로 그 물리침이다. 시편은 불의에 대한 우리의 분노를 부정하지 않으나 우리가 직접 복수에 나설 권리는 부정한다(롬 12:18-20). 이런 의미에서 분노의 시는 사실상 양도의 시다. 표현만 폭력의 기도이지 사실은 폭력 욕구를 하나님께 넘겨드리는 것이다. "뜻이 하늘에서 이루어진 것 같이 땅에서도 이루어지이다"(마 6:10).

둘째로, 인간이 압제당하면 하나님의 성품에 욕이 된다. 하나님의 형상대로 지어진 피조물에게 폭력이 가해지면, 시편 저자의 관점에서 볼 때 그분의 형상이 훼손되기 쉽다. 불의가 인간 공동체를 갈라놓으면 성 삼위일체의 목적이 위태로워진다. 부족이 부족을 살상하고 나라가 나라를 침략하면, 모든 부족과 나라를 지으신 하나님이 개입하여 그분께 속한 자들을 구원하셔야 한다.

피조물을 해치면 곧 창조주의 작품이 망가진다.[9] 시편 139편 19-20절에 이 정서가 예시되어 있다.

하나님이여, 주께서 반드시 악인을 죽이시리이다.
　피 흘리기를 즐기는 자들아, 나를 떠날지어다.
그들이 주를 대하여 악하게 말하며
　주의 원수들이 주의 이름으로 헛되이 맹세하나이다.

시편 저자에게 복수의 언어란 이런 말이나 마찬가지다.

"하나님, 세상도 **주님의** 발상이요 인생도 **주님의** 작품입니다. 이 모두를 파괴하려는 악인을 주님이 막지 않으신다면 **주님의** 평판이 먹칠을 당합니다! 이대로 끝나지 않게 하소서! 이 고난이 무의미하지 않게 하소서! **주님의** 이름을 위해 우리를 건지소서"(시 54:1-3).

인간의 불의나 자연의 횡포를 경험할 때면 시편 저자들은 하나님의 성품이 위태로워짐을 절감했다. 물론 고금의 그리스도인들도 똑같이 느껴 왔다. 그래서 양떼를 제대로 돌보지 않는 목사들 때문에 근래에 그리스도인들이 대규모로 교회를 떠나고 있고, 1755년에 포르투갈 리스본에 대지진이 났을 때 프랑스 작가 볼테르는 『캉디드』라는 소설을 통해 "모든 것이 합력하여 선을 이룬다"는 개념을 비난했다.

셋째로, 시편에 쓰인 저주의 언어는 비속어와 비슷하다. 시편 저자가 경험한 폭력은 어쩔 수 없이 과장법 표현을 불러일으키는데, 이는 하나님 세상의 선한 질서를 파괴하는 충격적 실상을 표현하기 위해서다. 시편 35편 1절을 피터슨의 『메시지』역으로 보면, 저자는 "하나님, 나를 괴롭히는 자들을 가만두지 마소서. 저 불한당들의 얼굴을 정통으로 갈겨 주소서"라고 부르짖는다. 109편의 저자는 자신의 원수에 대해 이렇게 말한다.

그의 자녀는 고아가 되고

그의 아내는 과부가 되며

그의 자녀들은 유리하며 구걸하고

그들의 황폐한 집을 떠나 빌어먹게 하소서.

그에게 인애를 베풀 자가 없게 하시며

그의 고아에게 은혜를 베풀 자도 없게 하시며

그의 자손이 끊어지게 하시며

후대에 그들의 이름이 지워지게 하소서. (9-10, 12-13절)

저주의 말이다. 가혹하고 심하다. 자녀들까지 유리하며 구걸하기를 빌다니 솔직히 매우 잔인하다. 이런 언어의 이해를 도울 만한 가설을 제시하려 한다. 저주시의 과장되고 터무니없고 부풀려지고 어쩌면 저속하기까지 한 언어는 기본적으로 비속어와 똑같은 부류다. 설명하자면 이렇다.

인류학자 메리 더글라스가 저서 『순수와 위험』에 논했듯이, 모든 사회는 정연한 상징체계를 중심으로 질서를 이루며 그 덕분에 번성한다.[10] 이런 자체적 정렬 체계를 그녀는 "순수"라고 칭했다. 그녀에 따르면 순수란 근본적으로 무엇이 삶을 향상시키고(정의, 정직, 깨끗한 식수, 병원 설립) 무엇이 삶을 저해하는가(불의, 속임수, 비위생적인 화장실, 성노예 관행)에 관한 문제다.

순수의 반대는 무질서나 혼돈이다.[11] 순수는 질서의 개념이지만 거룩함과도 관계된다. "거룩한" 세계는 온전하며 따라서 생명의 세계이기도 하다. 이 거룩한 세계를 벗어나면 속계에 들어선다. 엄격히 말해서 안은 순수하고 밖은 불순하다. 안은 질서고 밖은 혼돈이다. 안은 깨끗하고 밖은 더럽다.

이렇게 안팎을 대비하는 언어는 경계선의 중요성을 부각시킨다. 경계선은 "선"과 "악"을 구분한다. 예컨대 이스라엘의 나환자는 에덴동산을 상징하는 건물인 성전 안에 들어갈 수 없었다. 나병이 무질서를 대변했기 때문이다. 물리적 "기형" 때문에 그들은 건강한 몸의 필수 요건인 "선"을 위협하는 요소였다. 종교적으로 "외부" 집단이었다.[12]

라틴어 '프로파네스'('프로'는 "앞에", '파눔'은 "성전"이라는 뜻이다)에서 유래한 "속되다"라는 단어에는 "성전 밖"이라는 개념이 담겨 있다. 속계는 신성한 세계의 반대다. 이런 면에서 비속어는 신성한 세계의 테두리 밖에 놓인 언어라 할 수 있다. 엄격히 말해서 그것이 **더러운** 말투인 이유는 거룩한 질서를 짓밟기 때문이다.[13]

그래서 비속어의 기능은 **이상하고 무질서하고 바람직하지 못한** 경험을 더 쉽게 표현하게 해 주는 데 있다.

망치로 엄지를 찧은 목수는 "저주"의 말을 내지를 수 있다. 그 사고가 목공 일의 선한 질서에 어긋나기 때문이다.[14] 속된 표현은 속된 경험에 상응한다. 태풍에 온 마을이 쑥대밭이 되면 주민들은 지독하고 비참한 상실을 "욕설"에 담아낼 수 있다. 부유한 권력자가 가난한 약자를 또 착취하면 우리 입에서 "독설"이 나와, 사회 약자를 등쳐먹는 게 불경하고 저주받을 일임을 표현할 수 있다.

내가 믿기로 이것이 저주의 시가 하는 일의 일부다. 시편 저자는 비속한 경험—인간의 존엄성을 유린하고, 세상을 향한 하나님의 선한 목적을 모독하는 경험—을 일종의 비속어로 표현한다.

넷째로, 저주의 시는 치유의 길을 가리켜 보인다. 이 마지막 요지에서는 꽤 도발적인 특정한 시 하나에 집중하려 한다. 바로 시편 137편이다. 이 시의 초반부와 중반부는 수많은 음악과 시를 낳는 배경이 되었다. 안토닌 드보르자크가 1894년에 작곡한 〈성서의 노래〉 작품번호 99의 7번곡과, 유대교 하시디즘 계열의 래퍼 마티스야후가 2006년에 출시한 곡 '예루살렘', 엘리자베스 스마트가 1945년에 쓴 시 「그랜드 센트럴 역 옆에 앉아 나는 울었네」 등이 그렇다. 그런데 시의 후반부는 교회사 내내 예배 정황에서 배제되었다.[15]

그러나 크로아티아 태생의 신학자 미로슬라브 볼프는 우리가 그렇게 하는 것이 잘못이라고 역설한다. 그에 따르면 우리 신앙의 실천 속에 이런 시도 남아 있어야만 한다. "복수심의 굴레에서 벗어나 용서의 자유에 이르는 길을 그런 시가 가리켜 보일 수 있다."[16]

물론 말처럼 쉽지는 않다. 그러나 시편에 나오는 것 같은 매서운 언어가 기독교의 실천에 결여되어 있으면, 분노 경험을 처리할 줄 모르는 각종 신학과 목회 관행이 우리에게 악영향을 끼치기 쉽다. 그러면 분노가 걸핏하면 폭력으로 이어지고, 그 구조적 반향이 공생활과 가정의 사생활에 대를 이어 전수된다.[17]

볼프에 따르면 그리스도인이 시편 137편을 읽어야 하는 이유는 그것이 우리에게 다음 내용을 상기시키기 때문이다.

> 방치된 분노를 하나님 앞에 가져감으로써 우리는 불의한
> 원수만 아니라 자신의 복수심까지도 그분의 면전에
> 내려놓는다. 그분은 정의를 사랑하시고 시행하시는
> 분이다. 미움은 우리 마음의 암실에 숨어 암흑계의 양분을
> 먹고 자라나서, 그 지옥 같은 의지로 모든 것을 감염시키고
> 배제하려 한다. 그러나 하나님의 정의와 사랑이 빛을
> 비추면 미움은 물러가고 용서의 기적을 낳을 씨앗이
> 심겨진다.[18]

그러면 우리의 분노가 안전한 곳은 어디일까? 볼프는 이렇게 답한다.

> 우리 마음속에 억눌러 두기만 해서는 안전하지 못하다.
> 집단 감정을 공공연히 분출하는 것도 안전하지 못하다.

분노는 하나님 앞에 가져갈 때에만 안전하다. 그분은
자녀를 바위에 메어침 당한 사람들의 하나님이기도 하고,
그 아이들을 바위에 메어친 사람들의 하나님이기도 하다.[19]

그래도 시편 137편이나 88편이나 109편 같은 시를 우리 신앙생활에 통합하는 법을 알기란 쉽지 않다. 다만 중요하게 기억할 것은 성경의 저자이신 성령께서 이런 시를 성경에 두신 데는 그만한 이유가 있다는 것이다. 즉 이런 시는 우리를 예수님께로 인도한다. 그래서 디트리히 본회퍼는 이렇게 말했다.

저주의 시는 원수를 용서하시는 예수님의 십자가와
하나님의 사랑으로 연결된다. 내 힘으로는 하나님의
원수를 용서할 수 없다. 오직 십자가에 달리신
그리스도만이 용서하실 수 있으며, 나는 그분을 통해서만
용서가 가능하다. 그래서 예수 그리스도 안에 있는 모든
자에게는 복수를 실행하려던 마음이 은혜로 변한다.[20]

결론

일찍이 아리스토텔레스는 "누구나 분노할 수 있다. 그거야 쉽다. 그러나 합당한 때에 합당한 대상에게 합당한 목적과

합당한 방식으로 합당한 정도만큼 분노하기란 쉽지 않다"라고 말했다.[21] 이것을 다르게 표현하면, 몇 세기 후에 사도 바울이 시편 4편 4절을 인용해서 말한 "분을 내어도 죄를 짓지 말며"(엡 4:26)가 될 것이다. 이 또한 말처럼 쉽지는 않다.

다행히 시편은 우리에게 전진의 길을 보여 준다. 분노의 기도를 드리되 분노에 삼켜지지 않는 법, 맥락에 맞게 저주하는 법, 미워하되 죄 짓지 않는 법, 유진 피터슨의 표현으로 "욕하되 욕하지 않는 법"을 보여 준다.[22] 분노에 대한 올바른 반응과 잘못된 반응의 차이는 내 생각에 겸손한 마음과 완고한 마음의 차이다.

겸손한 마음은 자신의 감정에 대해 하나님께 솔직하지만, 완고한 마음은 눈에는 눈으로 갚을 생각뿐이다. 겸손한 마음은 원수를 하나님께 맡기지만, 완고한 마음은 원수를 악마화한다. 겸손한 마음은 **하나님의 면전**과 공동체 안에서 분노하지만, 완고한 마음은 하나님을 피해 숨으며 끊임없이 공동체의 흠을 잡는다. 시편은 우리에게 겸손한 마음을 택할 것을 권유한다.

물론 말처럼 쉽지는 않으며, 나처럼 아직도 분노로 고생하는 사람에게는 특히 더 그렇다. 나는 난폭한 운전자를 저주하고 싶은 유혹을 물리치기가 힘들다. 내게 상처를 준 동료에게 "본때를 보여 주는" 상황을 상상하며 즐긴다. 집에서도 불경한 분노를 터뜨리지 않으려 기를 쓴다. 그래서 나는 시편의 분노시가 무척 고맙다. 덕분에 하나님과 그분의 백성 앞에서 내 마음속의 분노를 말할 수 있고, 또 이 충실하고 효력 있는 말의 행위를 통해 내 마음을 치유해 주실 하나님을 신뢰할 수 있다.

결국 분노의 시로 기도하는 사람은 예수께서 우리 안에서 우리를 위해 동일하게 기도하심을 믿는다. 성령께서 하시는 일이 분노 "관리"보다 훨씬 나음도 믿는다. 즉 그분은 우리 마음을 해방시켜 원수를 사랑하게 하신다. 우리로서는 상상도 못했던 불가능한 일이다. 이런 기도로 예수님과 함께 기도하면 우리도 그분의 마음을 얻어, 불가능해 보이던 일인 충실하게 분노하는 법을 터득한다.[23]

묵상을 위한 질문

1. 최근 몇 주 동안 당신을 화나게 한 일은 무엇인가? 운전 중에 새치기를 당했을 때처럼 비교적 작은 일일 수도 있고, 폭력의 경험처럼 큰 일일 수도 있고, 다른 사람에게 벌어진 일일 수도 있다.

2. 당신이 분노 감정에 대해 솔직해지기가 힘들다면 어떤 면에서 그런가? 당신의 가정 배경이나 성격 유형이나 공동체 문화에서 분노 표현을 어렵게 만드는 요인은 무엇인가? 당신은 분노가 어색하거나 창피하거나 두

려운가? 잘못이라 느껴지는가?

3. 당신은 분노를 건강하게 표현하는 사람을 아는가? 그
들의 어떤 면이 존경스러운가? 분노를 건강하지 못하
게 표현하는 사람을 아는가? 그들은 분노를 어떻게 표
현하는가? 폭발하는가? 쌀쌀맞게 대하는가? 마음을 닫
아 버리는가?

4. 분노의 시(시 5, 11, 35, 40, 54, 69, 79, 83, 109, 137, 143편)
에서 당신의 경험과 비슷한 본문은 무엇인가?

5. 오늘 당신의 분노 속에 하나님이 구체적으로 어떻게
동참해 주셨으면 좋겠는가? 다른 사람들이 어떻게 함
께해 주었으면 좋겠는가?

6. 하나님이 우리를 대적하시거나 동떨어져 계신 게 아니
라 우리와 함께 계심을 믿는 가운데, 우리의 공동체 안
에 분노를 충실하게 표현할 수 있는 우호적인 분위기
를 조성한다면 어떤 모습이 되겠는가? 그런 일이 가능
하려면 우리의 공동체 문화가 어떻게 달라져야 하겠는
가?

7. 당신의 사생활이나 공동체 생활에 의분이나 충실한 분
노의 습관을 기를 수 있는 실천—설교, 찬송, 기도, 간
증, 선교 등—은 무엇이겠는가?

연습

1. 평소에 당신을 속상하게 하거나 화나게 하는 원인들을 구체적으로 적어 보라. 과거의 일일 수도 있고 최근의 일일 수도 있다. 그런 경험으로 인해 당신에게 어떤 감정이 들었는지 최대한 자세히 적어 보라. **바람**이나 **당위**가 아니라, 실제로 느꼈던 대로 자신에게 솔직해지라. 이 과정에 하나님을 모셔 들이라.

2. 이런 경험을 안심하고 나눌 수 있는 대상을 한 사람 보여 달라고 하나님께 기도하라. 당신의 분노의 짐을 함께 져 줄 수 있는 사람이라야 한다. 그렇지 않으면 당신의 힘으로 혼자 감당해야 하는데, 그럴수록 더 억압하거나 자신을 속이기가 쉬워진다. 안심하고 믿을 만한 사람에게 하나님 안에서 이런 일을 소리 내어 말하면 치유에 한 걸음 가까워짐을 믿으라.

3. 시편의 분노시 중 하나로 기도하라. 하나님을 향한 분노까지 포함해서 그분이 당신의 분노를 얼마든지 받아 주심을 믿으라. 당신의 기도가 지리멸렬할 때도―고통과 무력감과 회의에 찬 눈물의 기도도―그분이 반기심을 믿으라. 예수께서 그 모두를 반기셔서 성령으로 말미암아 아름답게 구속(救贖)하고 변화시켜 주실 것을 믿으라.

4. 시편의 분노시 중 하나 또는 여러 편을 공부해 보라.
   시편 5, 6, 11, 12, 35, 37, 40, 52, 54, 56, 58, 69, 79, 83,
   109, 137, 139, 143, 149편 등이 이에 해당한다.
5. 개인이나 공동체가 분노하고 있는 일을 서로 나누어
   보라. 시편 109편을 교독하는 식으로 함께 기도해 보
   라. 당장 실제적 해법을 제시할 필요성을 느끼지 않는
   상태에서, 서로 동행하며 분노 감정을 통과할 수 있는
   길을 생각해 보라.
6. 공동체의 분노시 중 하나를 바탕으로 기도문을 작성해
   보라. 당신의 공동체 시간에 함께 이 기도문을 활용해
   보라.

기도

거룩한 분노로 치유하시는 하나님,

의분으로 악을 이기시는 메시아,

우리의 분노가 폭력과 파괴로 변하지 않게 막아 주시는
성령님,

우리의 상한 마음을 받아 주소서.

격한 말을 취하여 주소서.

복수심에 빠지지 않게 지켜 주소서.

우리의 충실한 분노에 힘입어, 분열된 세상에 정의가 이

루어지고 이웃과 가정의 깨어진 관계가 봉합되게 하소서.

하나님을 위하고 또 우리를 위하여 기도합니다.

아멘.

8. 기쁨

노래나 이야기나 천지만물에서 세상의 아름다움이
느껴지고, 인간의 사랑에서 그 아름다움이 언뜻 보일
때마다 나는 기뻐 외치고 싶었다. 시편 덕분에 이런 뜨거운
기쁨이나 슬픔을 발산할 수 있었다.
- 도로시 데이[1]

찬송은 더 많은 찬송을 낳고 영광은 영광을 더한다. 찬송은
으레 넘쳐흘러 전염된다. 남을 불러 동참시킨다.
- 캐서린 라 쿠나[2]

바다의 노래, 나무의 춤

내가 오스틴에서 목사로 있던 시절에 우리 교회에 다니
던 한 청년을 평생 잊지 못한다. 그의 이름은 팀이었다. 당시
텍사스 대학교 경영대학원 학생이던 그는 대학에 체류하던

중 우리 교회에 등록했다. 내 기억 속의 팀은 보수적인 경영학도의 화신이었다. 카키색 바지와 와이셔츠 차림에 말씨가 부드러웠고, 공손하고 점잖고 신중하고 단정했으며, 아주 똑똑했다.

그런데 팀은 완전히 허를 찌르는 인간이기도 했다. 우리 교회는 신학적으로는 은사주의 계열이었지만 실제로는 중도쯤 되었다. 손을 들고 할렐루야를 외치는 일이야 드물지 않았다. 하지만 쉴 새 없이 방언하고, 기적을 일으키고, 입신하고, 성령 세례를 받고, 불같이 뜨겁게 찬송하고, 펄쩍펄쩍 뛰는 전형적인 오순절 회중은 아니었다. 흥겹게 춤추는 사람은 거의 없다시피 했다. 그런데 팀은 춤을 추었다.

회중 찬송 시간이 긴 편이었는데, 팀은 대개 맨 가쪽 자리에 서 있다가 문득 경중경중 뛰면서 손으로 풍차를 돌렸다. 영화 〈사운드 오브 뮤직〉에서 언덕을 내달리던 마리아의 모습과도 같았다. 조금도 주위를 의식하지 않는 순수한 마음의 표현이었다. 팀은 "춤추어 찬양하며"라는 시편 150편 말씀을 말 그대로 받아들였고, 시편 30편 12절의 정신을 유감없이 보여주었다.

내 안에 노래가 차올라, 가슴이 터질 것만 같습니다.
　도저히 잠잠할 수 없습니다.
하나님, 나의 하나님,

감사한 이 마음, 어찌 다 전할지 모르겠습니다.

(『메시지』)

그런 팀을 보노라면 종종 나까지 흥겨워지면서 한편으로 부럽기도 했다. 그러면서 이런 생각이 들었다. '찬송이란 저렇게 하는 거다. 남의 눈을 의식하거나 구애받지 않는 저 모습이다. 자유롭게 혼신을 다하는 찬송의 진수다.' 한 번도 그를 따라하지 않은 게 지금은 무척 후회스럽다. 하지만 결국 그에게 춤추는 이유를 물어보기는 했다. 그의 대답은 나를 겸허하게 했다. 순종하는 마음으로 춤춘다는 것이었다. 그런 춤이 그의 천성은 아니었다. 오히려 그것은 하나님께 드리는 찬송의 제사였다.

월터 브루그만은 "찬송하면 자아가 하나님께 양도되면서, 자아를 내세우던 게 모두 꺾인다"라고 썼다.[3] 그래서 시편에 보면 바다가 "외치고" 밭은 "즐거워"하며 나무들이 "노래"한다(시 96:11-12). 그래서 인간도 춤과 노래로 자신을 하나님께 온전히 내어 드린다. 이것이 자아를 내려놓는 정신이요 우리 삶을 무조건 하나님께 드리는 반응이다. 팀은 이 사실을 잘 알았고, 그래서 시편 저자처럼 자주 웃었다. 하나님의 선하심에 압도되었던 것이다.[4]

시편 전체를 '테힐림', "찬송의 책"이라 부르는 데는 그만한 이유가 있다. 바로 여기서 우리는 하나님께 드리는 찬송의 모양과 소리와 내용을 본다. 찬송의 내용은 피조물이 마땅히 하나님께 아뢰어야 할 말이다. 즉 우리는 역사 속의 하나님을 찬송하고, 창조주 하나님을 찬송한다. 원대한 구원의 하나님을 찬송하고, 친밀하게 돌보시고 보호하시는 하나님을 찬송한다. 시편에는 성도와 죄인의 찬송이 담겨 있다.[5] 시편은 찬송으로 시작되며 찬송을 사모한다.

시편의 찬송시에는 기쁨의 경험이 돋보이므로, 이번 장에서는 이 범주의 시를 자세히 살펴볼 것이다. 그 과정에서 시편의 찬송가와 감사의 노래도 일부 곁들일 것이다.

시편 속 기쁨의 시

찬송시의 기본 형태는 두 가지다. 첫 번째는 부름과 이유로 되어 있다. 시편 47편 1-2절이 이 형태의 좋은 예다.

부름(1절)
너희 만민들아, 손바닥을 치고
　즐거운 소리로 하나님께 외칠지어다.

이유(2절)
지존하신 여호와는 두려우시고
　온 땅에 큰 왕이 되심이로다.

두 번째는 "왜냐하면, 그러므로"의 구조로 이루어진다. 시편 27편 5-6절에 이 형태가 잘 예시되어 있다.

왜냐하면(5-6절상)

여호와께서 환난 날에 나를 그의 초막 속에 비밀히 지키시고 그의 장막 은밀한 곳에 나를 숨기시며 높은 바위 위에 두시리로다.

　이제 내 머리가 나를 둘러싼 내 원수 위에 들리리니.

그러므로(6절하)

(그러므로. KJV) 내가 그의 장막에서 즐거운 제사를 드리겠고 노래하며 여호와를 찬송하리로다.

　모든 찬송시는 하나님이 하신 일을 독자에게 말해 줌으로써, 그분이 어떤 분이신지를 다양하게 기술한다. 또한 독자를 초대하여 그 하나님을 증언하고, 충실하신 그분께 자신을 내어 드리게 한다. 간증과 순복으로 부르는 이중의 초청인데, 덕분에 우리는 찬송하는 가운데 하나님께 온전히 헌신할 수 있다.[6] 그런데 시편이 관계 속에 가져다주는 찬송과 기쁨은 우리에게 뜻밖이거나 우리의 관행에 어긋날 수 있다. 그래서 이런 관계를 잘 살피는 게 중요하다.

　찬송시는 하나님이 기쁨의 궁극적 근원임을 단언하고 전

제한다. 여기에는 그분의 성품과 행위만 아니라 임재 자체도 포함된다. 시편 16편 11절에 "주의 앞에는 충만한 기쁨이 있고 주의 오른쪽에는 영원한 즐거움이 있나이다"라고 했다. 43 편 4절에는 "하나님의 제단에" 나아가는 일이 그분을 기뻐하고 즐거워하는 경험으로 묘사되어 있다. 21편 6절의 왕은 하나님의 "영원토록 지극한 복"을 "주 앞에서 기쁘고 즐겁게" 선물로 받는다.

"할렐루야 시"의 첫 편인 시편 145편에 찬송시의 진수가 가장 잘 포착되어 있을 것이다. 4절에서 저자는 "대대로 주께서 행하시는 일을 크게 찬양하며 주의 능한 일을 선포하리로다"라고 말한다. 그 후에 길게 이어지는 찬송에는 풍요의 표현이 돋보인다. "여호와께서는 **모든** 것을 선대하시며"(9절). "여호와여, 주께서 지으신 **모든** 것들이 주께 감사하며"(10절). "여호와께서는 **모든** 약속에 신실하시고"(13절, 개역개정에는 이 구절이 빠져 있다―옮긴이). "여호와께서는 **모든** 넘어지는 자들을 붙드시며"(14절). "여호와께서는…… 그 **모든** 일에 은혜로우시도다"(17절). "여호와께서 자기를 사랑하는 자들은 **다** 보호하시고"(20절, 이상 강조 추가).

시편에서 기쁨을 누리는 근거는 하나님이 행하시는 일에 있지만, 막연한 의미에서는 아니다. 그 근거는 하나님의 생명의 특징인 풍족한 경제에 있다(시 36:8, 78:25, 105:40). 찬송은 필연적으로 하나님의 신실하고 후하신 공급이 우리 속에 넘쳐흐르는 경험이다.[7] 유진 피터슨은 『메시지』의 빌립보서 머리말에 그리스도의 생명을 이렇게 묘사했다.

> 그리스도인의 행복을 설명해 주는 것은, 바로 이처럼 "넘쳐흐르는" 그리스도의 생명이다. 기쁨은 충만한 생명이며, 어느 한 사람 안에 가두어 둘 수 없는, 넘쳐흐르는 것이기 때문이다.[8]

죄는 우리를 꾀어 부족한 것투성이인 결핍의 경제 속에 살게 만들 수 있다. 그러나 찬송시는 우리를 초대하여 하나님의 즐거운 임재를 풍요의 임재로 경험하게 한다. 믿음으로만 아니라 실제로도 말이다. 토마스 머튼이 설명했듯이, 시편 말씀으로 하나님을 찬송할 때 "우리는 그분을 더 잘 알 수 있다. 더 잘 알수록 그분을 더 잘 사랑하게 되고, 더 잘 사랑할수록 그분 안에서 행복을 얻는다."[9]

기쁨은 모든 창조세계의 공유물이다. 시편 전체에서 창조세계는 하나님을 기쁘게 찬송한다. 강물은 손뼉 치고 산악은 즐겁게 노래한다(시 98:8). 해돋이도 해넘이도 환희의 송가를 울린다. "주께서 아침 되는 것과 저녁 되는 것을 즐거워하게 하시며"(시 65:8). 초장과 작은 산과 골짜기도 즐거이 외친다(시 65:12-13). 하늘은 기뻐하고 땅은 즐거워하며 나무는 노래하고 밭은 즐거워한다(시 96:11-12).

시편이 보기에 모든 창조세계는 우리에게 기쁨의 실천을 가르친다. 우리가 배우려고만 한다면 말이다. 장 칼뱅도 똑같이 보았다. 그가 믿기에 하나님은 그분의 창조세계로 우리를 매료하시고, 그리하여 그분 자신으로 우리를 매료하신다. 그는 "공작의 깃털 하나가 우리를 매혹할진대 하나님의 무한한 위엄은 오죽하겠습니까?"라고 설교했다. 공중의 매가 우리를 황홀한 경탄에 빠뜨릴진대 "그분의 모든 행위는 오죽하겠습니까? 우리가 그것을 다 셀 수 있다면 말입니다."[10] 창조세계는 주님을 기뻐하는 마음을 보여 줄 뿐 아니라 우리를 불러 그 찬송에 동참하게 한다.[11]

시편에서 하나님을 기뻐하는 것은 "하늘과 땅"만이 아니다. 인간과 인간의 몸도 하나님을 기뻐한다. 더 구체적으로 말해서 마음만 아니라 입, 목, 허파, 손, 발 등 몸도 기뻐 뛴다. 시편 전체에 "외치다, 터져 나오다, 크게 기뻐하다, 울려 퍼지다, 박수하다, 소리 지르다, 부르짖다, 즐거워하다, 춤추다"와 같은 표현이 등장한다. 이는 보이지 않는 내면의 말이 아니라 신체로 풍부하게 표현되는 몸짓 언어다.

어떤 공동체는 절대로 "소고 치며 춤추지" 않거나 미온적으로만 외치고, 어떤 공동체는 거리낌 없이 박수하며 기뻐 뛴다. 찬송의 이런 가시적 표현을 부끄럽거나 어리석게 여기는 회중도 있다. 그런가 하면 하나님께 몸으로 표현할 필요성을 아예 느끼지 못하는 회중도 있다. 온당한 예배의 제반 요건을 지성이나 말이나 실천으로 충분히 채울 수 있다고 보기 때문이다.

그러나 시편의 관점에서 보면 몸과 마음이 함께 기뻐 뛸 수밖에 없다. 하나님께 드리는 공예배에서 찬송은 즉흥적으로든 공식적으로든 몸으로 표현될 수 있다. 몸이 마음과 생각을 주도하여 즐거운 찬송 행위로 나아가야 할 때도 있고, 반대로 마음과 생각이 몸을 이끌어야 할 때도 있다. 어쨌든 시편 저자에게는 마음과 생각과 몸과 영과 혼이 항상 **혼연일체**다. 자아를 송두리째 하나님께 드리는 것이다.

기쁨은 하나님이 건져 주신 결과다. 시편에서 기쁨은 전투 중인 영혼을 위한 강장제만이 아니다. 어쩌면 가장 근본적으로 기쁨은 하나님의 건지심을 경험한 데 대한 반응이기도 하다. 폭풍을 만난 시편 저자에게 하나님이 피난처가 되어 주시니 그 반응은 기쁨이다(시 5:11). 패배에 직면한 상황에서 하나님이 승리를 주시니 저자는 기뻐 외친다(시 20:5). 하나님이 죄를 용서해 주시면 마음에 기쁨이 솟아오르고(시 51:8), 불안한 영혼을 위로해 주시면 서서히 기쁨이 자리를 굳힌다(시 94:19).

이스라엘 백성이 건짐 받아야 할 일은 상존했다. 포로 생활 이전부터 도중과 이후까지 언제나 그랬다. 시편 126편의 저자는 이스라엘을 기적처럼 건져 귀향길로 이끄신 하나님을 찬송한다. "여호와께서 시온의 포로를 돌려보내실 때에 우리는 꿈꾸는 것 같았도다. 그때에 우리 입에는 웃음이 가득하고 우리 혀에는 찬양이 찼었도다"(1-2절). 우리가 경험하는 하나님의 건지심도 매번 일종의 귀향이다.[12]

그 시는 5-6절에 이렇게 이어진다. "눈물을 흘리며 씨를 뿌리는 자는 기쁨으로 거두리로다. 울며 씨를 뿌리러 나가는 자는 반드시 기쁨으로 그 곡식 단을 가지고 돌아오리로다." 여기 세 가지 유의미한 전개가 있다.

- 뿌림 → 거둠
- 울음 → 기뻐 외침
- 나감 → 돌아옴

하나님은 늘 우리를 그곳으로 데려가신다. 고된 노동에서 노동의 결실로, 슬픔에서 즐거움으로, 유랑에서 집으로. 아울러 시편 저자의 기쁨에는 어떤 의미에서 늘 슬픔의 저릿한 잔재가 묻어 있다. 이 땅의 우리네 순례길에 희비가 공존하는 것과 같다. **시편 전체에서 기쁨은 슬픔에 앞서고, 슬픔을 뒤따르며, 종종 슬픔과 공존한다.** 시편 86편 2-4절에 저자는 이렇게 썼다.

내 주 하나님이여…… 주여, 내게 은혜를 베푸소서.
　내가 종일 주께 부르짖나이다.

주여, 내 영혼이 주를 우러러보오니

　주여, 내 영혼을 기쁘게 하소서.

우리 삶에는 슬픔이 산재하기에 의지적으로 기쁨을 선택해야 할 때가 많다. 찬송의 노래는 하나님을 향한 애정에서 저절로 터져 나올 수도 있지만 결단을 요구할 수도 있다. 시편 107편의 저자는 당면한 비탄과 상실의 경험에도 불구하고 (4-28절) 하나님의 백성 앞에서 그분께 찬송의 제사를 드린다 (32절). 22절에 그는 "감사제를 드리며 노래하여 그가 행하신 일을 선포할지로다"라고 말한다.

시편 저자는 감정을 초월하여 하나님을 찬송하지만, 혼자서는 그 일을 할 수 없음도 안다. 혼자라면 우리는 종종 포기할 것이다. 다른 사람들의 도움이 필요하다. 성공회 「공동기도서」에 보면 사제가 이렇게 기도하는 대목이 있다. "그들에게 탐구하고 분별하는 마음, 뜻을 품고 인내하는 용기, 주님을 알고 사랑하는 정신, **주님의 모든 행위를 기뻐하고 경탄하는 선물**을 주소서"(강조 추가).[13] 우리도 서로를 위해 그렇게 기도할 수 있다. 기쁨을 앗아 가거나 억누르는 온갖 것들 속에서도 기쁨이 우리에게 선물로 주어지도록 말이다. 그래서 사도는 베드로전서 4장 13절에 이렇게 썼다. "오히려 너희가 그리스도의 고난에 참여하는 것으로 즐거워하라. 이는 그의 영광을 나타내실 때에 너희로 즐거워하고 기뻐하게 하려 함이라."

1942년 대림절 첫째 일요일에 디트리히 본회퍼는 한때 핀켄발데 신학교 학생이었던 "형제들"에게 편지를 썼다. 1935년부터 게슈타포에 의해 강제로 폐교된 1937년까지, 그는 그 지하 신학교의 교장이었다. 편지는 전사자 명단으로 시작된다. 그는 "그들의 머리에 영원한 기쁨의 관이 씌워질 것입니다"라고 썼다.[14] 그러면서 그 기쁨이 죽은 자만의 것이 아니라 산 자의 것이기도 함을 밝힌다. 또한 그것은 마약처럼 고통을 마비시키는 인위적 기쁨이 아니다. 그것은 참된 기쁨이다.

> 하나님의 기쁨은 비천한 말구유와 십자가의 고난도
> 헤쳐 나왔습니다. 그래서 논쟁의 여지가 없는 불멸의
> 기쁨입니다. 이 기쁨은 고난의 현실을 부정하지
> 않으면서도 그 고통의 한복판에 계신 하나님을 봅니다.
> 이 기쁨은 죄의 중대성을 외면하지 않으면서도 바로 그
> 죄의 자리에서 용서를 찾아냅니다. 이 기쁨은 죽음을
> 직시하면서도 바로 거기서 생명을 얻습니다.[15]

본회퍼가 이 편지를 쓰기 5년 전인 1937년 11월에 스물일곱 명의 목사와 학생이 게슈타포에 체포되었다. 다른 많은 사람도 불법으로 사역하는 수밖에 없던 때였다. 본회퍼도 1943년 4월 5일에 체포되어 베를린의 테겔 감옥에 수감되었

다가 1945년 4월 9일에 플로센뷔르크 강제 수용소에서 처형되었다. 그런데도 기쁨에 대한 그의 확신은 끝까지 흔들림이 없었다. 시편 100편 말씀으로 그는 "여호와는 선하시니 그의 인자하심이 영원하고"라고 고백하곤 했다.[16]

"주님의 기쁨"이라는 말은 하나님을 경험하는 우리 그리스도인의 기쁨만 아니라 그분 자신의 기쁨도 가리킨다(시 35:27). 예수님에게서 이것을 가장 분명히 볼 수 있다. 그분의 삶과 사역에는 기쁨이 넘쳤고, 그분의 부활은 패트릭 캐버너의 표현으로 "영원히 해방된 웃음"과도 같다.[17] 예수님이야말로 최고로 기쁘신 분이다. 히브리서 저자는 12장 1-2절에 이렇게 썼다.

> 이러므로 우리에게 구름같이 둘러싼 허다한 증인들이
> 있으니 모든 무거운 것과 얽매이기 쉬운 죄를 벗어 버리고
> 인내로써 우리 앞에 당한 경주를 하며 믿음의 주요 또
> 온전하게 하시는 이인 예수를 바라보자. 그는 그 앞에
> 있는 기쁨을 위하여 십자가를 참으사 부끄러움을 개의치
> 아니하시더니 하나님 보좌 우편에 앉으셨느니라.

예수님은 하시는 일마다 기쁨을 위해 하시며(마 25:21, 눅 15:7), 그 기쁨을 우리에게도 주신다. 요한복음 15장 11절에 그분은 자신의 기쁨이 제자들 안에 있어 그들의 "기쁨을 충만

하게" 하기를 기도하신다. "너희는 근심하겠으나 너희 근심
이 도리어 기쁨이 되리라"(요 16:20) 하신 그분의 말씀은 시편
을 연상시킨다. 예수님 자신의 기쁨을 성령께서 우리에게 주
신다(롬 14:17, 갈 5:22). 사도행전 13장 52절에 누가는 성령 충
만을 기쁨 충만으로 묘사한다. 요컨대 하나님으로 **충만해지면
기쁨도 충만해진다.**

그래서 우리는 기쁨이 우리의 참된 결말임을 알 수 있다.
시편 전반부는 애통시로 가득하지만 후반부로 갈수록 찬송
시가 계속 더 많아진다. 마찬가지로 신앙도 결국 애통에서 찬
송으로 이동한다. 우리는 늘 "찬송 **쪽으로** 가고" 있다(강조 원
문).[18] 시편 1편에 하나님 말씀의 길 곧 생명의 길을 걷는다는
의미가 밝혀져 있다면, 시편 150편은 그 길을 걷는 목표를 보
여 준다. 그 목표는 바로 막힘없는 찬송이다.[19] 모든 기도는 결
국 찬송으로 바뀐다. 그래서 유진 피터슨은 이렇게 말했다.

> 모든 기도는 본질상 하나님을 향하며, 이 지향 덕분에 결국
> 그분의 임재 안에 놓인다. 거기는 "호흡이 있는 자마다"
> 주님을 찬양하는 곳이다. 대개 숨겨져 있다 뿐이지 찬송은
> 기도의 깊은 종말론적 차원이다.[20]

그러나 엘런 데이비스가 상기시켜 주듯이, 애통은 항상
찬송으로 자라나기를 소망하면서도 "자신이 어디서 왔는지를

잊지 않는다."²¹ 찬송은 고난의 정황에서 싹트며, 고난을 무시하지 않는다. 찬송은 현실을 부정하는 게 아니라 소망 중에 자신의 정체를 드러낸다. 바울도 로마서 12장 12절에 "소망 중에 즐거워하며 환난 중에 참으며 기도에 항상 힘쓰며"라고 썼다. 그래서 시편이 말하는 기쁨은 늘 슬픔을 함께 품지만, 우리 사회에 통용되는 의미의 행복은 그럴 수 없다. 그래서 우리의 찬송 행위에는 종종 찬송의 제사가 수반된다. 찬송이 완성될 날을 바라본다는 뜻이다.²²

결론

아기를 더 낳으려는 시도에 3년 동안 실패하고 나서 페드라와 나는 2015년 12월에 방향을 바꾸어 입양 과정에 착수했다. 마음이 설레면서도 한편으로 조심스러웠다. 우리는 불임 치료의 온갖 "모험"에 지쳐 있었는데, 입양 여정에도 그 나름의 모험이 기다리고 있음을 알았다. 하지만 거듭 서로에게 말했듯이, 아내나 나나 대가족을 이룰 꿈을 **포기할** 마음은 없었다.

몇 달간 복잡한 준비 과정을 거치면서 우리는 그 속에 예기치 못한 기쁨이 있기를 기도했다. 불임의 슬픔이 아직 가시지 않은 상황에서 이 일마저 이래저래 잘못되지나 않을까 조마조마했고, 아이와 생모에게 입양이 어떤 의미일지를 생각하면 숙연해졌다. 또한 대체로 어정쩡한 상태에서 통제권을 내려놓고 인내심을 발휘해야 했다. 삶의 아주 많은 부분이 힘들고 외롭게 느껴졌다.

마침내 2017년 3월 28일에 페드라와 나는 휴스턴 시내의 '텍사스 여성 병원'에 도착했다. 저녁 6시 21분에 우리 아들 세바스찬이 태어났다. 몸무게는 3.5킬로그램이고 키는 50센티미터였다. 의사, 간호사들, 생모의 할머니, 생모의 가장 친한 친구가 모두 이 예쁜 아기의 출생을 마음껏 기뻐했다. 아기를 품에 안는 순간 우리에게도 걷잡을 수 없는 기쁨이 밀려왔다.

당시 다섯 살이던 우리 딸 블라이드는 너무 좋아서 시종 입이 귀에 걸렸다. 그 전날 딸은 우리 둘의 손을 잡고 "하나님이 우리 모두의 기도에 응답하셨어요!"라고 외쳤다. 정말 그분의 기도 응답이었다. 블라이드는 세바스찬을 자기가 돌보고 싶다고 했다. 기저귀도 갈아 주고, 우유도 먹여 주고, 자장가도 불러 주고, 우스갯소리도 해 주고, 무엇이든 다 하겠다는 것이었다. 몇 년째 동생을 기다려 온 딸의 그 얼굴 표정을 보며 우리 부부도 희비가 뒤섞인 눈물을 흘렸다.

시편의 종착지는 찬송이다. 기쁨이 우리의 최종 결말이라는 뜻도 된다. 그러나 C. S. 루이스가 자서전 『예기치 못한 기쁨』에 말했듯이, 새 하늘과 새 땅을 기다리는 동안에는 우리의 기쁨이 찌릿하거나 저린 아픔으로 경험된다. 그는 성경적 기쁨에는 늘 "위로할 길 없는 갈망"이 수반된다고 썼다.[23] 물론 우리는 기뻐한다. 하지만 거기에는 순전한 기쁨으로 충만해지려는 애틋한 동경이 묻어난다. 세바스찬을 입양한 우리 부부의 기쁨도 생모의 아픔과 뒤섞였다. 아기를 바라던 우리의 열망에는 애초에 그 아이가 생모와 떨어질 일이 없었더라면 하는 애틋한 바람도 들어 있었다.

요컨대 시편의 찬송시는 우리에게 "현실을 외면하지 않으면서도 하나님을 마냥 기뻐하고 즐거워하게 해 준다. 그렇게 좋고 나쁜 일을 다 믿음으로 품으면 (설령 고뇌가 따를지라도) 그 결과는 늘 하나님께 드리는 찬송이다."[24] 또 우리를 유혹하여 기쁨 없는 백성이 되게 하려는 온갖 것들 앞에서, 찬송시는 우리 모두에게 해독제가 되어 준다.[25] 덕분에 우리는 결핍의 경제를 거부하고 하나님의 풍족한 경제 속에 살아갈 수 있다. 오그라들고 완고해진 우리 마음이 하나님께 다시 열린다. 찬송시가 주는 은혜로 우리는 산과 언덕처럼 함께 기뻐 노래하는 백성이 된다. 그리하여 저녁에 깃드는 울음과 아침에 찾아오는 기쁨을 증언할 수 있다.

묵상을 위한 질문

1. 당신의 삶에서 가장 기뻤던 일을 세 가지만 떠올려 보라. 그때의 심정이 어땠는가?

2. 시편에서 당신이 경험하는 기쁨과 비슷한 본문은 무엇인가?

3. 당신에게 기쁨을 실천하기 어렵게 만드는 요인은 무엇인가? 당신 회중의 사람들에게 시편에 제시된 기쁨—말할 수 없는 기쁨, 넘쳐흐르는 기쁨, 잠잠한 기쁨, 외치는 기쁨, 함께 누리는 기쁨 등—을 실천하기 어렵게 하는 요인은 무엇인가?

4. 기쁨을 "갈망"으로 묘사한 C. S. 루이스의 말은 당신에게 얼마나 공감이 되는가? 행복과 기쁨의 차이를 이웃이나 친구에게 어떻게 설명하겠는가? 시편에 나오는 기쁨의 시대로 실천하면, 어떻게 그것이 오늘의 우리 문화를 전복시키는 증언이 될 수 있겠는가?

5. 시편에 제시된 기쁨에 동참하지 않음으로써 우리가 공동체로서 잃는 것이 무엇이라고 보는가? 당신 공동체의 삶에 시편의 기쁨을 가꾸기 위해 당신이 할 수 있는 일 한 가지는 무엇인가?

6. 오늘 당신의 기쁨 속에 하나님이 구체적으로 어떻게 동참해 주셨으면 좋겠는가? 다른 사람들이 어떻게 함께해 주었으면 좋겠는가?

7. 목사이자 소설가인 프레드릭 비크너는 우리 삶의 소명이 본인의 가장 깊은 기쁨과 세상의 가장 절실한 필요가 교차하는 지점에 있다고 말했다. 당신에게는 그 지

점이 어디이겠는가?

연습

1. 시편 47편이나 98편이나 126편을 읽으라. 여러 번 읽고 묵상하라. 그 내용으로 기도하라. 일부를 암송해 보라. 그렇게 마음속에 품고 다니면서 종일 하나님과의 생생한 대화를 지속하라.
2. 당신의 삶에서 애통과 슬픔이 기쁨으로 변했던 때를 말해 보라.
3. 비탄과 상실 속에서도 "찬송의 제사"를 드린다는 개념에 대해, 당신의 생각을 친구에게 나누어 보라. 당신은 그런 제사를 드린 적이 있는가? 그런 일이 더 쉽거나 잦아지려면 무엇이 당신에게 도움이 되겠는지 나누어 보라.
4. 시편 96편이나 100편, 148편을 공동체로서 낭독하라. 열정을 담아서 읽으라. 본문에 "외치다", "노래하다"와 같은 단어가 쓰인 곳에서는 시편 저자와 함께 실제로 외치고 노래하여, 기쁜 소식을 모두가 듣게 하라. 억제하지 말고 마음껏 내지르라!
5. 그룹으로서 이 말에 반응해 보라. "기쁨과 찬송은 우리의 최종 결말이다."

6. 공동체의 찬송시(시 8, 19, 33, 66, 67, 95-100, 103, 104, 111, 113, 114, 117, 145-150편) 중 하나를 바탕으로 기도문을 작성해 보라. 당신의 공동체 시간에 함께 이 기도문을 활용해 보라.

7. 그룹으로서 시편 27편, 35편, 47편, 95-100편, 할렐루야 시(146-150편) 같은 기쁨의 시를 함께 읽거나 그 내용으로 기도하라. 이런 시에 곡을 붙인 찬송가나 복음성가가 있다면 구하여 함께 불러 보라.

기도

말할 수 없는 기쁨의 하나님, 주님은 단지 실존을 견디라고 우리를 창조하신 게 아니라 즐거워하라고 지으셨습니다. 우리 입에 웃음을 가득 채우셨습니다. 기도하오니 우리의 눈물이 기쁨의 노래가 되게 하시고, 우리의 통곡이 춤으로 변하게 하시며, 우리의 광야에 생명이 피어나게 하소서. 그리하여 우리도 새벽별과 함께 즐거이 노래하게 하시고, 절기에 무리지어 찬송을 외치며 주님의 집에 올라가게 하소서. 앞에 있는 기쁨을 위하여 모든 것을 참으신 예수님의 이름으로 기도합니다. 아멘.

9. 원수

나의 하나님이여, 나를 구원하소서.
주께서 나의 모든 원수의 뺨을 치시며.

　－시편 3:7

복수심과 증오에서 완전히 해방되어 결코 기도로 복수
욕구를 채우지 않을 사람, 그런 사람만이 순전한 마음으로
"그들의 입에서 이를 꺾으소서. 여호와여, 젊은 사자의
어금니를 꺾어 내시며"라고 기도할 수 있다.

　－디트리히 본회퍼[1]

누구에게나 원수는 있다

우리의 공동체에는 다음 두 부류 중 하나에 해당하는 사
람이 많다. 여차하면 아무나 원수로 보는 부류와 원수라는 현
실을 부정하는 부류. 전자는 자기에게 반대하는 사람이면 가

족, 낯선 사람, 이웃, "그 사람들" 할 것 없이 누구나 원수로 취급한다. 후자는 원수라는 말 자체를 꺼린다. "영적인" 사람에게 어울리지 않는 불손한 표현이라는 생각에서다.

그러나 시편에 따르면 양쪽 다 틀렸다. 시편 저자에게 원수는 실존하지만 누구나 다는 아니고, 종종 인간이지만 항상 그렇지는 않다. 원수를 지목해야 하지만, 또한 하나님께 맡겨야 한다.

라틴어 "이니미쿠스"('인'은 부정 접두사고 '이미쿠스'는 "친구"라는 뜻이다)에서 유래한 "원수" 또는 "적"(enemy)이라는 단어는 당신을 능동적으로 대적하는 개인이나 단체 또는 어떤 식으로든 당신을 해치는 세력을 말한다. 이는 인간이 모국어처럼 쓰는 말이다. 경찰, 시인, 병리학자, 심리학자, 목사, 국경 순찰대, 제빵사 등이 모두 이 용어를 써서 세상사를 설명한다.[2]

미국의 극우파에게 언론이 "민중의 적"이라는 말은 지극히 당연하게 느껴진다. 한 보수 논객은 "예외는 있지만 진보 세력이야말로 미국의 자유를 위협하는 최악의 적이다"라고 말했다.[3] 반면에 극좌파는 이런 어법이 모욕감과 공포심을 유발한다고 본다. 하지만 그들도 여태 이 단어를 쓰기는 마찬가지여서, "공화당원은 인류 문명의 적이다"와 같은 기사 제목이 등장한다.[4]

2019년 현재 이란은 미국의 적이다.[5] 일부 정치 지도자는 이란을 악마화하면 중동에서 미국의 국익에 유리하다고 본다.[6] 마찬가지로 이란의 최고 지도자 아야톨라 하메네이는 미국을 "큰 사탄"이라 부르면 이란의 종교 정체성과 혁명성이 강화된다고 본다.[7] 원수 논리가 통하는 셈이다. 정치가에게만 아니라 예술가에게도 그렇다.

1882년에 노르웨이의 헨리크 입센은 『민중의 적』이라는 희곡을 썼다. 이를 통해 그는 당시의 보수와 진보 양쪽을 모두 질타했다. 1982년에 뉴욕의 아델피 대학교에서는 일단의 대학생이 "공공의 적"이라는 랩 그룹을 결성했다.[8] 흑인의 인간성을 말살하는 데 대한 항의의 표시로 그들은 이름을 그렇게 지었다. 다음은 리더인 척 D의 설명이다.

> 미국 헌법은 한때 흑인을 자유인의 5분의 3만큼만 인간으로 보았다. 공문서가 이러할진대 분명히 우리도 적일 수밖에 없다.[9]

운동선수도 일종의 적을 만들어 낸다. 피겨 스케이팅 선수 토냐 하딩과 낸시 케리건이 그랬고, 권투 선수 무하마드 알리와 조 프레이저가 그랬다. 미국과 러시아는 거의 모든 종목에서 적이다. 예술가는 생각을 방해하는 적을 말하고, 철학자는 자존심이 적이라 하고, 마케팅 분야에서는 무난함을 완벽함의 적으로 보고, 요리사에게는 기름이 환경의 적이다. 성경에도 적에 대한 말이 가득하다.

사울이 죽은 선지자 사무엘을 초혼하자 사무엘은 "여호와께서 너를 떠나 네 대적이 되셨거늘"(삼상 28:16)이라고 말한다. 민수기 10장 35절에 모세는 "여호와여, 일어나사 주의 대적들을 흩으시고"라고 기도한다. 바울이 원수라는 단어를 쓴 대상은 사망(고전 15:26), 마술사 엘루마(행 13:10), 자신(갈 4:16), 우리 모든 죄인(롬 5:10) 등이다. "세상과 벗이 되"는 사람도 원수로 지칭된다(약 4:4).

예수님도 자신의 사명을 가리켜 그런 표현을 쓰셨다. "사람의 원수가 자기 집안 식구리라"(마 10:36). 그분의 사명이 어쩔 수 없이 가족들을 갈라놓기 때문이다.

하지만 이 모든 원수 논리는 복음에 어긋나지 않는가? 기독교에 못 미치거나 기껏해야 기독교 이전의 행태가 아닌가? 예수께서 친히 우리에게 원수를 저주하지 말고 용서하라고 **명하시지** 않았던가? 우리가 원수 운운하는 바람에 문제가 생기는 것 아닌가? 상대의 인간성을 말살하고, 자신의 증오를 정당화하고, 당연한 듯 사랑을 거두며, 폭력 행사마저 불사함으로써 말이다.

그러나 시편을 보면 원수 논리도 엄연히 신앙생활의 일면으로 보인다. 이런 어법이 충실한 삶에 해당하는 이유는 시편이 '미개한' 고대 문화의 산물이어서가 아니라, 분열되고 종종 잔인한 세상에서 이런 어법이 삶에 대해 지극히 솔직하기 때문이다. 이런 어법은 인간이 알게 모르게 남을 해칠 수 있는 가능성에 대해 솔직하다. 자아 내면의 어두운 마음에 대해서도 솔직하다. 그리고 하나님께 솔직하다.

그 외에 시편이 원수에 대해 우리에게 해 주는 말은 무엇일까?

원수는 시편 어디에나 있다. 시편을 깔끔하게 정리하지 않고 그대로 진지하게 대한다면, 원수가 실존한다는 사실을 직시할 수밖에 없다. 브루그만이 지적했듯이 시편은 "원수로 가득 차 있다."[10] 피터슨은 그것을 이렇게 설명했다.

> 영적 마취제를 찾으려는 사람은 시편으로 기도하지
> 않는다. 적어도 시편으로 아주 오래 기도하지는 않는다.
> 시편에는 원수에 대한 껄끄러운 말이 가득하다. 시편의
> 주제로 으뜸은 하나님이지만 원수도 분명히 이에
> 버금간다.[11]

시편 18편이 좋은 예다. 이 시에는 예배 인도자에게 주는 지침이 붙어 있는데, 거기에 원수라는 단어가 등장한다. "여호와의 종 다윗의 시, 인도자를 따라 부르는 노래. 여호와께서 다윗을 그 모든 원수들의 손에서와 사울의 손에서 건져 주신 날에 다윗이 이 노래의 말로 여호와께 아뢰어 이르되." 저자는 위험에 처하여 주님의 도움을 구한다. "내가 찬송 받으실 여호

와께 아뢰리니 내 원수들에게서 구원을 얻으리로다"(3절).

그는 자신의 비참한 처지를 생생히 묘사하다가 중간에 이렇게 외친다. "나를 강한 원수와 미워하는 자에게서 건지셨음이여. 그들은 나보다 힘이 세기 때문이로다"(17절). 이어 주님의 길을 충실하고 정직하게 따르겠다는 헌신의 고백이 나온다(20-23절). 하나님의 보호와 공급도 고백한다(24-36절). 또 그는 구원해 주실 하나님의 능력을 주장하며 "내가 내 원수를 뒤쫓아 가리니"(37절)라고 말한다.

저자의 간증은 주님을 향한 뜨거운 찬송으로 마무리된다 (46-48절).

여호와는 살아 계시니 나의 반석을 찬송하며
　내 구원의 하나님을 높일지로다.
이 하나님이 나를 위하여 보복해 주시고
　민족들이 내게 복종하게 해 주시도다.
주께서 나를 내 원수들에게서 구조하시니
　주께서 나를 대적하는 자들의 위에 나를 높이 드시고
　나를 포악한 자에게서 건지시나이다.

이것은 그저 좋은 게 좋다는 식으로 예의를 차리며 무조건 "사이좋게 지내려는" 사람들을 위한 시가 아니다. 세상의 냉혹한 현실에 늘 냉담하거나 인간의 본능적 욕망을 부인하려는 사람들을 위한 시도 아니다. 이것은 세상을 있는 그대로 보는 사람들을 위한 시다. 세상은 망가진 인간과 어두운 세력과 열악한 환경으로 가득한 곳이다.

세상에는 단절된 관계와 적대적 활동이 가득하다. 인간의 마음이 악에 물들어 사람들이 나쁜 일을 저지른다. 여자가 윤간을 당하고, 노인이 사기를 당하고, 노동자가 연금을 횡령당하고, 어린아이가 음주 운전자에게 치여 죽고, 목사가 권위를 남용하고, 남자가 피부색 때문에 범죄자로 몰리고, 그리스도인이 신앙 때문에 박해받고, 수많은 시민이 집을 잃고 내쫓긴다.[12]

이를 "삶의 도전"이라 부르는 사람도 있고, 가해자를 "저쪽"이나 "상대측"으로 유화하여 칭하는 사람도 있다. 그러나 시편 저자로서는 현실을 진실하게 표현하려면 원수라는 어법을 써야만 한다. J. 클린턴 맥캔이 말했듯이 "소름끼치는 악 앞에서 최악의 반응은 무감각해지는 것이다. 비통함과 격노와 분개심을 느껴야만 한다. 그게 없으면 악이 범상한 일로 용인된다."[13]

신앙의 현장은 적대적 세상이지 신비로운 불빛에 싸인 고딕 성당이 아니다. 신앙이 진가를 발하는 곳은 적들의 한복판이지 영혼의 고요한 골방이나 "본의 아니게" 실수한 사람들 앞이 아니다.[14] 에리히 쳉어는 그것을 이렇게 요약했다.

시편으로 기도하는 사람은 거대 군단에 포위되어 위협과
총격을 받는 심정이다. 사냥꾼과 덫 놓는 사람에게 쫓기는
동물과도 같다. 자신이 포식자 야수나 사나운 황소나
독사에 에워싸여 공격당한다고 본다.[15]

**누구나 원수가 될 수 있으며, 원수가 입히는 피해는 엄연한
현실이다.** 독일의 학자 오트마 킬이 시편에 쓰인 원수를 묘사
하는 단어를 세어 보니 아흔네 가지였다.[16] 사람을 잡아먹는
짐승, 황소, 뱀, 군대, 행악하는 자, 도시, 사리를 탐하는 자, 사
망 등이 이에 해당한다. 시편 55편 12-13절에 나와 있듯이, 적
으로 변한 친구도 빼놓을 수 없다.

나를 책망하는 자는 원수가 아니라.
　원수일진대 내가 참았으리라.
나를 대하여 자기를 높이는 자는 나를 미워하는 자가
아니라.
　미워하는 자일진대 내가 그를 피하여 숨었으리라.
그는 곧 너로다. 나의 동료,
　나의 친구요 나의 가까운 친우로다.

다른 부족과 국가는 원수처럼 행동할 수 있다. 표리부동
한 사람은 원수다. 불량배와 잔인한 사람도 원수다. 원수는 하

나님의 좋은 땅을 오염시키는 사람, 약자를 이용하는 사람, 무방비 상태의 동네를 약탈하는 사람, 노인에게 사기 치는 사람, 자녀를 물건 취급하여 기분 내키는 대로 버리는 사람이다. 시편 56편 2절에 "내 원수가 종일 나를 삼키려 하며"라는 말이 있는데, 저자의 말대로라면 나도 원수가 될 수 있다.

특히 폭력 피해자에게 원수란 "간혹 모르고 해를 입힌 사람이나 의도성과 반복성 없이 어쩌다 학대한 사람이 아니라, 하나님의 의에 어긋나게 만성적 폭력으로 지위를 남용한 사람"이다.[17] 일부 사람이 경험하는 피해에는 그에 걸맞은 어법이 필요한데, 바로 원수가 제격이다.

시편의 기도에 쓰인 생생하고 적나라한 언어는 생생하고 적나라한 인간의 현실에 상응한다. 시편 109편의 저자는 특히 충격적이다 못해 거의 저속한 표현으로 자신의 원수를 묘사한다.

> 그의 자손이 끊어지게 하시며
>> 후대에 그들의 이름이 지워지게 하소서.
> 여호와는 그의 조상들의 죄악을 기억하시며
>> 그의 어머니의 죄를 지워 버리지 마시고
> 그 죄악을 항상 여호와 앞에 있게 하사
>> 그들의 기억을 땅에서 끊으소서.
> 그가 인자를 베풀 일을 생각하지 아니하고

가난하고 궁핍한 자와 마음이 상한 자를

　　핍박하여 죽이려 하였기 때문이니이다.

　그가 저주하기를 좋아하더니 그것이 자기에게 임하고

　　축복하기를 기뻐하지 아니하더니 복이 그를 멀리

　떠났으며. (13-17절)

우리 중에 이런 말투를 차마 입에 올리지 못하는 사람도 있다. 섬뜩하고 못내 꺼림칙해서다. 혐오감마저 들 수도 있다. 반대로 원수라는 어법에 흥분되고 피가 끓는 사람도 있는데, 이럴 때는 우리 입에서 그런 말이 쉽게 나온다. 우리는 응징—"악인"에게 임할 하나님의 의로운 심판—을 바라며 고소해 한다. 짐 코터가 풀어 쓴 시편 109편이 반갑기만 하다.

　무기 밀매상에게 화가 있을지어다.

　마약 밀거래자에게 화가 있을지어다.

　악감정을 조장하는 자에게 화가 있을지어다.

　연쇄 살인범에게 화가 있을지어다.

　냉담한 자에게 화가 있을지어다.

　무자비한 자에게 화가 있을지어다.

　인정사정없는 자에게 화가 있을지어다.[18]

그러나 시편에 원수라는 어법이 쓰인 목적을 명확히 아

는 게 중요하다.[19] 목적은 **하나님이** 개입하여 조치를 취하실 수 있도록, 인간의 폭력과 죄—우리 자신의 폭력과 죄도 포함하여—를 지목해야만 함을 우리에게 상기시키는 데 있다. 아무리 강조해도 지나치지 않거니와, 원수를 대적하는 기도는 상대에게 폭력을 행사해도 된다는 뜻이 **아니다**. 무책임한 우리의 욕망에 놀아나 아무나 마음에 들지 않는 사람을 원수라고 부르라는 뜻도 아니다. 원수를 대적하는 기도는 하나님께 우리의 말문이 열리게 하는 방편이다. 목표는 자신의 욕구 충족이 아니라 치유다.[20]

똑같이 중요하게 강조할 점은 원수를 대적하는 기도가 그저 화풀이하거나 신경질을 부리는 문제가 아니라는 것이다. 우리는 "상대에게 본때를 보이려는" 게 아니다. 반대로 이런 기도는 원수에게 당한 우리의 경험—격분, 슬픔, 극도의 무력감, 사무친 원통함, 총체적 부조리 등—을 솔직하게 적시하여, 원수를 하나님께 의탁하기 위한 것이다.

시편 139편에 원수를 대적하는 기도의 전형적 틀이 나온다. 그 틀은 분노로 시작된다.

> 하나님이여. 주께서 반드시 악인을 죽이시리이다.
> 피 흘리기를 즐기는 자들아, 나를 떠날지어다.
> 그들이 주를 대하여 악하게 말하며
> 주의 원수들이 주의 이름으로 헛되이 맹세하나이다.

여호와여, 내가 주를 미워하는 자들을 미워하지
아니하오며
　주를 치러 일어나는 자들을 미워하지 아니하나이까.
내가 그들을 심히 미워하니
　그들은 나의 원수들이니이다. (19-22절)

이는 철두철미 원수를 향한 분노의 정수를 보여 주는 기
도다. 읽기 힘들 수 있고, 그리스도인의 입에 올릴 말이라고는
더욱 믿기 힘들 수 있다. "악인을 죽이시"다니? "주를 미워하
는 자들을 미워하"다니? 그것도 "심히 미워하"다니? 예수님을
따르는 우리가 정말 그렇게 말해도 될까? 그러나 이 저주에
바로 뒤이어 저자는 양도의 기도를 드린다.

하나님이여, 나를 살피사 내 마음을 아시며
　나를 시험하사 내 뜻을 아옵소서.
내게 무슨 악한 행위가 있나 보시고
　나를 영원한 길로 인도하소서. (23-24절)

이는 자신을 성찰하는 기도로서, 원수를 대적하는 시편
의 기도에서 가장 중요한 부분이다. 분노의 기도에서 양도의
기도로 옮겨 가기란 쉽지 않으며, 여간해선 한순간에 되지 않
는다. 실제로 19-22절에서 23-24절로 옮겨 가려면 시간이 많

이 필요하다. 그런데 시편은 우리를 바로 그 자리로 데려간다. 이런 기도를 통해 우리는 자신을 하나님께 의탁한다.

원수를 대적하는 기도는 또한 우리를 "오 하나님, 당장 행동에 나서소서"라는 간구로도 데려간다. "약자를 지키시고, 궁핍한 자를 건지시고, 무죄한 자를 신원하소서. 증거를 왜곡하는 경찰관, 비겁한 불량배, 약자를 등쳐먹는 마약 중개상, 성범죄자, 전쟁 도발자, 권위를 남용하는 종교인, 인간의 존엄성일랑 아랑곳없이 수익밖에 모르는 광고업자 등에 맞서 싸우소서." 이런 간구를 통해 우리는 **하나님의 의를 구한다.**[21]

우리는 하나님의 의를 구하되 예수께서 가르치신 방식대로 구한다. 마태복음 5장에서 그분은 무리에게 이렇게 말씀하신다. "또 네 이웃을 사랑하고 네 원수를 미워하라 하였다는 것을 너희가 들었으나 나는 너희에게 이르노니 너희 원수를 사랑하며 너희를 박해하는 자를 위하여 기도하라. 이같이 한즉 하늘에 계신 너희 아버지의 아들이 되리니"(43-45절). 그런데 마태복음 16장 23절에서는 예수님이 베드로에게 그가 사탄 즉 원수처럼 행동하고 있다고 말씀하신다.

마태복음 23장에서 예수님은 바리새인을 책망하신다. 백성을 고의로 해치는 그들을 신명기 말씀에 빗대어 질책하신다. "화 있을진저, 외식하는 서기관들과 바리새인들이여. 너희가 박하와 회향과 근채의 십일조는 드리되 율법의 더 중한바 정의와 긍휼과 믿음은 버렸도다"(23절). 그런데 십자가에서는 자신의 가해자들을 바라보시며 "아버지, 저들을 사하여 주옵소서. 자기들이 하는 것을 알지 못함이니이다"(눅 23:34)라고 기도하신다.

바울은 예수께서 마태복음 5장에 원수를 사랑하라고 명하신 점을 강조하면서, 로마의 신자들에게 복수심을 일체 버릴 것을 이렇게 권면한다. "네 원수가 주리거든 먹이고 목마르거든 마시게 하라"(롬 12:20). 그런데 바울도 예수님 말씀과 비슷하게 고린도 신자들에게 그리스도께서 "모든 원수를 그 발 아래에 둘 때까지 반드시 왕 노릇 하시리니"(고전 15:25)라고 말한다. 모든 원수에는 사탄(롬 16:20, 히 2:14)과 사망(고전 15:26)도 포함된다.

누가복음 1장에 사가랴가 아들 요한의 출생을 기뻐하는 이유는 그 일이 하나님의 백성을 원수에게서 구원하실 메시아의 강림을 예고하기 때문이다(눅 1:71). 그런데 바울은 신자들의 씨름이 "혈과 육을 상대하는 것이 아니요 통치자들과 권세들과 이 어둠의 세상 주관자들과 하늘에 있는 악의 영들을 상대함이라"(엡 6:12)라고 일깨운다.

결론

예전에 내가 근무하던 회사의 중간 관리자는 자꾸만 나를 이용해서 사장 앞에서 자신의 체면을 세웠다. 그는 나를 도와준 적도 없고, 회사를 섬기려는 내 노력을 충분히 지원한 적도 없다. 그저 내가 해낸 일을 자신의 공로로 가로채기에 급급했다. 환경을 바꿀 힘이 없던 내게는 그 상사가 원수처럼 느껴졌다. 분노를 주체할 수 없는 날이면 나는 시편 23편 말씀으로 노래하며 복수심을 예수님께 내려놓았다. 원수에 대한 분노를 늘 하나님께 잘 맡겼다고는 말할 수 없지만, 그래도 이 시는 매번 믿음직한 치료약이 되어 내 마음과 생각을 다잡아 주었다.

그렇다면 원수는 '인간'인가 아닌가? 특정인을 원수라고 불러도 되는가, 그래서는 안 되는가? 우리의 원수는 알고서 원수 짓을 하는가, 몰라서 그러는가? 이 세상의 망가진 어두운 세력은 **진짜** 원수인가, 아니면 우리에게 원수로 "경험될" 뿐인가? 예수님의 삶과 죽음과 부활의 관점에서 볼 때, 우리는 시편의 원수 논리에 정확히 어떻게 반응해야 하는가?

첫째로, 예수님은 원수라는 현실을 부정하지 않으신다. 원수는 실존하며 인간, 사회, 자연, 마귀 등 형태가 다양하다. 그분은 제자들에게 원수라는 말을 쓰지 말라고 하신 적도 없다. 오히려 그런 어법으로 세상을 있는 그대로 정확히 묘사하신다. 첫 세 복음서에서 그분은 시편 110편 1절을 인용하면서, 시편 저자의 말을 굳이 바로잡지 않으신다. "여호와께서 내 주에게 말씀하시기를 '내가 네 원수들로 네 발판이 되게 하기까지 너는 내 오른쪽에 앉아 있으라' 하셨도다." 원수는 원수다.

이런 사실은 우리의 신앙생활에 어떤 영향을 미칠까? 일단 우리가 추상적인 원수를 위해서는 기도할 수 없다는 뜻이다. 시편 저자에게는 원수 짓을 하는 구체적인 원수가 있을 뿐이다. 마찬가지로 예수님께도 막연한 원수란 없고, 하나님을 부인하고 하나님의 형상을 유린하는 특정한 원수가 있을 뿐이다. 때로는 종교 지도자이고, 때로는 로마 통치자나 심지어 그분의 가장 가까운 친구이다. 사탄도 늘 포함된다.

시편의 관점에서 볼 때, 우리가 증오의 시로 기도하는 이유는 생명을 멸하는 원수의 유해 활동을 적시하기 위해서다.[22] 그런 활동에는 몰지각한 악, 학대 행위, 사랑하지 않음, 지독한 재난과 질병 등이 있다. 시편은 이런 것들을 축소하거나 무시하지 않으며, 역사의 최종 권한을 악에게 넘겨줄 뜻이 없다. 그렇기에 다음과 같이 솔직하게 표현해야만 한다.[23] "오 주님, 바로잡아 주소서!" "그들이 나를 짓밟지 못하게 하소서!" "나의 피난처가 되어 주소서!"

둘째로, 예수님은 우리에게 원수를 사랑하라고 명하신다. 우리를 저주하는 자를 축복하라 하시고, 하늘 아버지께서 자비로우신 것같이 우리도 자비로운 자가 되라 하신다. 물론 이것은 하나님이 처음부터 뜻하신 바와 일치한다. 출애굽기 23장 4절에 그분은 "네가 만일 네 원수의 길 잃은 소나 나귀를 보거든 반드시 그 사람에게로 돌릴지며"라고 했고, 잠언 24장 17절에는 "네 원수가 넘어질 때에 즐거워하지 말며 그가 엎드러질 때에 마음에 기뻐하지 말라"라는 말씀이 있다.

원수를 사랑하려면 특단의 겸손이 요구된다. 망가진 우리 마음의 모든 세포가 거기에 저항하기 때문이다. 시편 저자처럼 우리도 하나님이 원수를 때려눕히시기를 바라는 마음이 있다. 또 원수를 사랑하려면 자신에게도 원수처럼 행동하는 성향이 있음을 인정해야 한다. 우리도 인간성을 말살한다. 우리도 이용하고 학대한다. 우리도 사랑을 거두고 무자비하게 비판한다. 우리도 불의하게 행동하며 타인의 고난을 모른 척한다.

결국 시편 덕분에 우리는 이상의 모든 내용을 하나님께 겸손히 아뢰되 그분의 백성 앞에서 한다. 그러면 시련과 유혹의 때에 그들이 우리를 **위해** 우리와 **함께** 있을 수 있다. 예수님의 말씀이 최종 결론인 만큼, 그분을 따르는 우리의 사명은 명백하다. 우리는 원수를 지목하고 또 사랑한다. 원수를 드러내고 또 놓아준다. 원수를 책망하고 또 섬긴다. 이 양면의 행위를 오직 성령께서 우리 삶 속에 가능하게 하신다. 그렇지 않으면 우리는 미련해지거나 절망에 굴할 수밖에 없다.

묵상을 위한 질문

1. 살아오면서 당신에게 원수 같았던 사람은 누구인가? 벌어진 사건은 무엇이며, 당신의 심정은 어땠는가?

2. 시편의 원수 논리를 읽으면 당신의 기분은 어떤가? 섬 뜩한가? 고소한가? 혼란스러운가? 왜 그런가?

3. 하나님이 당신을 원수에게서 건져 주신 적이 있는가?

4. 시편에 쓰인 원수라는 어법은 당신의 감정을 표출하는 데 어떻게 도움이 되는가? 반대로 그것은 어떻게 당신 안의 비뚤어진 욕망을 부추길 수 있겠는가? 또는 어떻 게 그것 때문에 잘못된 행동이나 불충실한 행동이 쉬 워질 수 있겠는가?

5. 원수를 하나님께 의탁하기란 어렵다. 이 중요한 일을 하는 데 당신에게 도움이 될 만한 것은 무엇인가?

6. 당신의 공동체는 당신이 원수를 지목하고 또 사랑하 고, 원수를 드러내고 또 놓아주고, 원수를 책망하고 또 섬기는 데 어떤 역할로 당신을 도울 수 있겠는가?

연습

1. 시편 18편을 읽으라. 처음 읽을 때는 내용을 파악하고, 두 번째 읽을 때는 당신이 저자로서 이 시를 쓰고 있다 고 상상하라. 세 번째 읽을 때는 비슷하게 힘든 처지에 놓인 지인을 위해 당신이 이 시로 기도한다고 상상하 라.

2. 시편 저자들은 자신이 경험한 원수를 생생한 언어로

묘사한다. 그것은 거대 군단의 총격을 받는다든지, 사냥꾼에게 쫓기는 동물의 처지가 된다든지, 야수나 독사에게 공격당하는 것과도 같다. 그 밖에 당신이 경험하는 원수를 표현해 줄 은유나 이미지를 적어 보라.

3. 짐 코터는 현대의 원수를 시편 109편에 비추어 실감나게 표현한다. 당신도 "화가 있을지어다"에 해당할 만한 원수의 목록을 적어 보라. 예컨대 "인신매매범에게 화가 있을지어다," "바람둥이에게 화가 있을지어다," "권위를 남용하는 자에게 화가 있을지어다"와 같이 하면 된다. 다 열거한 후에는 하나님이 개입하여 바로잡아 주시도록 그들 각자를 위해 기도하라.

4. 시편 139편 21-24절을 보기로 삼아, 함께 기도할 수 있는 기도문을 써 보라. 절반에는 원수를 향한 분노를 표현하고, 나머지 절반에는 하나님께 우리 자신의 마음을 살펴 주실 것을 구하라. 어떻게 우리도 원수처럼 행동하는지를 생각해 보라. 어떻게 우리도 이용하고 학대하고, 사랑을 거두고 무자비하게 비판하고, 과실과 태만의 죄를 짓는지를 돌아보라.

5. 시편 18편이나 58편을 보기로 삼아, 하나님께 간구하는 기도문을 써 보라. 사태를 바로잡으시고, 약자를 지키시고, 궁핍한 자를 건지시고, 무죄한 자를 신원하시고, 원수의 폭력 피해자에게 피난처가 되어 주시기를

간구하라. 이런 기도를 담아낸 노래가 있다면 함께 불러 보라.

6. 예수님은 우리가 진짜 원수—사탄, 사망, "통치자들과 권세들"(엡 6:12)—에 대항하기를 원하시지만, 또한 주관적 원수를 사랑하기를 원하신다. 당신에게 원수로 경험되는 대상을 그룹으로서 섬길 수 있는 길을 찾아보라. 예수님의 이름으로 그리고 그분이 베풀어 주신 너그러운 은혜로 섬기라.

기도

주 예수님, 주님은 우리에게 원수를 축복하고, 우리를 박해하는 자를 위해 기도하고, 우리를 해치려는 자를 사랑하라 하십니다. 이 불가능한 일을 명하셨으니 이제 주님께서 우리 안에 불가능한 일을 행하사 우리 마음을 변화시켜 주소서. 주님께서 그들을 사랑하시듯 우리도 원수를 사랑하게 도와주소서. 우리의 진짜 원수는 사탄과 사망과 악한 영적 세력임을 기억하게 하소서. 또한 성령으로 우리의 원수 안에 기적을 행하소서. 주님의 주권적 능력으로 악의 힘을 억제하소서. 주님의 나라가 하늘에 임한 것같이 땅에도 임하게 하소서. 예수님의 강하신 이름으로 기도합니다. 아멘.

10. 정의

가난한 자와 고아를 위하여 판단하며

　　곤란한 자와 빈궁한 자에게 공의를 베풀지며.

－ 시편 82:3

"객이나 고아나 과부의 송사를 억울하게 하는 자는 저주를
받을 것이라" 할 것이요 모든 백성은 "아멘" 할지니라.

－ 신명기 27:19

세상의 온갖 불의

2006년 10월 2일, 펜실베이니아주 니켈 마인스에서 한
우유 트럭 기사가 교실이 하나뿐인 올드 오더 아미시 마을의
교사(校舍)에 들어갔다. 기사 찰스 C.로버츠 4세는 우선 남학
생을 전부 교실 밖으로 내보낸 뒤 여학생 열한 명에게 칠판을
마주보고 일렬로 서게 했다.

여아들은 앞에 놓인 각종 폭력 장비를 보며 자기들이 위험에 직면했음을 똑똑히 알아차렸다. 전기 충격기, 못, 볼트, 렌치, 밧줄은 물론이고 발을 묶을 플라스틱 끈이며 결박용 사슬과 쇠쇠까지 있었다. 로버츠가 총기를 난사하기 직전에 두 자매가 친구들을 구하려고 자기들을 먼저 쏘아 달라고 요청했다. 요청을 묵살한 그는 다섯 명을 죽이고 일곱 명에게 부상을 입힌 뒤 자살했다. 두 자매 중 하나는 부상당하고 하나는 사망했다.

살해된 여아들의 이름은 일곱 살 나오미 로즈 이버솔, (두 자매 중 하나인) 열세 살 매리언 피셔, 역시 자매간인 여덟 살 메리 리즈 밀러와 일곱 살 리나 밀러, 그리고 열두 살 애나 메이 스톨츠퍼스였다.

사건의 충격에 휩싸인 펜실베이니아주 랭커스터 카운티의 부(副)검시관 재니스 밸린저는 나중에 "온 교실에 피나 유리가 튀지 않은 책상이나 의자가 하나도 없었다"라고 말했다.[1]

1998년 6월 7일에 이름난 백인 우월주의자 셋이 텍사스주 재스퍼에서 세 자녀의 아버지인 49세의 흑인을 살해했다. 피해자는 새벽 퇴근길에 세 사람이 태워다 주겠다는 차를 얻어 탔다. 그들은 그를 폭행한 후 트럭에 매달아 끌고 다니다 죽게 했고, 나중에 훼손된 시신을 동네의 흑인용 묘지에 버렸다. 그러고는 바비큐 파티에 갔다. 피살자의 이름은 제임스 버

드 주니어였다.[2]

나이지리아 북동부에서 이슬람 극단주의 단체 보코하람의 폭력으로 인해 발생한 난민은 현재까지 25만 명이 넘는다.[3]

2019년 1월 초에 인도 첸나이 근방의 도시 공장에서는 성인 남자 두 명과 십대 소년 아홉 명이 담보 계약의 노예 생활에서 구조되었다.[4]

2019년 1월 31일에 텍사스주 가톨릭교회는 80여 년 동안 아동 성폭력으로 확실히 기소된 사제 명단을 300명 가까이 발표했다.[5]

2018년 말에 시행된 일명 '엘 차포'로 알려진 멕시코의 마약 두목 호아킨 구스만 로에라의 재판 과정에는 대통령직까지 포함해서 멕시코의 각급 정부가 뇌물로 연루되어 있었다.[6]

2017년에 질병통제예방센터(CDC)는 미시간주 플린트에서 발생한 레지오넬라 병의 원인이 납중독 수돗물과 연관되어 있음을 처음으로 밝혀냈다. 아동 납중독은 인지력 저하, 행동 장애, 청력 장애, 사춘기 지연 등을 유발할 수 있다.[7]

2017년 8월에 허리케인 하비가 멕시코만을 벗어났을 즈음에는 3만 명이 집을 잃은 것으로 추산되었다. 휴스턴시에만 약 4조 리터의 폭우가 쏟아져 빈민층에게 최대의 타격을 입혔다.[8]

정의 없이는 참된 신앙도 없다

불의가 날마다 발생한다는 사실은 누구나 신문만 읽어도 분명히 알 수 있다. 불의는 개인과 단체와 국가에 발생하여 체계와 제도를 망쳐 놓는다. 불의는 우리의 가정과 전체 자연에도 벌어진다. 시편은 이를 잘 안다. 시편 10편의 저자는 악인에 대해 이렇게 말한다.

악한 자가 교만하여 가련한 자를 심히 압박하오니……
    탐욕을 부리는 자는 여호와를 배반하여 멸시하나이다.

그가 은밀한 곳에 엎드려 가련한 자를 잡으려고 기다리며
    자기 그물을 끌어당겨 가련한 자를 잡나이다.

그가 그의 마음에 이르기를 "하나님이 잊으셨고
    그의 얼굴을 가리셨으니 영원히 보지 아니하시리라"
하나이다. (2-3, 9, 11절)

시편 저자가 정의를 위해 거듭 기도하는 이유는 망가진 인간과 어두운 세력과 열악한 환경으로 가득한 세상에 언제 어디서나 불의가 발생하기 때문이다. 시편에 원수 논의가 나오는 곳에는 정의 논의도 함께 나오고, 불의가 언급되는 곳에

는 의로우신 재판장께 이를 바로잡아 달라고 탄원하는 기도가 이어진다. 철학자들의 표현으로 하자면, 인간을 공정하게 대우해 달라는 기도다.[9]

안타깝게도 이것을 시편 저자들만큼 밝히 보지 못하는 그리스도인들이 많다. 시편 저자는 사회 내의 구조적 불의를 보는데, 그리스도인들, 특히 서구의 복음주의자들은 개인의 죄밖에 보지 못할 수 있다. 시편 저자는 제도와 문화에 스며든 악을 보는데, 그리스도인들은 개개의 죄를 용서받을 필요성밖에 보지 못할 수 있다.

시편 저자는 강자에게 압제당하는 무력한 사람을 보며 정의를 위해 기도하는데(시 37, 82, 113편), 그리스도인들은 자비를 구하는 시편 51편밖에 보지 않는다.[10] C. S. 루이스는 "그리스도인은 하나님께 정의 대신 자비를 부르짖지만, 그들〔시편 저자들〕은 불의 대신 정의를 부르짖는다"라고 썼다(강조 원문).[11]

시편에서 자비와 정의가 서로 반대라는 말이 아니다. 둘은 떼려야 뗄 수 없이 긴밀하게 맞물려 있다. 다만 많은 그리스도인들이 정의에 쏟는 관심은 자비의 절반인데 반해, 시편은 자비보다 정의에 두 배의 지면을 할애한다. 자비가 정의보다 덜 중요해서가 아니라 정의를 짓밟는 세상은 그 세상을 향한 하나님의 근본 목적을 짓밟기 때문이다.[12]

이번 장에서 보겠지만 시편에는 정의가 없이는 참된 예

배도 없고 정의를 배제한 충실한 기도도 없다. 하나님이 진지하게 대하시는 정의를 그분보다 덜 진지하게 대하고는 진정한 신앙도 없다. 하나님이 정의를 그분 성품의 부차적 요소로 또는 세상을 구원하시는 회복 사역의 곁다리로 보신다는 기록은 없다. 마찬가지로 시편에는 인간이 정의를 온 인류의 관심사가 아니라 남의 일로만 밀쳐 둔다는 기록은 없다.

시편 속 정의의 시

시편에는 막연한 정의 관념은 없고 하나님의 정의 관념만 있다.[13] 시편 89편 14절에 "의와 공의가 주의 보좌의 기초라. 인자함과 진실함이 주 앞에 있나이다"라고 했고, 111편 7-8절에도 "그의 손이 하는 일은 진실과 정의이며 그의 법도는 다 확실하니 영원무궁토록 정하신 바요 진실과 정의로 행하신 바로다"라고 되어 있다.

그러나 시편 저자에게 하나님은 그저 분배적 정의와 응보적 정의라는 추상적 개념에 신경 쓰시는 게 아니라 정의를 **사랑하시는** 분이다. 시편 37편 28절과 99편 4절에 각각 이렇게 선포되어 있다. "여호와께서 정의를 사랑하시고 그의 성도를 버리지 아니하심이로다." "능력 있는 왕은 정의를 사랑하느니라. 주께서 공의를 견고하게 세우시고 주께서 야곱에게 정의와 공의를 행하시나이다."

시편의 주님은 왕이시다. 왕으로서 모든 창조세계와 천하만국과 이스라엘 백성을 영원부터 영원까지 주권적으로 다스리신다. 하나님의 정의가 부재해야 되는 곳은 없으며(시 33:5-9, 96:11-13), 오히려 지역과 세계와 우주 할 것 없이 각급의 실재에 그분의 정의가 명백히 드러나야 한다(시 97:6). 그런 포괄적 정의관이 시편 85편 10-11절에 이렇게 표현되어 있다.

> 인애와 진리가 같이 만나고
> 의와 화평[샬롬]이 서로 입 맞추었으며
> 진리는 땅에서 솟아나고
> 의는 하늘에서 굽어보도다.

하나님이 인간에게 정의를 베푸심은 바로 인간을 **사랑하시기** 때문이다. 니콜라스 월터스토프는 "하나님은 인간이라면 누구나 다 형통하여 구약의 저자들이 말한 **샬롬**을 누리기를 원하신다"라고 썼다(강조 원문).[14] 샬롬, 즉 깊은 행복감은 본래 하나님이 우주에 주신 선물이자 우주를 향한 최종 목표다. 그분은 창조세계에 약속하신 샬롬을 장차 새 하늘과 새 땅에서 이루실 것이다.

시편에 따르면 정의 실현은 하나님만의 일이 아니라 인간에게도 맡겨진 일이다. 권력과 통치의 지위에 있는 사람의 경우는 특히 더하다. 이스라엘의 왕은 시편 72편에 이렇게 기도한다.

> 그가 주의 백성을 공의로 재판하며
>> 주의 가난한 자를 정의로 재판하리니……
>
> 그가 가난한 백성의 억울함을 풀어 주며
>> 궁핍한 자의 자손을 구원하며. (2, 4절)

나아가 이는 우리 모두의 일이다. 시편 106편 3절에 강조되어 있듯이 정의를 행할 때 우리는 복된 자가 된다. "정의를 지키는 자들과 항상 공의를 행하는 자는 복이 있도다." 15편은 더 표현이 강경하여, 하나님의 집에 거할 자는 곧 자신에게 "해로울지라도"(4절) 정의를 행하는 사람이다. 시편 저자에게 정의란 인간이라면 **꼭 행해야 할** 일이다. 동시에 정의는 인간이 **원해서 행하는** 일이기도 하다(시 101:1-5). 유진 피터슨은 시편 82편에 대해 이렇게 말했다.

> 보다시피 하나님은 재판장이시지만 그 일을 홀로 독점하지
> 않으시고 인간에게 나누어 주신다. 이게 놀라운 이유는
> 그 일에 고도의 지성과 굳센 덕이 요구되기 때문이다.
> 게다가 인간이 그 일을 잘못하면 재판장이신 그분께 욕이

돌아가며, 이런 데 누가 신경이나 쓰나 하는 심각한 의문이 제기된다. "땅의 모든 터가 흔들리도다."[15]

그러나 매사에 정의롭게 행하는 사람은 "영원히 흔들리지 아니"한다(시 112:5-6). 주님의 말씀대로 복된 자다. 이는 일부 신자만이 아니라 모든 신자의 소명이다.

정의를 행한다는 게 정확히 무엇인지 시편에 나와 있다. 정의는 편파적이지 않다. 약자의 권익을 보호하고 궁핍한 자를 건진다(시 82편). 교만하게 말하지 않고 취약한 대상을 이용하지도 않는다(시 94편). 정의로운 사람은 무죄한 자를 죽이지 않고(시 10편) 속에 없는 말을 하지 않는다(시 28편). 피 흘리기를 즐기지 않고(시 139편) 탐욕을 부리지 않는다(시 10, 73편). 비열한 짓을 하지 않고(시 94편) 폭력을 좋아하지 않는다(시 11편).[16]

정의를 사랑하는 사람은 인간을 압제하는 모든 제도를 적극적으로 배격한다(시 58편).

시편에서 정의의 수혜자는 누구일까? 물론 하나님이 세우신 정의는 모든 사람에게 필요하지만, 그래도 가장 필요한 사람은 누구일까? "약자 사인방",[17] 즉 과부와 고아와 가난한 사람과 거류 외국인이다. 이스라엘에서 이 네 집단은 사회 최하층이라서 불의에 가장 취약했다(삼상 2장). 시편은 그들에게 특별히 주목한다.

가난한 자를 먼지 더미에서 일으키시며

　궁핍한 자를 거름 더미에서 들어 세워

지도자들

　곧 그의 백성의 지도자들과 함께 세우시며

또 **임신하지 못하던 여자**를 집에 살게 하사

　자녀들을 즐겁게 하는 어머니가 되게 하시는도다.

(시 113:7-9)

그의 거룩한 처소에 계신 하나님은

　고아의 아버지시며 **과부**의 재판장이시라.

하나님이 **고독한 자들**은 가족과 함께 살게 하시며

　갇힌 자들은 이끌어 내사 형통하게 하시느니라.

오직 거역하는 자들의 거처는 메마른 땅이로다.

(시 68:5-6)

여호와께서 **나그네들**을 보호하시며

　고아와 **과부**를 붙드시고. (시 146:9)

　시편 103편에 이 사인방을 총칭할 수 있는 "억압당하는"
자라는 표현이 나온다. 바로 이들을 위해 주님은 밤낮으로 정
의를 행하신다(시 10:14-18, 37편, 103:6, 사 1:17). 밥 에크블라
드는 『소외된 자들과 함께 성경 읽기』에 이런 통찰을 제시했

다. "소외된 사람들은 시편에 쓰인 표현과 은유가 자신들이 처한 압제당하는 상황을 환기시키는 데 깜짝 놀란다."[18] 시편 146편에는 예수님이 복음서에 하신 말씀이 메아리친다. 주님은 "억눌린 사람들을 위해 정의로 심판하시며 주린 자들에게 먹을 것을 주시는 이시로다. 여호와께서는 갇힌 자들에게 자유를 주시는도다. 여호와께서 맹인들의 눈을 여시며 여호와께서 비굴한 자들을 일으키시며 여호와께서 의인들을 사랑하시며"(시 146:7-8).[19]

예수님은 하나님의 완전한 정의이시다. 위와 같은 말씀을 들으면, 하나님이 세상에서 하시는 일에서 정의가 중심을 차지함을 다시금 상기하게 된다. 하나님의 백성도 그분처럼 정의로워야 할 책임이 있음을 새삼 떠올리게 된다. 우리는 정의를 행하고, 인자를 사랑하며, 겸손히 하나님과 동행해야 한다(미 6:8). 많은 그리스도인이 그 세 가지 특성 중 흔히 두 가지에만 탁월한데, 하나님은 우리가 셋 다를 실천하기를 원하신다. 그 방법을 예수님이 보여 주신다.

누가복음 13장에서 예수님은 장애인으로 태어난 노파를 치유해 주신다. 겨자씨 한 톨이나 소량의 누룩처럼 작고 비교적 하찮은 여자인데, 예수님을 만나자 그녀가 하나님의 구원 사역의 무대 중앙에 놓인다. 이 이야기를 읽는 우리는 사탄(이스라엘의 진짜 원수)이 지배권을 잃은 것과 안식일에 대한 하나님의 본심(자비와 정의와 샬롬)과 소외되었던 사람이 공동체 안에 극적으로 회복된 것을 증언하게 된다.

마태복음 12장에 보면 회당 사람들이 예수님께 "안식일에 병 고치는 것이 옳으니이까"라고 따져 묻는다(10절). 그분은 그들이 동물을 정의롭게 돌본다는 사실을 일깨우신 뒤 "사람이 양보다 얼마나 더 귀하냐"라고 반문하신다(12절). 이어 그분이 병자에게 마른 손을 내밀라고 명하시자 손이 즉시 성해진다. 바리새인들이 안식일 위반이라며 그분을 죽일 뜻을 내보이자 그분은 말없이 회당을 떠나신다.

그러나 복음서 저자 마태는 침묵하지 않고 예수님의 행위에 담긴 의미를 "이는 선지자 이사야를 통하여 말씀하신 바 …… 함을 이루려 하심이니라"라고 아주 명백히 밝힌다(17-21절). 이사야는 여호와의 사랑받는 종을 어떻게 묘사했던가? 하나님의 정의를 이루시는 분으로 묘사했다. "내가 나의 영을 그에게 주었은즉 그가 이방에 정의를 베풀리라"(사 42:1). 이 종은 "심판하여 이길〔이사야 원문에는 '정의를 시행할'〕"(마 12:20) 것이라고 예언자는 덧붙인다.

누가복음 4장에 예수님은 광야에서 돌아오신 지 얼마 되지 않아 다시 회당을 찾으신다. 광야에서 사탄은 그분을 꾀어 하나님의 사랑받는 종이라는 그분의 정체를 부인하게 하려 했었다. 그분은 자리에서 일어나 이사야 61장을 읽으신 뒤 예언자의 말씀이 자신을 통해 성취되었다고 선언하신다. 그분을 통해 하나님은 포로를 석방하시고, 맹인의 시력을 되찾아

주시고, 압제당하는 자를 자유롭게 하시고, 가난한 자에게 기쁜 소식을 전하실 것이다.

이것이 하나님이 행하시는 정의이자 또한 예수께서 제자들에게 행하라고 명하시는 일이다. 대상은 특히 약자 사인방인데, 예수님에 따르면 과부와 고아와 빈민과 나그네만이 아니라 여자, 병자와 장애인, 이방인과 사마리아인, 세리, 부도덕한 직업에 종사하는 사람도 다 거기에 포함된다.

예수님은 정의를 말씀하실 뿐 아니라 십자가에서 정의를 아름다운 실사화로 보여 주신다(롬 3, 5장).[20] 또 그분은 하나님이 고수하시는 정의에 자비와 용서도 필수 요소임을 보여 주신다. 정의는 인간을 "공정하게" 대우하지만 자비와 용서는 그렇지 않다(시 103:12).[21] 자비는 전혀 자격 없는 사람에게 긍휼을 베풀고, 용서는 은혜 없이는 자유나 평화를 누릴 수 없는 사람에게 은혜를 베푼다.

예수님은 인간의 마음을 병들게 하고 대인 관계를 무너뜨리는 죄에서 우리를 건져 생명의 길에 두신다. 그 길에서 우리는 마음껏 정의를 행하고, 인자를 사랑하며, 겸손히 하나님과 동행할 수 있다.[22] 이런 행동을 통해 하나님과의 깊은 교감과 타인과의 풍성한 교제를 누리라고 예수님은 우리를 부르신다. 이웃을 정의롭게 대하는 것이 곧 **이웃을 사랑하는 길**임을 깨우치라 하신다.[23]

결론

앞선 장에서 보았듯이 원수를 대적하는 기도는 수동적인 게 아니다. 우리는 기도할 뿐 아니라 또한 정의를 행한다. 세상에 날마다 터지는 비참한 상실을 성토하거나 한탄하기만 하는 게 아니라 또한 빈민, 궁핍한 자, 과부, 고아, 약자, 외국인, 나그네, 모든 압제당하는 자를 옹호한다.

시편의 관점에서 보면 기도와 예배는 우리에게 정의의 실천을 요구한다. 시편의 하나님 편에 서는 사람이라면 누구에게나 정의의 실천이 요구된다. 그분이 우리 주 예수 그리스도의 하나님, 의로우신 재판장, 공의의 왕, 정의를 시행하시는 메시아, 지팡이와 막대기로 약자를 보호하시는 선한 목자시기 때문이다.

시편은 우리에게 평화로운 하나님 나라의 시민으로 살면서 그 나라의 정의를 시행할 것을 촉구한다. 정의를 통해 우리는 **예수님의 이름**으로 문제를 바로잡아 원래대로 회복하고 인간을 정당하게 대우한다. 신앙이 있기에 우리는 하나님이 결국 모든 것을 바로잡으시고 우리의 "공의를 정오의 빛 같이"(시 37:6) 하실 것을 늘 믿는다.[24]

그러나 때로 불의에 빼앗기거나 파괴되어 되찾을 수 없는 것도 있다. 우리는 정의에 목말라 "모두 되돌려 주소서!"라고 부르짖지만, 도널드 슈라이버가 지적하듯이 "대개 '그것'

은 영영 사라진 것이다."[25] 영영 사라진 것은 무엇인가? 딸, 아버지, 건강, 땅, 은퇴 자금, 순결, 기품, 미래 등이다.

아미시 마을의 가정들은 무참한 살상에 잃은 딸을 돌려받지 못했다. 범인이 자살하는 바람에 법정에서의 정의도 날아갔다. 그러나 그들은 가만히 있지 않았고 원한이나 절망에 굴하지도 않았다. 대신 용서하는 쪽을 택했다. 아미시 사람들에게 이 부분은 힘들지 않았다.[26] 4백 년간 해 온 일이 그거라서, 용서가 공동체 생활의 기본 요소로 그들의 문화적 DNA에 박혀 있었다.[27]

힘든 부분은 막상 그 용서를 베풀고 화해하는 작업이었다. 거기에는 시간이 걸렸다. 사별의 슬픔을 소화하는 것은 몇 달이나 몇 년씩도 걸리는 쉽지 않은 일이다. 그러나 그들은 그 일을 혼자 할 필요가 없었다. 함께 했다. 찰스 로버트 4세에게도 "어머니와 아내와 영혼이 있음"을 서로에게 상기시켰고,[28] 그가 정의로우신 하나님 앞에 설 것도 기억했다. 그들은 다른 사람들의 도움을 받아들였다.[29]

정의를 시행하고 인자를 사랑하면 상처를 입기 쉽다. 우리 쪽에는 정당한 정의가 주어지지 않을 수도 있다(어떤 집단은 이 사실을 더욱 뼈저리게 실감한다). 우리가 베푸는 자비를 상대가 거부하거나 오해할 수도 있다. 시편에 보듯이 정의와 자비는 하나님의 도움으로만 시행 가능하다. 하나님처럼 정의를 사랑하는 이들의 도움을 받아 **함께** 해야만 된다. 정의와 자비를 우리 **모두의** 일로 보아야만 할 수 있다.

우리는 정의를 행하고, 인자를 베풀며, 겸손히 하나님과 동행한다. W. E. B. 두 보이스처럼 우리도 "궁극의 정의", "의로우신 하나님", 최후의 심판, "공정한 내세의 무한한 정의"를 믿는다. 거기서는 모든 잘못이 바로잡히고, 무고당한 자가 모두 신원되며, 만사가 다 잘될 것이다.[30]

묵상을 위한 질문

1. 그동안 당신이 겪은 불의는 무엇인가? 벌어진 사건은 무엇이며, 당신의 심정은 어땠는가? 그것은 하나님에 대한 당신의 생각이나 느낌에 어떤 영향을 미쳤는가?

2. 소속 공동체, 도시, 나라, 세계에서 그동안 당신이 목격한 불의는 무엇인가? 당신의 심정은 어땠는가?

3. 당신이 강하게 반감을 느끼는 불의와 더 관심을 갖고 싶은 불의는 각각 무엇인가?

4. 세상의 불의에 대한 당신의 기분은 어떠한가? 슬픈가? 화가 나는가? 무덤덤하게 이도 저도 아닌가? 엄두가 안 나서 힘이 쭉 빠지는가? 정의의 어떤 면이 불편하게 느껴지며, 당신에게 드는 긴장감은 무엇인가?

5. 영영 바로잡힐 것 같지 않은 세상의 온갖 불의를 뉴스로 접할 때, 그것이 당신의 하나님관에 어떤 영향을 미

치는가? 정의와 관련하여 하나님의 성품과 일하심을
이해하는 데 시편이 당신에게 어떻게 도움이 되는가?

6. 시편의 어법은 불의에 대한 당신의 생각과 감정을 표
현하는 데 어떻게 도움이 될 수 있겠는가? 이런 시는
정의와 불의에 대한 당신의 생각을 어떻게 바로잡거나
확증하거나 도전하거나 보완해 줄 수 있겠는가?

7. "약자 사인방"(과부, 고아, 가난한 사람, 거류 외국인)을 위
한 정의의 사연으로서 당신에게 격려가 되는 것은 무
엇인가? 정의 전반에 대한 사연으로서 당신이 남에게
나누고 싶은 것은 무엇인가?

8. 정의를 위해 일하는 개인이나 단체나 운동으로서 당신
이 존경하는 대상은 누구인가? 그들에게서 배우고 싶
은 점은 무엇인가? 정의에 헌신하거나 정의를 실천하
고자 당신의 것으로 취하고 싶은 부분은 무엇인가?

연습

1. 시편 37편을 일주일 동안 매일 한 번씩 읽으라. 읽으면
서 그날의 뉴스에 나오는 정의와 불의의 사건도 함께
살펴보라. 이 시의 전개 방식에 주목하라. 어떻게 시작
되어 어떻게 끝나는가? 하나님의 성품에 대해 무엇을
말해 주는가? 우리가 살고 있는 세상에 대해서는 무엇

을 말해 주는가? 개인적으로 당신에게 주는 말은 무엇이겠는가?

2. 시편 113편과 이사야 61장과 누가복음 4장을 연달아서 일주일 동안 매일 한 번씩 읽으라. 각 본문의 개별적 내용뿐 아니라 세 본문이 '서로 화답하는' 방식에도 주목하라. 이 세 성경 본문은 하나님의 성품과 세상에 대해 무엇을 말해 주는가? 정의와 관련하여 개인적으로 당신에게 주는 말은 무엇이겠는가?

3. 다음 활동 중 하나를 골라 그룹으로 해 보라.

   ▪ 정의를 위해 일하는 기독교 단체의 동영상을 시청하고 토의하라. 토의 후에는 시편에 나오는 정의의 시를 읽거나 그 시로 기도하거나 찬송을 부르라.

   ▪ 지역사회의 정의 활동에 참여하고 지원하라. 관련 단체의 자료를 웹사이트에서 읽고 가능한 방안을 찾으라.

   ▪ 정의와 관련된 논픽션 책을 읽으라. 몇 가지 예로 애니 딜라드의 『자연의 지혜』, 밥 에크블라드의 『소외된 자들과 함께 성경 읽기』, 팀 켈러의 『정의란 무엇인가』, 마틴 루서 킹 주니어의 『사랑의 힘』, 존 M.퍼킨스의 『정의를 강물처럼』, 장 바니에의 『인간 되기』, 말랄라 유사프자이의 『나는 말랄라』, 엘리 위젤의 『나이트』 등이 있다.

- 정의와 관련된 소설을 읽으라. 몇 가지 예로 이사벨 아옌데의『영혼의 집』, 마거릿 애트우드의『시녀 이야기』, 레이 브래드버리의『화씨 451』, 옥타비아 버틀러의『킨』, 랠프 엘리슨의『보이지 않는 인간』, 할레드 호세이니의『연을 쫓는 아이』, 조라 닐 허스턴의『그들의 눈은 신을 보고 있었다』, 수 몽크 키드의『날개의 발명』, 하퍼 리의『앵무새 죽이기』, 토니 모리슨의『빌러비드』, 조지 오웰의『동물 농장』, 존 스타인벡의『분노의 포도』, 커트 보네거트의『제5도살장』, 앨리스 워커의『컬러 퍼플』등이 있다.
- 정의와 관련된 영화를 관람하라. 몇 가지 예로 〈미션〉, 〈이븐 더 레인〉, 〈블랙클랜스맨〉, 〈더 헤이트 유 기브〉, 〈셀마〉, 〈히든 피겨스〉, 〈킬링필드〉, 〈호텔 르완다〉, 〈노예 12년〉, 〈앵무새 죽이기〉, 〈쇼생크 탈출〉, 〈미국 수정헌법 제13조〉, 〈바람을 길들인 풍차 소년〉, 〈에린 브로코비치〉, 〈밀양〉, 〈신이 찾은 아이들〉 등이 있다.

4. 하나님의 관심사인 정의를 몸소 실천하고 있는 사람을 당신의 공동체에 초대하라. 정의와 불의에 대한 당신의 생각과 감정과 행동에 그들의 도움을 받으라. 그들의 통찰을 통해 정의가 개인적이면서 사회적이고, 개별적이면서 구조적이고, 명시적이면서 암시적이고, 공

동체적이면서 제도적이고, **당신의** 일이면서 **나의** 일임
을 배우라.

5. 몇 달 동안 작정하고 정의의 시(시 9, 68, 72, 82, 85, 103,
106, 109, 111, 140편)를 읽으라. 당신이 알게 모르게 불
의의 제도나 문화에 동참해 온 부분이 있다면, 정식으
로 자백하고 회개하라. 공동체나 지역사회의 용서와
화해와 보상 과정에 어떻게 동참하고 싶은지를 토의하
라.

기도

"오 하나님, 더 정의로운 세상을 위해 힘쓰는 우리와 함
께하소서. 압제당하는 자들에게 씌워진 올가미를 우리의 행
동이 더 조일 때가 아주 많음을 깨닫게 하소서. 내 힘으로 하
겠다고 자만하지 않게 하시고, 악이 난공불락처럼 보일 때에
도 절망하지 않게 하소서. 우리 모두를 향한 주님의 선하신 뜻
을 새삼 신뢰하게 하소서. 우리에게 분별력을 선물로 주셔서
성령의 능력으로 싸워야 할 때와 잠잠히 주님의 건져 주심을
기다려야 할 때를 알게 하소서. 주님의 때에 오시되 속히 오소
서! 아멘."[31]

11. 죽음

그의 경건한 자들의 죽음은 여호와께서 보시기에 귀중한
것이로다.

− 시편 116:15

죽음에 준비되어 있는 게 매우 중요하다. 그런데 불치병에
걸려야만 죽음을 생각하기 시작한다면 그때의 사고(思考)는
요긴한 도움이 되지 못할 것이다.

− 헨리 나우웬[1]

사망의 깊은 물

2017년 8월 28일 아침에 나는 집 앞길에서 미친 듯이 자
전거 페달을 밟았다. 당시 우리는 텍사스주 휴스턴 남서부의
피칸그로브 시내에 살고 있었다. 한때 경찰관의 것이었던 산
악 자전거를 타고 질주하는데 내 남색 재킷 위로 장대비가 몰

아쳤다. 물이 무릎까지 차올라 반바지를 흠뻑 적실 때도 있었다. 목적지의 절반쯤 갔을 때 뒷바퀴의 브레이크패드가 떨어져 나가는 바람에 앞바퀴 브레이크만으로 물웅덩이 속을 헤쳐 나가야 했다.[2]

아내가 허리케인 하비를 앞두고 집에 남아 있어도 될지 아니면 대피해야 할지를 제대로 결정하기 위해 내게 도로 사정을 알아보게 한 터였다. 결국 하비는 4등급 허리케인이 되어 미국 대륙 역사상 가장 많은 비를 뿌린 열대성 저기압으로 공식 기록되었다. 하비가 멕시코만을 벗어났을 즈음에는 휴스턴에 약 4조 리터의 비가 쏟아졌다. 나가 보니, 아직 물난리가 나지 않은 대피로는 우리 동네 맞은편에 하나뿐이었다. 우리도 당장 집을 떠나야 한다는 뜻이었다.

그날 아침 나와 페드라 사이에 이미 한 차례 논쟁이 있었다. 우리는 둘 다 위기감을 느꼈고, 폭풍의 여파도 예측하기 힘들었다. 다섯 날배기 딸과 생후 4개월 된 아들이 있는데 결정을 잘못했다가는 큰일이었다. 모두의 목숨이 걸린 문제였다.

어린 시절인 1976년에 과테말라에서 2만 3천 명의 인명을 앗아간 지진을 겪었던 나로서는 죽음의 위력이 생생히 느껴졌다. 휴스턴에도 이미 사망자가 나왔다. 34세의 경찰관이 순찰차 안에서 익사했고, 어느 존경받던 고등학교 코치도 홍수에 떠내려갔다. 그린스 지류로 휩쓸려 간 네 아이와 증조부

모는 끝내 시신이 수습되지 못했다.

풀러 신학대학원의 신학 수업에서 나는 학생들에게 섭리의 교리를 가르친다. 그 수업에서 내가 말하듯이, 하나님은 창조세계를 창세기 1장 1절 이전의 혼돈으로 되돌아가지 않도록 지키시고, 모든 파괴 세력에 맞서 피조물의 생명을 보호하시며, 예수 그리스도의 죽음과 부활을 통해 성령의 능력으로 만물의 선한 목적을 반드시 이루신다.

냉방 장치로 실내 온도가 일정하게 유지되는 강의실 교탁에 서서 손에 커피를 들고 그렇게 말하기란 쉽다. 그러나 바람에 눈앞의 창문이 덜컹거리고 뒷마당이 홍수에 잠겨 공포감이 고조되는 가운데 아내와 논쟁을 벌이면서 그렇게 믿기란 또 다른 문제다.

생사를 주관하시는 하나님은 어디에 계신단 말인가? 딸의 『스토리 바이블』에서 읽던 "위대한 구원자"는 어디로 가셨는가? 인명과 재산과 생계 수단을 잃을 이웃들에게 기쁜 소식은 무엇인가? 믿음을 뿌리째 흔들어 놓는 상황 속에서 어떻게 우리는 믿음으로 죽음을 바라볼 것인가?

표면에 떠오른 우리의 의문 중에는 더 근본적인 것도 있었다. 죽음은 우리가 두려워하거나 피해야 할 일인가? 끝이 어떻게 오든 죽음은 삶의 끝에서만 생각할 문제인가? 어떻게 죽음에 대해 솔직하고 진실하게 말할 것인가? 죽는 과정과 죽음과 죽은 사람에 대한 우리의 사고가 충실해지는 데 시편이 어떻게 도움이 되겠는가?

시편 속 죽음의 시

시편에서 죽음은 혼돈과 무생명이 지배하는 스올이라는 어두운 하계에 존재한다. 혼돈은 시편 저자를 사방에서 에워싸고 위협한다. 땅 위로는 "궁창"에 담아 둔 하늘의 물이 있다(시 104:1-4, 나의 번역). 여기 땅에는 "폭풍"의 혼돈이 있다. 땅 밑에는 늘 범람할 것만 같은 "깊은 물"이 있다(시 33:7). 더 밑에는 어둠과 무의 암흑세계인 "웅덩이"의 혼돈이 있다(시 69:15). 저자의 주위는 온통 바닷물로 둘려 있고(시 135:6-7), 그 속에 생명을 삼키는 괴물들이 산다.

혼돈도 늘 삶을 위협하지만 스올은 생명을 소멸시키려는 죽음의 나락이다. 그런데 가나안 신화에서는 죽음─하계의 왕 '모트'로 의인화되는─을 반복적으로(겨울과 봄의 주기로) 정복해야 하는데 반해, 이스라엘 신앙에서는 하나님이 자연의 모든 주기뿐 아니라 죽음까지도 결정적으로 이기신다. 시편에서 죽음은 엄연한 실존 세력이지만 신은 아니다. 하나님만이 신이시다. 여호와께서 시편 저자를 "파멸"에서 속량하시며(시 103:4), 그래서 "사망에서 벗어남"은 그분으로 말미암는다(시 68:20).

그러나 이것이 이스라엘 신학의 기쁜 소식일 수는 있으

나 실존 차원에서는 사정이 많이 다르다. 시편 저자가 경험하는 죽음은 먹잇감을 덮치는 적과도 같아서(시 18:4-6) 아무도 그 손아귀에서 벗어날 수 없다. 죽음은 또 아무리 먹어도 늘 배고픈 아귀와도 같아서 인간의 목숨을 게걸스레 먹어 치운다(시 69:15). 죽음은 예고 없이 갑자기 사람을 낚아채고(시 116:3), 유령 목자처럼 나타나 망자를 무덤으로 데려가며(시 49:14), 파도처럼 솟아올라 사람을 통째로 삼킨다(시 69:15). 죽음은 사람이 영원히 잊히는 칠흑같이 캄캄한 곳이다(시 31:12, 88:12).

죽음은 시편 저자에게 그가 피조물임을 또한 지적해 준다. 월터 브루그만이 요약한 대로, 시편에서 삶은 치명적으로 유한하다.[3] 시편 89편 48절에 "누가 살아서 죽음을 보지 아니하고 자기의 영혼을 스올의 권세에서 건지리이까"라고 표현되어 있고, 90편 10절에는 아예 인생의 종점이 밝혀져 있다. "우리의 연수가 칠십이요 강건하면 팔십이라도 그 연수의 자랑은 수고와 슬픔뿐이요 신속히 가니 우리가 날아가나이다." 시편은 이 땅의 삶에 대해 냉정할 정도로 현실적이다.

시편 49편 10절에 보듯이 죽음은 사람을 가리지 않는다. "그는 지혜 있는 자도 죽고 어리석고 무지한 자도 함께 망하며 그들의 재물은 남에게 남겨 두고 떠나는 것을 보게 되리로다." 시편은 우리가 죽을 운명임을 거듭 일깨운다. 우리의 날은 풀과 같고 그 영화가 꽃과 같아서, 바람이 지나가면 꽃이 없어져 "그 있던 자리도 다시 알지 못하"게 된다(시 103:15-16). 생명은 우리 자체에는 없고 선물로 주어진다. 죽음은 우리가 흙에서 와서 흙으로 돌아가는 피조물임을 보여 준다.[4]

시편의 정황에서 죽음은 삶의 끝에만이 아니라 삶 중간에도 우리를 찾아오는 현실이다. 이스라엘의 신앙은 근본적으로 현세에 초점이 맞추어져 있어, 지금 여기 창조세계 속에 하나님이 허락하신 삶을 복으로 받아들인다. 이집트 신학과는 대조적으로 이스라엘은 내세를 내다보지 않으며, 바로를 매장할 때 하듯 사후의 낙을 더하는 의식(儀式)도 없다.[5] 이스라엘의 스올 개념은 내세라기보다 생명의 부재에 가깝고, 그래서 시편 저자가 두려워하는 것은 **오늘 생명을 잃는 것**이다. 영국의 목사 시인인 맬컴 가이트는 이 개념의 음울한 성격을 「끝이 오면」이라는 시에 이렇게 담아냈다.

거울 속에 비치는 미완의 나는
다만 무상한 흠집과 편린뿐이다.
떨리는 나를 어두운 창가에 두고
잃어버린 자아도 비웃고 떠난다.
여태의 내 얼굴도 보이지 않고
앞으로의 얼굴 또한 볼 수 없어
그림자처럼 덧없이 스러져 가니
아, 한때의 나 이제는 간곳없어라……[6]

질병이나 자연 재해처럼 삶을 고갈시키는 것은 다 죽음과 같다(시 38:3, 91:5-6, 102:11). 압제처럼 삶을 비루하게 만드는 것, 죄처럼 삶을 더럽히는 것, 우울증이나 정신 착란처럼 삶의 일면을 뒤틀고 일그러뜨리는 것도 다 죽음과 같다(시 88:4-5). 강요된 침묵처럼 삶의 소리를 소거하는 것도 다 죽음이다. 공동체를 잃은 개인처럼 삶을 소외된 실존으로 전락시키는 것, 투옥이나 적의 공격처럼 삶을 쪼그라들게 만드는 것도 다 죽음의 경험으로 묘사된다(시 102편).[7]

그래서 신자는 늘 죽음이 아니라 삶을 **선택해야** 한다. 사망의 모든 세력에 맞서 생명을 선택해야 한다. 하나님도 신자에게 그것을 촉구하신다. "생명을 택하여라"(신 30:15-20, 공동번역). 그래서 시편 저자는 하나님께 생명을 유지시켜 달라고 간구한다. 인간이 "생명이 있는 땅에서 여호와 앞에 행하"면서(시 116:9) 살아 계신 하나님을 찬송하도록 지음 받았을진대, 스올에 가는 게 무슨 의미가 있겠는가?

> 내가 무덤에 내려갈 때에
>   나의 피가 무슨 유익이 있으리요.
> 진토가 어떻게 주를 찬송하며
>   주의 진리를 선포하리이까.
>
> (시 30:9)

시편 저자들이 상상할 수 있는 최악의 결과는 여호와께서 자신들에게서 얼굴을 돌리시는 것이다. 이 또한 죽음과 같기 때문이다(시 104:29, 143:7). 그래서 시편 80편의 저자는 여호와의 얼굴빛을 비추셔서 이스라엘을 구원해 달라고 한 번도 아니고 세 번이나 기도한다. 시편 103편 17절에 암시되어 있는 욥기 19장 25-26절 같은 본문의 정황에서, 그렇게 하나님의 얼굴을 보면 그 결과는 영생이다.

> 내가 알기에는 나의 대속자가 살아 계시니
>> 마침내 그가 땅 위에 서실 것이라.
> 내 가죽이 벗김을 당한 뒤에도
>> 내가 육체 밖에서 하나님을 보리라.

시편에서 불멸의 존재는 하나님뿐이다. 하나님만이 죽음에 유린당하지 않고도 죽음의 세계를 유유히 넘나드실 수 있다. 죽음을 낳는 혼돈에서 그리고 암흑세계의 집요한 손아귀에서 하나님만이 인간을 건지실 수 있다. 가나안 신학에서 바알과 모트 간의 싸움은 교착 상태로 끝나지만, 하나님은 늘 죽음을 다스리신다(시 139:8). 죽음의 주기적 성격을 죽음의 신들로 형상화한 고대 근동의 일반적 관점과는 대조적으로, 삶을 주관하시는 여호와의 권능은 "영원부터 영원까지" 이른다(시 90:2).[8]

바로 주님이 시편 저자를 "사망의 문에서 일으키"시고(시 9:13), 사망에서 건져 "하나님 앞, 생명의 빛에 다니게 하"시며 (시 56:13), "살리사 무덤으로 내려가지 아니하게 하"신다(시 30:3). 바로 주님이 "바다의 파도"를 다스리시고(시 89:9-10), "리워야단의 머리"를 부수시며(시 74:12-15), 저자를 "스올의 권세에서" 건져 내신다(시 49:15). 그러지 않으면 욥기 7장 21 절 말씀처럼 되는데, 다음은 새뮤얼 테리언의 번역이다.

> 동트기 직전 가장 깊은 흑암 속에서 주께서 나를
> 찾으실지라도 찾지 못하실 것입니다.[9]

설령 시편 저자가 주님을 피하여 죽음과 흑암 속에 숨으려 한다 해도, 주님은 거기에도 임재하셔서 위로하고 건지신다. 시편 139편 7-12절에 이렇게 표현되어 있다.

> 내가 주님의 영을 피해 어디로 가며
>   주님의 눈을 피해 어디로 가겠습니까?
> 내가 하늘로 올라가면 거기에 계시고
>   지하〔스올〕에 숨어도 거기에 주님이 계십니다!
> 내가 새벽 날개를 타고
>   머나먼 서쪽 수평선으로 날아갈지라도
> 주께서 금세 나를 찾아내시니,

주님은 거기서도 기다리고 계십니다!
내가 속으로 "오, 그분은 어둠 속에서도 나를
알아보시는구나!
　내가 밤중에도 빛 속에 잠겨 있구나!" 고백합니다.
참으로 그렇습니다. 주께는 어둠도 어둠이 아니니,
　밤과 낮, 어둠과 빛이 매한가지입니다. (『메시지』)

　　시편에는 죽음의 본질과 인간의 사후 운명에 대해 어느 정도 모호한 표현이 있으나, 우리는 스스로 부활이요 생명이라 하신 그리스도 안에서 죽음의 최종 패배와 확실한 생명의 선물을 얻는다(요 11:25). 시편 저자는 죽음이 인간을 삼킨다고 묘사했지만, 예수님이야말로 단번에 영원히 죽음을 삼키셨다(고전 15:54-57, 사 25:8).

　　저주와 고통으로 우리를 무섭게 지배하던 죽음을 예수께서 친히 당하셔서 우리를 죽음의 공포에서 해방시키신다. 우리는 사망이라는 원수 앞에 무력하지만, 신약의 정황에서 사망은 이미 정복된 적이다(고전 15:26, 계 21:3-4). 시편 저자는 끝없는 위협으로 생명을 흡혈하는 죽음의 위력을 보았으나, 성 바울은 사망을 폐하시고 "복음으로써 생명과 썩지 아니할 것을 드러내신"(딤후 1:10) 예수님을 보았다.

　　시편에 묘사된 하나님 고유의 권능이 의미심장하게 예수님에게서도 똑같이 나타나거니와, 마태복음 8장 23-27절에서 그분은 풍랑을 꾸짖으신다. 마가복음 6장 47-51절에서 바다 위를 걸으시는 그분은 바람과 물을 비롯한 하늘과 땅과 땅 아래의 모든 혼돈 세력의 주인이시다. 시편 저자는 어지러운 사망의 물속에 익사할까 봐 두려워했지만, 요한계시록 20장 14절에 보면 사망이 "불못에 던져"진다. 마찬가지로 "용······ 곧 옛 뱀"인 사탄도 "무저갱"인 "불과 유황 못에 던져"진다(계 20:2, 10).

물론 죽음은 예수님을 따르는 우리에게도 타격을 입히지만, 우리는 사별을 슬퍼할지언정 죽음에 절망하지는 않는다. "죽은 자를 살리시며 없는 것을 있는 것으로 부르시는 이"(롬 4:17) 안에 늘 소망이 있기 때문이다. 죽음은 현실이지만 최종 결말은 아니다. 죽음은 우리 삶에 부패와 박탈을 가져오지만, "생명의 주"(행 3:15) 예수께서 죄의 모든 치명적 결과를 성령의 능력으로 물리치셨다(롬 8:10-11, 고후 4:10-11). 두말할 것도 없이 사망은 여전히 쏘지만, 그 쏘는 것이 더는 우리를 무너뜨리지 못한다. 그래서 바울은 이렇게 썼다.

"사망을 삼키고 이기리라."······
"사망아, 너의 승리가 어디 있느냐?
사망아, 네가 쏘는 것이 어디 있느냐?" (고전 15:54-55)

마지막으로 꼭 언급해 둘 게 있는데, 구약 전반과 특히 시

편은 죽은 사람에 대해 솔직하게 말하는데 그리스도인은 그렇지 않을 때가 많다. 성경 저자들의 증언을 보면 아브라함은 아내 사라를 이용하여 위기를 모면하고, 모세는 홧김에 사람을 죽이고, 삼손은 창녀와 동침하고, 사울은 자살하고, 다윗은 간음하고, 솔로몬은 성욕을 절제하지 못한다. 시편에도 시기심, 우상 숭배, "욕심을 크게 내"는 것, 아동 희생제사, 배은망덕 등이 이스라엘의 실패로 기록되어 있다(시 106편). 미화나 깔끔한 정리는 없다.

그런데 그리스도인이 고인을 추도하는 말을 보면, 최악의 경우 "더 좋은 곳으로 가셨습니다"라든지 "천사처럼 우리를 굽어보고 있습니다"와 같은 표현을 쓴다. 기껏해야 고인의 일생에서 제일 좋았던 부분만 회고하는데, 이마저도 진실한 말에는 못 미친다. 듣는 이들에게 "생전에 고인이 쌓은 덕"으로 위안을 받거나 "아주 나쁜 사람은 아니었다"라고 안도하게 하려는 것이다. 이런 식의 말은 그리스도인으로서 충분히 충실하지 못한 것이다.[10]

그렇다면 그리스도인은 죽은 사람에 대해 어떻게 '잘 말해야' 할까? 듣는 이들에게 하나님의 은혜를 새롭게 접할 기회를 주어야 한다. 고인의 일생에 흠과 기복이 있었음에도 하나님의 은혜가 각방으로 놀랍게 나타났다는 기조로 말해야 한다. 그리스도인은 듣는 이들에게 하나님이 큰 자와 작은 자, 성도와 죄인, 평범한 사람과 비범한 사람을 가리지 않고 누구에게나 은혜를 베푸심을 상기시켜야 한다. 아울러 아직 살아 있는 우리 자신에게도 그렇게 증언해야 한다. 가장 요긴할 때 그분의 은혜가 어떻게 나타날지 누구에게나 의문이 들 수 있기 때문이다.

신앙 공동체에서 우리는 죽는 과정과 죽음과 죽은 사람에 대해 솔직하고 진실하게 말하는 법을 배워야 한다.[11] 예컨대 성만찬을 집례할 때 '잘' 살고 '잘' 죽는다는 게 어떤 의미인지를 서로 일깨워야 한다. 또한 오늘의 간증에 솔직해야 그날이 올 때 우리의 죽음에 대해서도 솔직하게 증언할 수 있다. 우리의 부족한 삶을 지금 애통해야 죽을 때도 부족한 삶을 애통하면서, 그럼에도 우리를 품어 주시는 하나님의 은혜를 누릴 수 있다.

결론

'인구 조사국'과 '월드 팩트북'에 따르면 전 세계에서 1분에 106.6명이 사망하고 연평균 사망자는 약 5천 5백만 명에 달한다.[12] 세계보건기구는 40초에 한 명씩 자살하고 100초에 한 명씩 무력 충돌로 죽는다고 발표했다.[13] 내 뇌세포는 오늘 하루에만도 약 2천 개가 죽어 영원히 사라진다.[14]

죽음은 날마다 우리 앞에 닥쳐오는 현실이며, 사방에서 우리를 에워싸고 있다. 우리 몸의 유전자 속에 처음부터 죽음이 필연의 시한폭탄처럼 장착되어 있어 아무도 거기서 벗어날 수 없다. 우리는 죽음을 겁낸다. 살다 마는 것 같아 두렵고, 상황이 달랐더라면 **이루었을 수도 있을** 모든 일이 아쉽기만 하다. 그래서 죽음을 미루거나 막으려 한다. 죽음에 의미를 부여할 만한 이야기를 글로 쓰기도 한다. 사실 마음만 있다면 우리는 죽음을 통해 겸손의 덕을 기를 수도 있다.[15]

시편의 정황에서 죽음은 무시무시한 물의 세력처럼 등장한다. 죽음은 우리를 하계의 스올로 잡아끌면서 "진토"에 불과한 우리의 죽을 운명을 날마다 대면시킨다. 그러나 시편 저자는 하나님이 죽음을 주관하신다는 사실도 상기시킨다. "풀"처럼 시드는 우리를 그분은 "잎사귀가 마르지 아니"하는 나무(시 1:3), "생명나무"가 되라고 부르신다. 이 생명은 선물이며, "생명의 원천"(시 36:9)은 우리 자신이 아니라 하나님이다. 이 생명은 삶의 끝에만 아니라 삶의 중간인 지금도 우리에게 주어진다.

허리케인 하비가 멕시코만을 벗어났을 즈음에는 1천 2백 5십억 달러의 재산 피해가 발생했다. 집을 잃은 사람은 3만 명으로 추산되며 107명의 사망이 확인되었다. 이 허리케인은 공식적으로 텍사스주 역사상 최악의 재난이 되었다.[16] 휴스턴 일대에 온통 폐허가 드러났고, 이런 비극이 으레 그렇듯이 사람들은 죽음의 부조리한 성격이 납득되지 않아 고생할 것이다.

내 경우 온 가족이 동네를 빠져 나온 지 불과 10분 만에 최후의 대피로마저 홍수에 끊겼다. 10번 고속도로 양옆으로 큰물이 소용돌이치며 넘실대는데, 나도 이 "폭풍의 혼돈"이 도무지 이해되지 않았다. 수많은 피해자가 집과 생계 수단을 잃었다. 이런 피해가 마치 때 이른 죽음처럼 느껴진 사람도 많을 것이다. 하나님이 다수를 최악의 상태에서 건져 주셨지만 전원은 아니었다. 많은 사람이 죽음을 면했지만 모두는 아니었다.

그 순간 내가 할 수 있는 일이라고는 시편 저자처럼 기도하는 것뿐이었다. 우리가 죽을 운명임을 하나님이 잊지 않으시고, 시편에 거듭 선포된 대로 죽음 앞에서도 생명의 하나님이 되어 주시기를 나는 기도했다.

묵상을 위한 질문

1. 자신의 죽음이든 사랑하는 이의 죽음이든, 당신은 죽음을 생각할 때 어떤 감정이 드는가? 그런 감정은 죽음을 묘사한 시편의 시와 어떻게 닮아 있는가?

2. 당신의 출신 가정이나 교회 공동체나 하위문화는 죽음에 대해 어떻게 말하거나 말하지 않는가? 우리 사회는 어떻게 우리를 죽는 과정과 죽은 사람으로부터 차단하는가? 그 때문에 우리가 잃는 것은 무엇이겠는가?

3. 비극이 발생할 때 당신은 하나님을 향해 어떤 감정이 드는가? 사람들이 "하나님은 어디에 계시는가?" 또는 "선하신 하나님이 어떻게 이런 일이 벌어지게 두시는가?"라고 물을 때, 당신의 반응은 무엇인가? 당신의 감정을 처리하는 데 시편 30편이 어떻게 도움이 되는가?

4. 시편 저자는 거듭 인간을 "진토"와 "풀"에 비유하여 우리의 죽을 운명을 환기시키는데, 당신에게는 그것이 어떻게 느껴지는가? 당신의 삶도 너무 짧거나 덧없다고 느껴지는가?

5. 시편 저자는 "중년에 나를 데려가지 마옵소서"라고 기도했다. 여태 당신이 경험한 일 중 중년의 죽음이라 표현될 만한 것은 무엇인가?

6. 에드위지 당티카는 『남아 있는 날들의 글쓰기』에 "우리가 죽은 사람에 대해 글을 쓰는 이유는 상실의 의미를 찾고, 덜 시달리고, 혼령을 말로 바꾸고, 부재를 언어로 전환하기 위해서다"라고 썼다.[17] 이것은 평소에 당신이 장례 예배에서 듣는 추도의 말과 어떻게 일맥상통하는가?

연습

1. 시편 69편과 88편을 읽으라. 여러 번 읽고 묵상하라.

그 내용으로 기도하라. 일부를 암송해 보라. 그렇게 마음속에 품고 다니면서 종일 하나님과의 생생한 대화를 지속하라.

2. 죽음에 대한 시편의 관점과 신약의 어법을 서로 비교하여 열거해 보라. 두 목록을 보며 당신에게 어떤 감정과 생각이 드는가?

3. 당신의 죽음을 기도하는 마음으로 내다보면서 자신의 장례식이나 추도 예배에 대한 지침을 글로 써 보라. 당신에게 가장 중요한 요소는 무엇인가? 사람들이 당신에 대해 어떻게 말했으면 좋겠는가? 어떻게 말하면 하나님이 모든 좋고 나쁜 일, 해롭고 유익한 경험, 충실하고 불충실한 삶 속에서 당신에게 베푸신 은혜를 듣는 이들에게 보여 줄 수 있겠는가?

4. 우리 문화가 죽음의 현실을 회피하거나, 생명을 인공적으로 연장하거나, 죽음과 죽는 과정을 돈벌이 사업으로 삼는 모든 방식에 대해 그룹으로 토의해 보라. 어떻게 그리스도인들이 반문화적 증인이 되어 생명과 죽음에 대한 성경적 관점을 보여 줄 수 있겠는가?

5. 예전에 켈트족 신자들은 "평화롭게 잘 죽기"위한 거룩한 준비 행위를 말했다. 그 말이 무슨 의미이겠는지 그룹으로 토의해 보라. 이것은 요절했거나 비명횡사했거나 신체적 박해를 받다가 죽은 그리스도인과는 어떤

관계가 있는가? 선하신 하나님과는 어떻게 맞물리는가?

6. 시편 139편을 함께 읽으라. 늘 깨어 돌보시는 하나님에 대해, 죽음과 죽는 과정과 흑암에 대해, 악과 원수에 대해, 그리고 우리 마음을 살펴 "악한 행위"가 있나 보시는 하나님에 대해 각자의 생각을 나누어 보라.

기도

몸이 상하신 그리스도시여, 주님은 무섭도록 깊은 물속에 들어가 죽음을 통째로 삼키셨고, 죽음의 독침을 빼셨고, 죽음의 마지막 쓴맛을 맛보셨고, 죽음을 단번에 이기셨습니다. 기도하오니 우리를 죽음에 대한 두려움에서 해방시켜 주시고, 사별의 상실을 겪을 때 위로해 주시고, 마음속에 주님의 부활 생명에 대한 소망을 불어넣어 주시고, 겸손하고 평화롭게 죽음을 맞이할 수 있는 평정심을 주소서. 예수님의 이름으로 기도합니다. 아멘.

12. 생명

새 노래로 하나님께 노래하여라!
땅과 거기 사는 모든 이들아, 노래하여라!
하나님께 노래하며 예배하여라!
　　－시편 96:1-2(『메시지』)

신성한 삶 지으신 주
우리 앞에 상을 차려
신비로운 포도주와
영생의 빵 먹이시어
주신 생명 보존하고
천국 훈련시키시네.
　　－찰스 웨슬리[1]

좋은 삶

나는 마이어스-브릭스 성격 유형(MBTI) 검사에서는 INTJ형이고 에니어그램 성격 유형은 5번에 해당한다. 내 성격의 단점이 생산성에 치중하고, 시간 낭비와 비효율성에 질색하며, 방해받으면 화가 난다는 뜻이다. 미래를 설계하는 10년 계획을 좋아한다는 뜻도 되는데, 이는 예측과 통제를 불허하는 상황으로부터 자신을 보호하기 위해서다. 아마 장점이라면 내가 늘 삶을 최대한 활용하려 한다는 것이다.

2018년 4월 10일에 나의 누나 크리스틴은 텍사스주 오스틴에서 교통사고로 죽을 뻔했다. 길가에 서 있는 누나를 셰비 실버라도 트럭이 전속력으로 치는 바람에 누나는 공중으로 붕 떴다가 의식을 잃고 땅에 떨어졌다.[2]

그 짧은 순간에 누나는 뇌에 직접 외상을 입었고, 경동맥이 끊어졌고, 간이 둘로 갈라졌고, 허파에 구멍이 뚫렸고, 안면 골격이 (의사의 표현으로) "감자 칩"처럼 조각조각 부서졌고, 안와가 뭉그러졌고, 양쪽 귀의 청력이 손상되었고, 두 발과 발목이 트럭 바퀴에 으스러졌고, 미각과 후각이 망가졌다. 급히 병원으로 이송된 누나는 5주 동안 중환자실에 있은 뒤 재활 시설에서 3주를 더 보냈다.

가까이 있어야겠기에 우리 가족은 휴스턴의 집을 떠나 오스틴의 누나 집으로 입주했다. 우리 네 식구, 누나네 네 자녀, 나의 부모 등 열 식구가 5주 동안 한 집에 살았고, 매형 클리프는 밤마다 병원에서 지냈다. 내 여동생 스테파니도 낮에는 그 집에 와 있다가 밤에나 돌아가 자기네 두 아들을 보살폈다. 교회 공동체의 많은 사람이 아주 요긴한 지원을 베풀어 주었다.

그 기간에 내 조카들은 엄마를 잃을지도 모른다는 공포에 시달렸고, 매형의 몸은 녹초가 되었고, 내 어린 두 자녀는 사각지대에 놓이기 일쑤였다. 연로하신 부모님의 몸에도 무리가 갔다. 페드라와 나는 2단 침대에서 자면서 각방을 쓰느라 소통에 애를 먹었다. 나는 짬짬이 일해 봐야 고작 하루 두 시간이라서 모든 프로젝트가 늦어졌고, 불안정한 나날도 힘들게 느껴졌다.

누나가 병원에서 생사의 사투를 벌이는 동안 우리는 집에서 희망을 잃지 않으려고 싸웠다. 하나님의 능력으로 누나가 완치되는 기적을 위해 기도하면서도, 우리는 더 나쁜 결과가 두려웠다. 최악의 경우 죽음으로 아내와 엄마와 누나와 딸을 잃을 것이 두려웠다. 몸이 영구히 손상되고, 자원이 고갈되고, 잠재력이 사장되고, 미래가 증발될 것이 두려웠다.

결국 우리가 두려워한 것은 **샬롬**의 상실이었다. 시편에 묘사된 샬롬은 깊은 행복감과 충만한 삶이다(시 29:11, 72:7). 이런 삶에는 몸의 활력(시 104:30), 넉넉한 양식(시 104:28), 유의미한 일(시 104:23), 긴밀한 공동체(시 107:41), 미래의 목적

(시 103:17), 돌아갈 집(시 126:6) 등이 포함된다. 하나님은 "하늘의 양식으로…… 만족하게" 하실 뿐 아니라(시 105:40) "땅에서 먹을 것이 나게 하셔서 사람의 마음을 기쁘게 하는 포도주와 사람의 얼굴을 윤택하게 하는 기름과 사람의 마음을 힘있게 하는 양식을 주"신다(시 104:14-15). 먹을 것을 풍족하게 주신다!(시 65:10-11)

시편 21편의 왕이 기도로 구하는 하나님의 복에는 "영원한 장수"(4절)도 들어 있다. 폭력과 죽음의 위협 앞에서 시편 저자는 주님께 자신의 생명을 구원해 주시고(시 72:14) "중년에…… 데려가지 마"시기를 기도한다(시 102:24). 자신을 "생명의 길"에 두시고 "주의 오른쪽에" 있는 "영원한 즐거움"을 주시기를 기도한다(시 16:11).

시편 저자에게 "하나님은 삶 중간에 긍정으로 응답하신다."[3] 다시 말해서, 이 삶은 좋은 삶이다. 사실 창세기 1장의 표현으로 하자면 **심히 좋다**. 그런데 하나님은 활력이 왕성한 이 생명을 저자가 처음 생겨나던 출생 때에만 선물로 주신 게 아니라 그 생명을 **계속** 유지시키신다. 사망과 파멸에 맞서 그를 건지시고 새 생명을 선물로 주신다. 그러니 새 노래를 부르지 않을 수 없다.

시편 속 생명의 시

시편에 시종 전제되듯이 하나님은 생명을 지으시고 보존하시고 지키시는 분이다. 시편에 따르면 주님은 우리의 생명을 "보존하"시는(시 86:2) "생명의 원천"이시다(시 36:9). 위험 앞에서 시편 저자는 "내 영혼을 지켜 나를 구원하소서"라고 기도한다(시 25:20). 그는 하나님을 "내 생명을 붙들어 주시는 이"로 주장한다(시 54:4). 그가 경험하는 주의 법도는 그를 살게 한다(시 119:93). 낮에는 주께서 시편 저자를 붙드시고 밤에는 "그의 찬송이 내게 있어 생명의 하나님께 기도"한다(시 42:8). 시편 119편의 저자는 자신이 누리는 생명을 하나님의 일하심 및 성품과 직결시킨다.

- 주의 약속대로 나를 살리소서(154절).
- 주의 정의를 따라 나를 살리소서(156절).
- 주의 인자하심을 따라 나를 살리소서(159절).

하나님은 존재하는 모든 것의 원천이시며 그분을 떠나서는 생명이 있을 수 없다. 섭리의 관점에서 보면, 하나님은 창조세계를 창세기 1장 2절의 "형체가 없고 공허한 상태"(나의 번역)로 되돌아가지 않도록 지키신다. 또 피조물의 아름다움과 다양성이 한껏 피어나게 하시며, 만물의 선하고 기뻐하시고 온전한 결말을 보장하신다. 시편 저자가 모든 자급자족과 "자수성가"의 주장에 맞서 역설하듯이, "삶을 시작하고 지속하는 원기는 주님의 너그러운 선물이며 이 원기가 없이는 어떤 피조물도 살 수 없다."[4]

또한 시편은 삶의 미약하고 덧없는 속성과 삶을 위협하는 모든 세력을 직시한다. 유진 피터슨은 창세기 1장 2절을 "아무것도 없는 늪, 끝없이 깊은 공허, 칠흑 같은 어둠"이라 풀어 썼다(『메시지』). 이 "물의 심연"은 나머지 구약에 혼돈으로 규정된다. 즉 온갖 사나운 세력과 악한 괴물이 삶을 위태롭게 하는 무질서한 곳이다. 오늘 있다가 내일 사라지는 삶이기도 하다.

시편 저자는 이 실재를 실존 차원에서 경험한다. 그의 영혼에 재난이 가득하여 "생명은 스올에 가까웠"다(시 88:3). 그는 사망의 그늘에 잠긴다(시 44:19). 밤중에 무서워하는 아이처럼 그의 사방이 두려움으로 에워싸였고, 성노예로 팔려온 여자처럼 그의 "생명을 빼앗기로 꾀하"는 악인들의 속삭임이 들려온다(시 31:13). 중년의 위기를 맞은 남자처럼 그는 "나의 연약함"을 알게 해 달라고 기도한다(시 39:4). 자신의 "날이 풀과 같으며"(시 103:15) 덧없고 단명한 것임을 그는 안다. 재의 수요일에 사제가 하는 말과 비슷하게, 자신이 먼지일 뿐이며(시 103:14) 언젠가는 티끌로 돌아가야 함도 안다(시 90:3).

그러나 그는 주님이 우리를 먼지 더미에서 일으키시고(시 113:7) 우리의 생명을 보존하심도 안다(시 64:1). 그분은 우리를 사망의 위험에서 건지신다(시 55:4). 혼돈의 세력을 길들이실 뿐 아니라(시 104:7) 무서운 괴물을 집 안의 애완동물로 바꾸어 놓으신다(시 104:26). 피터슨은 시편 104편 24-26절을 이렇게 번역했다.

> 하나님, 참으로 멋진 세상입니다!
> 주님 곁에 두신 지혜로 그 모든 것을 만드시고
> 주님의 아름다운 것들로 땅이 가득 차게 하셨습니다.
> 오, 보소서. 깊고 넓은 바다에
> 정어리와 상어와 연어,
> 셀 수 없이 많은 물고기들이 헤엄쳐 다닙니다.
> 배들이 바다를 가르며 달리고
> 주께서 아끼시는[주님의 애완동물인] 용 리워야단이 그 속에서 뛰어 놉니다. (『메시지』)

우리는 들의 꽃과 같아서 금방 시들어 죽고 "그 있던 자리도 다시 **알지 못하**"지만(시 103:16), 주님은 신실하신 사랑으로 "우리가 단지 먼지뿐임을 **기억하**"신다(14절, 이상 강조 추가). 그분을 경외하고 그분의 언약을 지키는 사람에게는 그분의 사랑이 영원부터 영원까지 이른다(시 103:17-18).

현대 의학과 기술의 힘이 주제넘게 신의 자리를 넘보지만, 시편에서 생명을 주기도 하고 거두기도 하는 것은 하나님만이

하실 수 있는 일이다. 시편 104편에 이것이 아주 분명히 나타나 있다. 존 골딩게이가 지적했듯이 27-30절에 반복되는 틀을 보면 그 의미가 밝혀진다.[5] 1-26절에는 창조세계를 향한 하나님의 주권적 역사가 묘사되는 반면, 이 네 구절에서는 저자가 생명에 필요한 기본 양식만 아니라 생명 자체를 주시고 거두시는 하나님의 능력에 초점을 맞춘다.

- 하나님은 생명을 보전하는 양식을 선물로 **주신다** (27-28절).
- 하나님은 생명을 보전하는 양식의 선물을 **거두신다**(29절상).
- 하나님은 호흡의 선물을 **거두신다**(29절하).
- 하나님은 호흡을 선물로 **주신다**(30절).

하나님이 우리의 호흡(히브리어로 '루아흐')을 거두시면 우리는 죽는다(시 146:2-4). 하지만 하나님이 그분의 영(역시 '루아흐')을 우리 안에 불어넣으시면 우리는 살고(창 2:7) 활짝 피어난다.[6] 의미심장하게도 마음을 새롭게 하는 것 역시 하나님의 '루아흐'다(시 51:10-12). 비슷하게 주목할 것은 "창조하사"(시 104:30상)의 히브리어 원어 '바라'가 "새롭게 하시나이다"(30절하)의 원어와 상통한다는 점이다. 구약의 정황에서 오직 하나님만이 이런 식으로 창조하신다.[7]

하나님은 딱 한 번만 생명을 지어 내시는 게 아니다. 버나드 앤더슨의 말처럼 "히브리어 원문에서 이 동사들은 계속되는 행동을 가리킨다." 하나님은 생명을 창조하시고 **계속** 창조하신다. 그분이 생명을 그만 주시면 피조물의 존재는 끝난다. 앤더슨이 제안한 시편 104편 28절의 번역에 그런 의미가 잘 담겨 있다. "주께서 (한 번만 아니라 되풀이해서) 주신즉 그들이 (한 번만 아니라 수시로) 받으며."[8]

마지막으로 짚고 넘어갈 것은 이 점에서 인간이라고 특별 대우가 없다는 것이다. 전도서 3장 19-20절 말씀처럼 인간의 운명도 짐승과 똑같다. "다 동일한 호흡이 있어서…… 사람이 짐승보다 뛰어남이 없음은 모든 것이 헛됨[호흡일 뿐]이로다. 다 흙으로 말미암았으므로 다 흙으로 돌아가나니 다 한 곳으로 가거니와." 하나님의 모든 피조물처럼 인간(아담)도 흙(아다마)으로 지어졌다. 그런 의미에서 모든 피조물은 똑같이 취약하다. 시편 104편에서 인류는 "다른 피조물과 똑같이 의존적인 존재이고, 다른 피조물과 똑같이 감사와 경이의 찬송을 드린다."[9]

살아 있음만으로 종종 노래하게 되듯이(시 104:33) 새 생명에는 새 노래가 따라 나와야 제격이다. 시편에 노래가 가득하다는 말은 동어 반복이다. 본래 노래책이니 말이다! 다만 더 똑똑히 밝혀야 할 부분은 이스라엘 백성이 근본적으로 노래하는 민족이라는 것이다. 생명이 있는 곳마다 노래가 자연스럽게 터져 나온다. 마찬가지로 새 생명을 누릴 때는 매번 새 노래가 어울린다.

많은 현대인이 "새 노래"라는 말을 새로 창작한 음악으로만 해석하는 경향이 있지만, 내 생각에 그것은 시편에 여섯 번 나오는 이 문구(33:3, 40:3, 96:1, 98:1, 144:9, 149:1)의 여러 의미 중 하나일 뿐이다. 시편의 "새 노래"는 단지 새로운 곡조가 아니라 새로운 은혜와 새로운 미래의 경험이기도 하다.

시편 저자는 새 날에 어울리는 새 노래를 쓴다. 이것이 "새 노래로 여호와께 노래하라"라는 말의 첫 번째 의미다. 시편 33편 1-3절에 그런 의미가 잘 예시되어 있다.

> 너희 의인들아, 여호와를 즐거워하라.
>   찬송은 정직한 자들이 마땅히 할 바로다.
> 수금으로 여호와께 감사하고
>   열 줄 비파로 찬송할지어다.
> 새 노래로 그를 노래하며
>   즐거운 소리로 아름답게 연주할지어다.

유대계 번역가이자 비평가인 로버트 얼터에 따르면 "이 문구는 작곡가의 자체 광고다. 하나님을 즐거워하되 묵은 찬송가의 레퍼토리로 할 게 아니라 새로 쓴 노래로 하라는 것이다."[10] 비슷한 의미가 시편 96편 1절과 144편 9절에도 나온다.

18세기 초에 매튜 헨리는 이 개념을 약간 변주해서 독자에게 소개했다. 다음은 그가 시편 149편 1절을 요약하면서 한 말이다.

우리는 특별한 일이 있을 때마다 새로 지은 **새 노래**를 불러야 하고, 기존의 가사라도 노래가 새로워지도록 새로운 애정을 담아 불러야 하며, 노래가 진부해지지 않게 해야 한다.[11]

여기서 우리는 **새로 지은**이라는 개념의 이중적 의미를 만난다. 시편 149편 자체도 새로 **지은** 것이며 또한 **새로** 지은 것이다. 새 노래란 새로 창작한 음악만 아니라 새로운 애정의 분출을 가리킨다. 그런 의미에서 시편 저자가 독자에게 권유하는 것은 새로 체험한 하나님을 새로 분출되는 찬송으로—"새 노래로"—표현하라는 것이다.[12]

시편 저자는 또 새로운 은혜에 반응하여 새 노래를 쓴다. 특히 월터 브루그만이 칭한 "혼미의 시편"에서 이런 의미를 볼 수 있다.[13] 이는 연약함이나 고난이나 비애나 죽음의 경험을 토로하는 시다. 시편 40편 1-3절에 이런 말씀이 있다.

내가 여호와를 기다리고 기다렸더니
    귀를 기울이사 나의 부르짖음을 들으셨도다.

나를 기가 막힐 웅덩이와

　수렁에서 끌어올리시고

내 발을 반석 위에 두사

　내 걸음을 견고하게 하셨도다.

새 노래 곧 우리 하나님께 올릴

　찬송을 내 입에 두셨으니

많은 사람이 보고 두려워하여

　여호와를 의지하리로다.

시편 40편은 "새 노래"의 개념을 이해하는 데 어떻게 도움이 될까? 한편으로 새 노래는 **저자가** 경험한 하나님의 은혜로운 구원을 가리킨다. 하나님이 웅덩이에서 건져 주심으로써 저자는 반석을 딛고 서는 새로운 은혜를 경험한다(2절). 아울러 이 구원의 결과로 새 노래가 선물로 주어진다(3절). 이런 의미에서 새 노래는 저자가 경험한 하나님의 구원, 후한 공급, 교훈을 담아낸 것이다.

　다른 한편으로 새 노래는 **하나님의** 변함없는 은혜에 대한 새로운 경험을 가리킨다. 이 시에 하나님은 과거와 현재와 미래 시제로 등장하신다. "여호와 나의 하나님이여, 주께서 행하신 기적이 많고"(5절). "주는 나의 도움이시요 나를 건지시는 이시라"(17절하). "여호와여, 은총을 베푸사 나를 구원하소서. 여호와여, 속히 나를 도우소서"(13절). 저자의 혼미한 상황은 달라지지 않을지 모르지만, 그럼에도 그는 믿음으로 하나님의 신실하심을 굳게 붙들 수 있다.

보다시피 여기에는 주관적 차원과 객관적 차원이 공존한다. "새 노래"는 저자가 실제로 혼미에 **파묻힌** 상태에서 경험한 새로운 은혜를 가리킨다. 아울러 "새 노래"는 **여태 알던 하나님**(1-10절)과 은혜를 정확히 **이렇게 베푸실 줄은 미처 몰랐던 하나님**(11-17절)을 우리가 새롭게 경험할 수 있음을 가리킨다.

시편 저자는 새로운 미래의 의미를 찾고자 새 노래를 쓴다. 새 노래의 이 마지막 의미는 시편 149편에 나온다. 이 시는 이스라엘이 바벨론에 포로로 잡혀가 있던 기간이나 해방된 직후에 쓴 것이다.

1절에 저자는 독자에게 새 노래를 부르라고 말한다. 어떤 성격의 노래일까? 미래로부터 손짓하는 새 이야기의 노래다.[14] 다시 말해서, 이런 새 노래는 포로 생활과 실향과 혼미한 상태의 종말을 선고한다.[15] 마침내 하나님이 오셔서 그분의 백성을 최종 회복하실 것을 예고한다.

그런데 시편 저자는 독자에게 하나님이 약속을 성취하실 기일이 늦어지는 동안에도 새 노래—미래의 노래—를 부르라고 독려한다. 그의 찬송을 이끌어 내는 이 미래의 비전에는 하나님의 "성도들"(5절)의 새 이야기가 들어 있다. 그렇다면 저자의 목표는 새 음악의 창작이 아니다. 요지는 음악이 아니라 신학이기 때문이다. 새 노래는 하나님이 써 나가실 새 이야기이며, 하나님의 백성은 그 새로운 실재 속으로 노래하며 들어가게 된다.

예수님을 따르는 이들에게 이런 의미의 새 노래란 곧 우리가 새로운 피조물임을 노래한다는 뜻이다. 성 아우구스티누스가 새 노래의 의미를 그렇게 이해했다.[16] 그는 "죄 가운데 낡아진 인류가 은혜로 말미암아 새로워진다. 그래서 그리스도 안에서 새롭게 되어 영생에 들어선 사람은 누구나 새 노래를 불러야 한다"라고 썼다.[17] 또한 노래하는 행위 자체가 그리스도인 안에 진정한 변화를 낳는다고 보았다. 이 새 노래를 부르는 사람은 그리스도를 닮아 가고 그분처럼 행동한다.[18]

새 노래는 막연한 "새것"이나 "다음 것"에 대한 노래가 아니라 하나님의 복된 미래라는 실재에 근거한 노래다. 그리스도의 백성에게는 그 미래가 성령으로 말미암아 현재가 되었다. 생명을 주시는 성령께서 또한 언제나 새로운 그리스도의 부활 생명에 우리를 참여하게 하신다(롬 8장). 바로 그 생명이 새로운 피조물에게 주어졌기에(고후 5:17, 갈 6:15) 이제 인간은 그냥 살아 있는 정도('네페쉬 하야', 곧 생령)가 아니라 제러미 베그비의 표현대로 "차고 넘치도록 살아 있다."[19]

결론

크리스틴 누나가 병원에서 회복하는 동안 나는 고난과 죽음의 현실뿐 아니라 하나님의 생명의 징후도 직접 목격했다. 깨어졌던 관계들이 화목해지는 것을 보았고, 누나네 일가족을 희생적으로 섬기는 교회를 신기해하며 관심 있게 지켜보는 비신자들을 보았고, 하나님과는 거리가 멀던 사랑하는 한 친구가 통곡하며 그분께 나의 누나를 고쳐 달라고 부르짖는 모습도 보았다.

나 자신도 평소에 자초해 온 부담감에서 잠시나마 해방되었다. 생산성 면에서 "삶을 최대한 활용하여" 나의 가치를 성취로 평가해야 한다는 부담감이었다. 그때 내가 시편에서 배운 것은 삶을 최대한 활용하려면 내 삶과 누나의 삶을 완전히 하나님께 의탁해야 한다는 것이었다. 내 연약한 모습이 적나라하게 드러나는 것 같아 그게 무섭게 느껴질 때도 있었지만 말이다.

누나의 삶에 아직도 고통이 있고, 파괴자가 갉아먹은 시간을 비롯하여 회복 불능인 부분도 많다. 그러나 나는 우리 삶속에 하나님의 은혜가 나타나는 것을 보았다. 산산이 흩어진 뼈에 새 생명을 불어넣으시는 하나님, 사람들의 절망적인 생각에 희망을 주시고 두려운 마음에 평안을 주시는 하나님, 아직 낫지 않은 부분도 있지만 누나의 몸을 일부나마 치유하시는 하나님을 목격했다. 무엇보다 그 속에서도 기꺼이 하나님의 자비와 선하심을 찬송하는 누나의 아름다운 영혼을 보았다.

끝으로 나는 눈물로 씨를 뿌린 사람들이 진심 어린 우렁찬 노래—새 노래!—를 선물로 받는 것을 보았다. 그 노래는 죽음을 외면하기는커녕, "지면을 새롭게 하시"는(시 104:30)분의 이름으로 죽음을 똑바로 응시한다. 그분의 얼굴은 "해가 힘 있게 비치는 것 같"다(계 1:16). 그분이 전혀 새로운 생명을 주셔서 우리는 "가장 중요한 삶의 목적을 얻게 되었습니다. 또한 하늘에 간직된 미래까지 보장받았습니다. 그 미래가 이제 시작되고 있습니다!"(벧전 1:3, 『메시지』)

묵상을 위한 질문

1. 지금까지의 삶에서 당신이 가장 충만하게 살아 있다고 느껴진 때는 언제인가? 삶의 상황이 어떠했기에 그런 느낌이 들었는가? 당신은 무엇을 할 때 하나님이 기뻐하시는 게 느껴지는가?

2. 마이어스-브릭스 성격 유형 검사나 에니어그램 성격 검사에서 당신이 어느 유형에 해당하는지를 알든 모르든 간에, 타고난 기질은 당신이 삶에 접근하는 방식에 어떤 영향을 미치는가? 당신은 더 지성적인가, 감정적

인가, 관계적인가, 감각적인가, 실용적인가, 활동적인가, 아니면 그 밖인가? 시편에 제시된 생명관과 관련해서 볼 때, 당신의 성격의 단점은 무엇이겠는가?

3. 당신은 살아 있는 것만도 무한히 감사하게 느껴질 만큼, 큰 상실이나 가정의 위기를 겪은 적이 있는가? 어떤 일이었는가?

4. 시편은 하나님이 당신의 생명의 "원천"이며 생명을 "지키시고" "보존하시는" 분임을 어떻게 상기시켜 주는가? 당신의 삶에서 "형체가 없고 공허한" 부분에 시편 말씀이 어떻게 와 닿을 수 있겠는가?

5. 시편에서 "새 노래"란 우리가 지금 여기서 경험할 수 있는 "새로운 피조물"의 삶이기도 한데, 이 개념은 당신이 살아가는 방식이나 관계와 일에 임하는 방식에 어떤 영향을 미치겠는가?

6. 한편에는 삶을 향상시키는 현대 과학과 기술의 좋은 선물이 있고, 다른 한편에는 우리의 날이 "풀과 같"아서 언젠가는 "티끌로 돌아"간다는 시편 말씀이 있다. 당신은 이 둘 사이에서 어떤 긴장을 느끼는가? 충만하게 살 것이냐 아니면 오래 살 것이냐의 목표에 대해 어떻게 생각하는가?

7. 시편에서 "새 노래"의 복합적 의미를 보면서, 새 노래를 부르는 데 대한 당신의 생각이 어떻게 달라지는가?

연습

1. 시편 104편을 읽으라. 여러 번 읽고 묵상하라. 그 내용으로 기도하라. 일부를 암송해 보라. 그렇게 마음속에 품고 다니면서 종일 하나님과 생생한 대화를 지속하라.

2. 이번 장에서 살펴본 시편의 시들에 기초하여 직접 (여섯 구절 이하의) 짤막한 시를 써 보라. 히브리어의 대구법을 활용하여 생명의 몇 가지 주제를 표현해 보라.

3. 개인이나 가정에 위기가 닥쳤을 때 어떻게 시편에서 위로나 지혜를 얻었는지를 그룹으로 나누어 보라.

4. 하나님이 생명의 호흡을 주시기도 하고 거두시기도 한다는 시편의 개념을 담아서 개인이나 공동체의 기도문을 작성해 보라.

5. 크고 작은 일, 단순하고 거창한 일 할 것 없이 당신의 삶에서 감사한 것 50가지를 적어 보라. 이 목록을 친구에게 나누며 하나님이 선물로 주신 삶을 서로 증언해 보라.

6. "새 노래"에 대한 시편의 복합적 의미를 당신의 기도와 예배에 통합할 수 있는 길을 함께 모색해 보라. 하나님은 우리에게 "새로운 미래"와 "새로운 피조물"의 삶을 성령으로 말미암아 지금 누리게 해 주신다. 당신의 공

동체가 그 속으로 노래하며 들어갈 수 있는 길도 찾아
보라.

7. 아래의 찰스 웨슬리의 찬송시 「신성한 삶 지으신 주」
를 읽고, 그것이 시편에 나오는 생명의 시(시 33, 36, 54,
103, 104편)와 어떻게 비슷하고 어떻게 다른지를 그룹
으로 토의해 보라.

신성한 삶 지으신 주
우리 앞에 상을 차려
신비로운 포도주와
영생의 빵 먹이시어
주신 생명 보존하고
천국 훈련 시키시네.

날로 새로운 주 사랑
지친 영혼 살리시니
훗날 우리 주의 생명
충만하게 모두 받고
주 은혜로 힘을 얻어
주의 얼굴 뵈오리라.[20]

기도

창조주 하나님, 주님이 말씀하시면 피조물이 생겨나고 주님이 숨을 불어넣으시면 우주가 살아납니다. 주님은 무에서 유를 창조하시고, 공허한 데를 충만하게 하시고, 낡은 것을 새롭게 하시며, 죽은 것도 살리십니다. 언젠가는 주께서 우리의 호흡을 거두어 우리를 본래의 자리인 흙으로 돌아가게 하실 것을 겸손히 받아들입니다. 아울러 우리는 부활하신 그리스도의 풍성한 생명을 성령께서 우리 안에 마침내 충만하게 불어넣어 주실 그날을 소망 중에 고대합니다. 아멘.

13. 열방

"하나님, 아프리카에 복을 주소서"라는 기도로 그쳐서는
안 된다. "그리고 아프리카가 주님을 경외하고 높이게
하소서"라고 덧붙여야 한다.
– 새뮤얼 응게와[1]

아브라함을 불러 모든 민족의 복이 되게 하신 하나님이
또한 모든 민족의 역사를 다스리신다.
– 크리스토퍼 라이트[2]

누가 나의 이웃인가?

과테말라시티에서 자라던 유년기에 나는 과테말라 오스
트리아 학교에 다녔다. 부모님이 우리 남매들을 이 오스트리
아계 사립 학교에 넣은 이유는 우리의 시야를 넓혀 주기 위해
서였다. 우리는 집에서는 영어로, 친구들과 함께 있을 때는 스

페인어로, 학교에서는 독일어로 말했다. 미국만 아니라 라틴 아메리카와 유럽의 역사와 문화도 배웠다.

그러다 보니 어려서부터 나는 자연히 외교 쪽으로 마음이 끌렸다. 파라과이 주재 미국 대사를 지낸 클라이드 테일러를 고등학교 때 만난 뒤로는 세계를 누비는 삶을 꿈꾸며 마음이 설렜다. 누나는 부모님의 선례를 따라 타문화권 선교로 하나님을 섬길 생각이었지만, 나는 외교를 관장하는 국무부를 선망했다. 대사관에 근무하며 언어도 배우고 외교와 문화 교류도 하고 싶었다.

대학에서 나는 국제관계를 공부했다. 2학년을 마친 여름에는 조지타운 대학교에서 국제정치와 국제경제 과목들을 수강했다. 워싱턴 DC에 사는 동안 칠레 대사관에서 경제 참사관의 조수로 일하면서, 이전 해 삼사분기에 칠레가 통조림 채소를 얼마나 많이 수출했는지를 조사했다. 3학년 때는 독일 뷔르츠부르크 대학교에서 유학하며 독일어를 더 연마했다.

4학년 봄에 외무고시를 치렀다. 1만 7천 명의 응시자 중 2천 명이 2단계인 면접시험에 올라갔는데 나도 그중에 들었다. 그러나 몇 주 후 댈러스에서 실시된 면접에서 나는 처참하게 떨어졌다. 공식 외교관 둘이 나의 판단력을 시험하려고 제시한 모든 시나리오에서, 내가 도덕적으로 문제가 있는 가상의 미국 행정부의 정책 대신 일부러 현지 정부의 복리를 지지했기 때문이다. 어느 경우든 다른 나라의 이익을 일부러 해친다는 것은 나로서는 상상할 수 없었다.

6개월 후에 내가 캐나다 밴쿠버의 신학대학원에 들어간 것은 나 자신도 깜짝 놀랄 일이었다.

국제 사회를 사랑하다 보니, 나의 미국인 정체성은 평생 엎치락뒤치락했다.[3] 텍사스 사람인 게 자랑스러운 나지만, 다른 나라를 여행하면 늘 활력이 솟는다. 내 깊은 뿌리는 고향 오스틴이고, 남부의 특징인 후한 인심과 독특한 사투리와 입맛까지도 내게 소중하게 느껴진다. 하지만 자녀들을 해외에서 기르지 못하는 게 이따금씩 후회되곤 한다. 페드라와 나는 둘 다 외국에서 자랐다.

타문화권에서 성장한 나의 정체성은 좋게는 지리적, 언어적, 문화적 경계선을 뛰어넘는 인류의 연대감을 이해하는 데 도움이 되었다. 그러나 나쁘게는 이도 저도 아닌 정체성 때문에 자신이 이방인처럼 느껴졌다. 어떤 날은 미국이 세상 최고의 나라라는 확신이 들다가도 어떤 날은 국제 무대에 군림하는 미국의 오만함과 공격성에 얼굴이 화끈거린다. 죄로 심령이 망가진 많은 사람처럼 나도 내 나라에 대한 자부심은 과도하면서 다른 나라들에 대해서는 편견이 심하다.

시편에서 열방(모든 나라, 민족, 족속)의 역할은 하나의 기본 질문으로 귀결된다. **누가 나의 이웃인가?** 때와 장소를 초월하여 모든 인간에게 익숙한 질문이다. 이 질문을 하나님은 세계주의자와 국수주의자, 북반구와 남반구, "나의 민족"과

"너의 민족", 서구 교회와 동방 교회 모두에 던지신다. 열방은 시편의 시작(2편)과 끝(149편)에 등장한다. 1편과 150편이 시편의 바깥쪽 액자이듯 2편과 149편은 안쪽 액자의 역할을 한다. 시편에서 열방이 차지하는 역할에 우연이란 전혀 없다.

열방이 시편의 두드러진 특징인 까닭은 그것이 성경의 근본 주제이기 때문이다.[4] 열방은 창세기 10장에 노아의 세 아들에게서 갈라져 나온 종족과 나라를 기술할 때 처음 등장하고, 만국이 하나님의 도시에 자기 영광을 가지고 들어가는 요한계시록 21장 24-27절에 끝으로 등장한다. 창세기에서는 나라마다 흩어지는 데 반해, 요한계시록에서는 만국이 한데 모여 생명나무 잎사귀로 치료를 받는다. 그 나무는 하나님의 보좌에서 흘러나오는 생명수의 강 좌우에 있다.

마찬가지로 시편에서도 열방은 사소한 주제가 아니어서 시종 되풀이하여 등장한다. 충실한 삶과 기도에 대한 시편의 관점에 열방도 한 요인으로 작용하며, 이집트와 에돔과 바벨론과 모압과 블레셋과 미디안과 앗수르는 열방의 일부일 뿐이다. 예컨대 시편 87편에 전 세계를 상징하는 나라 명단이 대표로 등장하는데, 주님은 그들을 가리켜 "나를 아는 자"라고 말씀하신다. 거기에는 동서남북(각각 바벨론과 이집트와 두로와 에티오피아)이 모두 망라되어 있다. 열방을 이토록 속속들이 아시는 하나님에게서 우리는 전 세계의 재창조와 구속(救贖)이라는 그분의 목적을 볼 수 있다.[5]

시편에서 열방은 온 땅을 향한 하나님의 목적과 어떤 관계가 있는가? 민족들은 어떻게 그분의 목적에 동참하기도 하고 그것을 대적하기도 하는가? 하나님이 택하신 왕의 활동에서 열방은 어떤 역할을 하는가? 나아가 시편은 열방의 역할을 신앙생활과 어떻게 연결시키는가? 이것이 이번 장에서 살펴볼 질문이다.

시편 속 열방의 시

시편을 지배하는 주제 중 하나는 열방을 축복하라는 명령이다. 시편 1편과 3편에는 각각 개인과 이스라엘이 받는 복이 나오지만, 2편 12절은 하나님의 복을 "여호와께 피하는 모든 사람"에게로 확대한다. 66편 8절의 저자는 이 땅의 만민들에게 "우리 하나님을 송축"하라고 명한다. 67편 5-7절에 밝혀져 있듯이, 민족들이 하나님을 찬송하는 것과 하나님이 민족들에게 베푸시는 복은 서로 밀접한 관계가 있다. 145편의 저자는 하나님이 모든 것을 선대하시기에 "주께서 지으신 모든 것들"(10절)이 그분을 송축하리라고 기도한다.

크리스토퍼 라이트가 『하나님의 선교』에 말했듯이, 하나님은 모든 나라의 역사를 주권적으로 통치하신다. 그분 모르게 벌어지는 일은 어느 나라에도 없으며, 각국의 그 어떤 파괴나 자멸 행위도 창조세계 전체에 복을 주시려는 하나님의 뜻을 꺾지 못한다. 라이트는 이렇게 요약했다. "아브라함을 불러 모든 민족의 복이 되게 하신 하나님이 또한 모든 민족의 역사를 다스리신다. 이스라엘을 불러 자신의 보배로운 소유와 제사장 나라로 삼으신 하나님이 또한 '온 땅이 다 내 것이라'라고 말씀하신다."[6]

열방이 하나님의 것이기에 신자의 즐거운 소리도 "열방에서" 터져 나온다. 예배가 온 땅과 모든 민족 집단에서 드려진다는 이 개념에 대해 크리스토퍼 라이트는 다음의 네 가지 유익한 관측을 내놓는다. "말씀에 따르면 장차 열방이 여호와께 드릴 찬송은 (1) 그분의 능하신 행위 전반에 대한 반응, (2) 특히 그분이 우주를 주권적으로 정의롭게 통치하시는 데 대한 반응, (3) 그분이 (열방에 이롭도록) 시온을 회복하시는 데 대한 반응, (4) 모든 창조세계가 쏟아 내는 우주적 찬송의 일환 등이다."[7]

그런 개념이 예컨대 시편 66편 4절에 구체적으로 표현되어 있다. "온 땅이 주께 경배하고 주를 노래하며 주의 이름을 노래하리이다." 시편 저자가 모든 민족이 "주의 이름에 영광을 돌리리이다"라고 말하는 근거는 그들을 다 하나님이 지으셨기 때문이다(시 86:9). 온 땅과 만민이 주께 새 노래를 부르는 이유는 주께서 "날마다" 놀라운 일을 행하시기 때문이다(시 96:1-3). 의로 만민을 판단하시는 하나님이 "그의 공의를 뭇 나라의 목전에서 명백히 나타내셨"다(시 98:2-9).

우주를 창조하신 하나님이 이 땅의 열방을 주권적으로 돌보시고 통치하신다. "모든 나라의 모든 족속"(시 22:27)과 "세상의 모든 거민들"(시 33:8)이 이에 해당한다. 시편 저자의 말은 이렇게 이어진다. "여호와께서 하늘에서 굽어보사 모든 인생을 살피심이여. 곧 그가 거하시는 곳에서 세상의 모든 거민들을 굽어살피시는도다. 그는 그들 모두의 마음을 지으시며 그들이 하는 일을 굽어살피시는 이로다"(13-15절). 어느 나라든 구원을 얻으려면 자신의 힘으로는 안 되고, 오직 주님을 경외하며 "그의 인자하심을 바라"야 한다(18절).

이 땅의 열방도 이스라엘 나라처럼 세상에서 하나님의 선하신 뜻을 대적할 수 있다. 주께서 공평과 의로 모든 나라와 민족을 심판하신다는 시편 7편과 9편의 말씀은 이스라엘과 세계 열방에 똑같이 해당한다. 그들 모두가 창조세계를 향한 하나님의 뜻에 따를 책임이 있다. 시편 110편과 137편의 저자는 하나님께 뭇 나라를 심판해 달라고 기도하지만, 44편과 106편에는 이스라엘을 향한 그분의 심판이 다루어진다.

시편 149편은 이 주제와 관련하여 좀 난해한 편이므로 더 설명이 필요하다. 저자는 새 노래로 주님께 노래하라는 권유로 말문을 연다. 이어 이스라엘에게 명하기를, 그들을 지으시고 겸손한 자를 승리로 장식해 주시는 그분을 즐거워하며 춤과 노래로 찬송하라 한다. 그런데 이렇게 쾌활한 듯한 찬송시가 중간쯤에 칙칙한 어조로 바뀐다. "그들의 입에는 하나님에 대한 찬양이 있고 그들의 손에는 두 날 가진 칼이 있도다. 이것으로 뭇 나라에 보수하며 민족들을 벌하며"(6-7절).

이 말은 정확히 무슨 의미일까? 하나님이 이스라엘에게 전쟁의 전권을 부여하시는 것인가? 복수가 인간에게 양도된 것인가? 시편 저자는 외국인 혐오와 제도적 보복을 지지하는 것인가? 여기서 첫째로 말할 것은 복수의 주체가 이스라엘이 아니라 여호와라는 사실이다(삿 11:36, 사 47:3, 59:17, 겔 25:17). 시편 전체에 이 사실이 전제되어 있다. 복수는 인간의 소관이 아니라 주님의 소관이다(시 94:1). 이 시에서 말하려는 심판이 무엇이든 간에, 그것은 이스라엘이 아닌 여호와께서 하시는 일이다. 최종 승리도 이스라엘이 아닌 여호와의 것이다.[8]

둘째로, 시편에 따르면 복수는 악을 궤멸하고 불의를 바로잡는 수단으로서 반드시 필요하다. "악인"을 영원히 무찌르지 않고는 가해와 압제가 그치지 않겠기 때문이다.[9] 이것은 결국 시편 저자의 희망의 고백이다. 그는 인간이 불의를 당하는 곳마다 하나님의 정의가 필요하다고 역설한다. 불의의 주체는 이스라엘일 때도 있고, 이 시의 경우처럼 "민족들"일 때도 있다. 여기 "민족들"은 악하게 불의를 행하는 모든 나라를 약칭하는 표현이다.[10]

셋째로, 하나님의 판결을 누가 민족들에게 시행할 것인지도 주님이 정하신다. 시편 2편 9절에서 다윗 왕에게 맡겨졌던 그 일이 여기 149편에서는 "성도들"에게 맡겨진다(미 4:13, 슥 10:5, 12:6). 단, 이 백성이 하나님의 대행자로서 직무를 제대로 수행할 수 있으려면 그분의 인자하심을 닮아야만 한다.

끝으로, 시편 148편 11절에서는 왕들도 우주에 동참하여 하나님을 찬송하지만, 149편에서 정의와 평화를 저버린 이 거짓 군주들에게 마땅히 임할 것이라고는 하나님의 책망뿐이다. 모든 성도는 하나님의 영광(히브리어로 '가봇')을 즐거워하지만, 본문의 귀인('닉바돗', 곧 '영광스러운 자들')은 오로지 "영원히 감옥에 갇"혀 마땅하다(시 149:8, 『메시지』).

틀림없이 시편 149편에는 열방을 향한 매서운 말씀이 들어 있다. 하지만 좋은 말씀도 들어 있으며, 그 대상 또한 "성도들"로 국한되지 않는다. 시편에서 하나님의 심판은 자비를 머금고 있으며 긍휼을 받아들이라는 초대다(사 30:18, 55:6-7). 시편 저자는 그 둘을 불가결하게 짝짓는다. "여호와여, 주의 긍휼이 많으오니 주의 규례들[정의, NRSV]에 따라 나를 살리소서"(시 119:156). 제임스 메이스는 "여기 놀랍고 신기한 일이 벌어진다. 비천한 자들이 용사가 되어 그 나라를 위해 싸우고 땅을 유업으로 받는다"라고 말했다.[11]

열방도 하나님의 사랑과 정의를 내보이면 세상에서 하나님의 선하신 뜻에 동참할 수 있다.[12] 어떻게 그런지 시편 67편 1-5절에 나와 있다.

하나님은 우리에게 은혜를 베푸사 복을 주시고
　그의 얼굴빛을 우리에게 비추사 (셀라)
주의 도를 땅 위에,
　주의 구원을 모든 나라에게 알리소서.
하나님이여, 민족들이 주를 찬송하게 하시며
　모든 민족들이 주를 찬송하게 하소서.

온 백성은 기쁘고 즐겁게 노래할지니
　주는 민족들을 공평히 심판하시며
　땅 위의 나라들을 다스리실 것임이니이다. (셀라)
하나님이여, 민족들이 주를 찬송하게 하시며
　모든 민족으로 주를 찬송하게 하소서.

　학자들이 지적하듯이 이는 제사장의 어법이다. 이스라엘
에서 공식 문구를 써서 백성을 축복하던 사람은 제사장이었
다. 이 시에서 하나님은 하늘의 제사장으로서 민족들에게 복
을 베푸신다. 저자는 그 선포를 기도로 바꾸어 "하나님은 우리
에게…… 복을 주시고"라고 간구한다. 그러다 시야를 이스라
엘의 지경 밖으로 넓혀, 모든 민족이 주를 찬송하게 해 달라고
기도한다. 그의 마지막 말은 창세기 1장과 닮아 있다.

　땅이 그의 소산을 내어 주었으니

하나님 곧 우리 하나님이 우리에게 복을 주시리로다.
하나님이 우리에게 복을 주시리니
　땅의 모든 끝이 하나님을 경외하리로다. (시 67:6-7)

　이렇듯 저자는 하나님께 온 땅에 복을 주실 것을 간구
한다. 그분의 복에 해당하는 징후는 추수의 풍년, 넉넉한 양
식, 각종 풍성한 것 등 경제적 번영이다(레 25:19, 겔 34:27, 슥
8:12-13). 시편 저자는 제사장 아론이 이스라엘을 위해 기도
한 것처럼(민 6:23-26) 열방을 위해 기도한다. 열방이 하나님
의 선하신 뜻에 동참함은 그분을 직접 만나기 때문이기도 하
고(시 138:4-5), 시온에서 하시는 그분의 일에 참여하기 때문
이기도 하다(시 102:13, 15-16, 21-22). 시편에도 예견되어 있
듯이 언젠가는 이사야 19장 24-25절 말씀이 성취될 것이다.

　그날에 이스라엘이 애굽 및 앗수르와 더불어 셋이 세계
　중에 복이 되리니 이는 만군의 여호와께서 복 주시며
　이르시되 "내 백성 애굽이여, 내 손으로 지은 앗수르여,
　나의 기업 이스라엘이여, 복이 있을지어다" 하실 것임이라.

　**장차 참되신 왕이 열방을 다스릴 텐데, 그 참되신 왕의 이
름은 예수시며 그분은 열방의 복으로 임하신다.** 시편 2편이 핵
심 본문이다. 제임스 메이스가 지적했듯이, 고대 근동 사회에

서 왕은 신에게서 받은 권력으로 세 가지 역할을 수행했다. 백성을 적에게서 안전하게 지켰고, 정의와 질서를 책임졌고, 신의 복을 받은 표시로 백성의 행복을 도모했다.[13] 하나님이 택하신 왕의 정체는 시편 2편에 밝혀져 있고, 72편 1-4, 12-14절에는 그 왕의 사명이 이렇게 기술되어 있다.

하나님이여, 주의 판단력을 왕에게 주시고
　주의 공의를 왕의 아들에게 주소서.
그가 주의 백성을 공의로 재판하며
　주의 가난한 자를 정의로 재판하리니
의로 말미암아 산들이 백성에게 평강을 주며
　작은 산들도 그리하리로다.
그가 가난한 백성의 억울함을 풀어 주며
　궁핍한 자의 자손을 구원하며
　압박하는 자를 꺾으리로다.

그는 궁핍한 자가 부르짖을 때에 건지며
　도움이 없는 가난한 자도 건지며
그는 가난한 자와 궁핍한 자를 불쌍히 여기며
　궁핍한 자의 생명을 구원하며
그들의 생명을 압박과 강포에서 구원하리니
　그들의 피가 그의 눈앞에서 존귀히 여김을 받으리로다.

보다시피 이 왕의 사명은 창조세계의 왕이신 하나님의 사명을 대행하는 것이다. 17절 뒷부분에 참된 왕의 통치 결과가 나온다. "사람들이 그로 말미암아 복을 받으리니 모든 민족이 다 그를 복되다 하리로다." 참된 왕이 사명을 다하면 땅의 모든 민족이 하나님의 복을 받으며, 이에 대한 반응으로 백성이 주님을 송축한다(18-19절).

　　복음서에서 예수님이 세례를 받으실 때, 하늘이 열리면서 "너는 내 사랑하는 아들이라. 내가 너를 기뻐하노라"(막 1:11, 눅 3:22)라는 아버지의 음성이 들려온다. 시편 2편 7절을 연상시키는 이 표현은 독자에게 시편 2편의 약속이 마침내 성취되었음을 알리면서, 그 참되신 왕이 바로 예수님임을 밝힌다. 그분은 하나님의 참 아들이시자 믿는 사람들의 참 대표이시다. 이 왕은 이 땅의 열방을 배제하거나 착취하거나 짓밟는 게 아니라 연합하고 구원하고 복을 주신다. 메이스는 이렇게 설명했다.

> 시편과 복음서의 말씀대로 하나님은 아들을 통해 열방에 주권을 행사하시는데, 그 아들이 바로 예수님이다. 그렇다면 예수님은 하나님이 인류 역사에 베푸시는 유일한 방책이다. 우리의 필요를 채워 주시려는 다른 계획은 하나님께 없고, 인간의 어리석음과 악의 결과로부터 우리를 구원하시기 위한 다른 전략도 천국에 없다. 오직

예수님뿐이다.[14]

이것이야말로 이 땅의 열방이 들으려고 기다려 온 기쁜 소식이다.[15] 누가복음 2장 30-32절에서 시므온은 아기 예수를 품에 안고 이렇게 하나님을 찬송한다. "내 눈이 주의 구원을 보았사오니 이는 만민 앞에 예비하신 것이요 이방을 비추는 빛이요 주의 백성 이스라엘의 영광이니이다." 바울과 바나바가 회당장들에게 말하고 난 결과도 비슷하게 표현된다.

이 말을 들은 이방인들은, 자신들이 받은 복이 믿기지
않을 만큼 좋았다. 참된 생명을 얻도록 정해진 사람들은
모두 하나님을 믿었다. 그들은 그 생명을 받아들임으로써,
하나님의 말씀을 존귀히 여겼다. 이 구원의 메시지는 그
지역 곳곳으로 들불처럼 퍼져나갔다.

(행 13:48-49, 『메시지』)

시편에 거듭 역설되어 있듯이 주님은 모든 민족에게 인자를 베푸신다. 선하신 주께서 모든 생물의 소원을 만족하게 하신다. 진리 안에서 주님을 부르는 모든 이에게 그분은 가까이서 정의와 자비를 베푸신다. 주님은 궁핍한 자의 부르짖음을 들으시고, 그분을 사랑하는 모든 사람을 지켜 주신다. 열방이 이스라엘의 하나님의 복을 반길 수 있는 이유는 그분이 만

물의 창조주여서만이 아니라, 실제로 그분이 인류의 기본 사명을 대신 이루셔서 열방을 적에게서 지키시고 행복을 보장하시고 복을 베푸시기 때문이다.

복음서에 누누이 나오는 대로 참되신 왕 예수께서 바로 그 일을 실현하신다. 새로운 다윗이자 더 위대하신 아들인 그분을 통해 장차 모든 민족이 복을 받는다. 메이스는 이렇게 결론지었다. "**이 생명** 안에서 우리는 믿음으로 하나님의 통치라는 복을 받되, 그리스도를 통한 성령의 선물로 받는다. 정의는 은혜로 말미암는 칭의라는 형태로, 행복은 구원이라는 형태로, 평화는 하나님과의 화목한 관계라는 형태로 우리에게 주어진다."[16] 장차 이 생명을 중심으로 모든 언어와 부족과 나라에서 큰 무리가 모일 것이다(계 7:9).

결론

국제 사회와 고향 오스틴을 향한 애정이 대등하여 자주 양쪽을 오락가락하는 내게 시편은 다음 물음에 답해 준다. 나는 내 나라와 내 지정학적 이웃인 열방 중에서 선택해야만 하는가? 답은 양자택일이 아니다. 하나님은 내 나라와 세상 만국 중에서 **한쪽에만** 복을 주시는 게 아니다. 하나님의 복은 **내** 가족과 민족과 나라에만 임하고 **당신의** 가족과 민족과 나라에는 임할 수 없는 제로섬 게임이 아니다. 시편의 답은 양쪽 모두다. 복은 나와 내 이웃에게 공히 임한다.

하나님은 내가 예수님의 이름으로 내 나라와 열방을 양쪽 다 축복하기를 원하신다. 이 땅의 열방이 실제로 내 이웃이기 때문이다. 나아가 정의를 시행하고, 평화를 선택하고, 의를 실천하고, 약자를 보호하고, 겸손히 하나님과 동행하는 나라에는 그분이 친히 복을 주신다. 크리스토퍼 라이트가 유익하게 설명했듯이, 결국 역사를 향한 하나님의 뜻이 다 이루어지면 지금의 소망대로 세계 만국이 하나님의 도시에 등재된다. 그들은 그분의 구원의 복을 받고, 그분의 이름으로 불리며, 그분의 백성에 합류하여 열방의 영원한 기쁨이신 그분을 찬송한다.[17] 이런 의미에서 시편을 "선교의 음악"이라 칭해도 무방하다. 시편은 우리를 불러 열방의 하나님께 마음을 활짝 열고, 시편의 다중 언어 노래에 온 마음으로 동참하게 한다.[18]

묵상을 위한 질문

1. 이번 장을 통해 어떻게 시편에 대한 당신의 이해가 넓어졌는가? 하나님의 관심이 세상 모든 나라에 있다는 인식이 어떻게 깊어졌는가? 뜻밖의 내용이 있었는가?
2. 시편 87편은 마가복음 7장 24-30절에 예수께서 수로보니게 여인의 딸을 고쳐 주신 일과 어떻게 비슷한가?
3. 열방의 시(시 2, 18, 66-68, 72, 87, 96-98, 148-149편)는

요한계시록 5장의 어법과 어떻게 비교되는가?

4. 시편을 어떻게 읽으면 세계 교회의 기쁘고 슬픈 심정을 더 잘 들을 수 있겠는가? 세계 교회에 시편이 어떻게 경험되는지를 느껴 보기 위해서 당신이 할 수 있는 일 한 가지는 무엇인가? 시편을 통해 하나님을 찬송하는 방식이 문화마다 다른데, 그런 독특한 찬송에 혹시 당신이 동참할 수 있는 길은 무엇인가?

5. 고금의 세계 교회에서 시편으로 노래하는 것이 압제당하는 이들에게 그토록 유의미했던 이유가 무엇이라고 보는가?

6. 인생의 이 시기에 시편이 당신을 어떠한 선교의 모험으로 불러 예수님의 이름으로 이 땅의 열방을 섬기게 할 수 있겠는가?

7. 열방의 시는 당신이 예수님의 이름으로 이웃인 이 땅의 나라들을 위해 기도하는 데 어떻게 도움이 되겠는가?

연습

1. 시편 66편을 읽으라. 여러 번 읽고 묵상하라. 그 내용으로 기도하라. 일부를 암송해 보라. 그렇게 마음속에 품고 다니면서 종일 하나님과의 생생한 대화를 지속하

라.

2. 시편 67편을 소리 내어 읽으라. 두 번째 읽을 때는 당신
이 하나님의 복을 빌어 주고 싶은 특정한 나라들을 떠
올리라. 이 시가 민수기 6장 23-27절에 나오는 아론의
축복과 비슷하다는 점을 염두에 두면서, 이 시를 음악
으로 재창조해 보라. 다시 말해서 시편 67편으로 열방
을 축복하는 새 노래를 지어 보라.

3. 이사야 19장 23-25절에 대한 각자의 반응을 그룹으로
나누어 보라. 전체 문맥인 이사야 19장을 한 사람이 낭
독하라. 이 본문의 영향으로 당신이 세계 열방에 대해
생각하고 느끼고 말하는 방식이 어떻게 달라질 수 있
을지 함께 탐색해 보라.

4. 하나님은 "모든 언어와 부족과 나라"(계 7:9, 나의 번역)
를 독특하고 아름답게 그 자체로 두시면서도, 또한 서
로 돌보고 존중하며 연합하게 하신다. 그런 하나님을
당신의 회중 찬송 전반이나 특히 시편 찬송을 통해 어
떻게 바깥세상에 증언할 수 있을지 생각해 보라.

5. 시편 91편을 국제 뉴스 헤드라인과 나란히 함께 읽고
그룹으로 토의하라. 시편에서 이 시는 세계 교회의 그
리스도인들에게 가장 자주 사용되는 시 중 하나다. 이
시를 읽고 그 말씀으로 기도함으로써 그들의 고충에
연대해 보라.

6. 크리스토퍼 라이트의 『하나님의 선교』를 읽고 그룹으로 토의해 보라.

기도

열방의 지도자들이 정의와 자비로 통치하게 하소서.

아멘. 주여, 자비를 베푸소서.

정의가 방패가 되어 세상 모든 민족을 보호하게 하소서.

아멘. 주여, 자비를 베푸소서.

나라마다 평화롭고 민족마다 복되게 하소서.

아멘. 주여, 자비를 베푸소서.

열방에 양 떼와 소 떼가 번성하고 호수마다 물고기가 가득하게 하소서.

아멘. 주여, 자비를 베푸소서.

만국의 땅이 비옥하고 수확이 풍성하게 하소서.

아멘. 주여, 자비를 베푸소서.

세계 만방의 적국끼리 서로 화평으로 돌아서게 하소서.

아멘. 주여, 자비를 베푸소서.

뭇 나라의 외로운 자, 사별한 자, 고난당하는 자를 하늘 아버지의 사랑으로 만져 주소서.

아멘. 주여, 자비를 베푸소서.

세상의 길에서 모든 위험을 치워 주소서.

할렐루야. 자비의 주께서 우리와 함께 계십니다.
아멘.[19]

14. 창조세계

땅에서 하나님을 찬양하여라.

　너희 바다의 용들아, 헤아릴 수 없이 깊은 대양아,

불과 우박, 눈과 얼음아,

　그분의 명령에 복종하는 폭풍들아,

산과 언덕들아,

　사과 과수원들과 백향목 숲들아,

들짐승과 가축 떼들아,

　뱀과 날짐승들아,

세상의 왕들과 모든 인종들아,

　지도자들과 유력자들아,

청춘남녀들아,

　너희 노인과 아이들아.

－시편 148:7-12(『메시지』)

사랑의 열쇠로 하나님의 손이 열리자 거기서 피조물이

생겨났다.

– 토마스 아퀴나스[1]

창조주를 찬송하는 창조세계

몇 년 전에 아내와 나는 스코틀랜드 서부의 글렌코라는
작은 마을을 방문했다. 그곳을 택한 주된 이유는 스코틀랜드
고원을 가로지르는 150킬로미터 거리의 유명한 도보 여행길
인 웨스트 하일랜드 웨이와 가까워서였다. 빙하기의 빙하로
인해 U자형으로 형성된 이 도보 길은 '글렌코 고개'라는 지점
에서 급격하게 좁아진다. 이 고개는 영화 〈몬티 파이튼〉 시리
즈와 〈해리 포터〉 시리즈의 촬영지로서만 아니라 절경의 지
형 때문에도 유명하다.

빙하에 덮인 글렌코 협곡은 길이 10킬로미터의 가파른
'아너크 이가크' 능선과 완만한 '비딘 남 비안' 산자락 사이에
끼여 있는 계곡으로, 산에서 무너져 내린 돌 더미와 파편이 쌓
여 있다. 스코틀랜드 국립 문화유산 자료에도 나와 있듯이, 바
닥의 평평한 토탄 협곡은 주변에 둘린 높은 절벽이며 폭포와
극명한 대비를 이룬다. 계곡 평지에 솟아 오른 험산, 폭포, 수
직 노두, 현곡(懸谷) 등이 어우러져 있는 지역이다.[2]

스토브 믹 마틴까지 5킬로미터를 등반하는 동안 페드라
와 나는 평소 자연 속을 걸을 때 자주 하던 게임을 했다. 내가

신학교에서 배운 '핀자츠키의 신성한 게임'이라는 게임이다. 아서와 엘런 핀자츠키 부부가 고안해 낸 이 게임은 한 사람이 자연물을 하나 지목하면 다른 사람이 그 사물이 하나님에 대해 뭐라고 말할지를 그 이유와 함께 최대한 설명하는 식이다. 예컨대 내가 푸른 이끼를 지목하면 페드라는 "하나님의 온유하심"이라고 말한 뒤 왜 그렇게 생각하는지를 설명한다. 반대로 아내가 돌이 흩어져 있는 산속의 협로를 지목하면 나는 "하나님의 맹렬한 자비"라고 말한 뒤 그 이유를 설명한다.

여러 해 동안 이 게임을 하면서 우리는 창조세계의 세세한 부분에 주목하는 법을 배웠다. 막연한 이끼란 없고 퍼스셔 수염이끼와 양털이끼 같은 게 존재함을 배웠다. 바위도 그냥 바위가 아니라 화산암이나 퇴적암일 수 있다. 이렇게 우리는 하나님이 만드신 것들 속에서 그 만드신 분의 목소리를 듣는 법을 배웠다. 이끼와 바위는 실제로 자기만의 언어로 하나님을 찬송한다. 또 우리는 인간인 우리 자신도 다시 보게 되었다. 장 칼뱅의 표현으로 "하나님의 영광의 극장"인 세상 속에서 우리가 얼마나 미미하면서도 한없이 사랑받는 존재인지를 배웠다. 덕분에 시편 19편 1-4절의 저자가 옛날에 보았던 것을 우리도 볼 줄 알게 되었다. 캘빈 시어벨드는 그 대목을 이렇게 옮겼다.

하늘이 하나님의 영광을 말하고

별 총총한 우주가 하나님의 솜씨를 알리로다.

오늘은 내일에게 해 줄 말이 가득하고

이 밤은 다음 밤에게 은밀한 지식을 전하니,

발언도 없고 낱말도 없어

목소리가 들리지는 않으나,

그 방언이 온 땅을 내달리고

그 뱉은 소리가 거주지 끝까지 이르도다.[3]

시편은 창세기 첫 몇 장의 메아리로 시작되어 온 우주의 찬송이라는 비전으로 마무리된다. 창조세계는 인간이 등장하기 전부터 이미 찬송하고 있었고, 역사의 무대에 오른 인간에게는 충실한 삶에 안성맞춤인 장이 되어 주었다. 시편에서 창조세계는 실제로 하나님을 찬송하면서 우리를 충실한 찬송으로 부른다. 언덕과 골짜기, 불과 서리, 아메바와 원자와 반달가슴곰, 태양보다 스무 배나 큰 아르크투루스성(星)이 모두 주님을 기뻐한다. 그들의 찬송은 "세상 끝까지" 이른다(시 19:4).

이 책도 창조세계라는 주제로 일단 마무리된다. 보다시피 하나님은 창조세계로 우리를 매료하시어 인간의 마음에서 충실한 찬송을 불러내신다. 보다시피 창조세계는 함께 기뻐하자고 우리를 초대한다. 그 기쁨에 기꺼이 심취할 때 우리는 기쁘신 하나님의 형상대로 지음 받은 피조물로서 우리의 참된 목적을 깨닫는다. 그 목적이란 바로 창조주이신 우리 왕을 대변하는 작은 왕으로서, 피조물인 우리 삶의 모든 정황 속에서 그분의 형상을 충실히 반사하는 것이다.

시편 속 창조세계의 시

첫째로, 시편에 따르면 창조세계는 지혜의 하나님이 창조세계의 기쁨을 위해 말씀과 호흡으로 지어 주신 선물이다. 주변 가나안 민족들의 신학과는 대조적으로, 이스라엘의 하나님은 물리적 출산 행위를 통해 세상 거민을 번식시키지 않으신다. 여호와는 천지를 지으시는 데 신령한 매개자들이 필요 없으셨고, 단순히 필요에 의해 창조하신 것도 아니다. 주님은 우주를 창조하지 않으셔도 되었지만 스스로 **원해서** 창조하셨다.

시편 104편 24절의 저자는 "여호와여, 주께서 하신 일이 어찌 그리 많은지요. 주께서 지혜로 그들을 다 지으셨으니 주께서 지으신 것들이 땅에 가득하니이다"라고 썼다. 이는 하나님의 창조 행위에서 "지혜"가 무대 중앙을 차지했다는 잠언 8장과 예레미야 51장 15절의 표현과 비슷하다.[4] 한편 시편 36편 5절은 그분의 창조 작업에서 사랑도 두드러진 요소였다는 사실에 주의를 환기시킨다. 그분의 사랑은 "하늘에 있고 주의 진실하심이 공중에 사무쳤"다. 33편 5절에도 "세상에는 여호와의 인자하심이 충만하도다"라고 했다. 저자가 그 다음 구절에 지적했듯이, 하늘은 "여호와의 말씀으로……그의 입 기운으로" 지어졌다(6절). 만물이 주의 "명령"으로 창조되었다(시 148:5).

시편 저자가 이런 단언을 통해 일깨워 주듯이, 세상에 인간이 처음 만드는 것은 하나도 없다. 쿼크부터 준항성체까지 세상을 전부 하나님이 지으셨고, 인간은 그분이 **이미 만들어 놓으신 것으로** 무언가를 만들 뿐이다. 그래서 우리는 궁극적으로 인간을 신뢰해서는 안 된다. 죽을 운명일 뿐인 인간에 대해 시편 저자는 "그의 호흡이 끊어지면 흙으로 돌아가서 그날에 그의 생각이 소멸하리로다"라고 썼다(시 146:4). 우리가 신뢰해야 할 대상은 하나님이다. 그분의 능력과 호흡 덕분에 우리가 존재한다.

시편에서 하나님의 창조 작업은 다분히 지혜와 능력과 사랑으로 이루어진다. 그런데 시편 저자는 하나님이 기쁨을 위해 세상을 지으셨다고 선포한다. 시편 65편 8절의 저자는 "땅 끝에 사는 자가 주의 징조를 두려워하나이다"라고 쓴 뒤 "주께서 아침 되는 것과 저녁 되는 것을 즐거워하게 하시며"라고 덧붙인다. 시편 전체에서 창조세계는 기쁜 찬송을 부른다. 강물은 손뼉 치고 산악은 즐겁게 노래한다(시 98:8). 골짜기는 기뻐 외치고 나무는 노래하고 밭은 즐거워한다(시 96:10-13). 요컨대 하나님은 **기쁨을 위해** 창조하신다.

엘런 데이비스는 "하나님은 세상과 그중에서도 특히 인

간을 자신의 즐거움을 위해 창조하셨다"라고 썼다.[5] 물론 하나님은 자신의 성품 이외의 어떤 필요에 의해서가 아니라 자유로이 창조하시지만, 그러면서도 창조를 즐거워하신다(시 104:31). 데이비스는 "자유와 기쁨, 이 둘은 아이의 놀이에서처럼 하나님의 놀이에서도 짝을 이룬다"라고 덧붙였다.[6] 예컨대 시편 104편 26절에서 하나님은 리워야단을 관찰만 하시는 게 아니라 애완동물인 양 그것과 함께 노신다. 같은 시 15절에 그분이 양식을 주시는 이유도 단지 목숨을 부지하도록 하기 위해서가 아니라 "사람의 마음을 기쁘게" 하시기 위해서다.[7] 이렇듯 하나님의 기쁨은 차고 넘친다.

둘째로, 시편은 창조세계에는 신이 없으며 하나님만이 신이심을 역설한다. 자연의 모든 세력을 하나님이 길들이고 부리신다. 만물은 다 제자리가 있고 또 주기(週期)와 목적이 있다. 시편 저자가 밝혔듯이, 고대 근동 사회의 통념과는 반대로 별은 신이 아니다. 사실은 하나님이 "별들의 수효를 세시고 그것들을 다 이름대로 부르"신다(시 147:4).[8]

낮과 밤도 서로 싸우는 신이 아니다. 낮과 밤 동안 인간과 동물이 공존하도록 하나님이 친히 하루의 주기를 정하셨다. 시편 104편 19-23절 말씀대로 "달은 계절의 진로를 기억하고 해는 낮을 지배합니다. 어두워져 밤이 되면 숲의 온갖 생물들이 나옵니다. 젊은 사자들이…… 해가 뜨면 제 굴로 물러가서 늘어지게 눕습니다. 그 사이 사람들은 일하러 가고 저녁까지

분주하게 몸을 움직입니다"(『메시지』).

하나님은 파종과 수확의 주기인 계절도 정하셨다. 하나님의 질서 속에 해와 달의 제자리가 있고, 다른 모든 자연 현상도 마찬가지다.[9] 게다가 지물(地物)과 천체는 지각이 없으며, 하나님의 영광을 증언하는 사물일 뿐이다. 그들의 찬송은 합창이면서 교창이다. 시편 89편 5절에서는 창조세계가 합창대처럼 목소리를 높인다. "하나님! 온 우주가 주님의 이적을 찬양하게 하시고 거룩한 천사들의 찬양대가 주님의 성실을 찬송하게 하소서!"(『메시지』). 19편 1-2절의 창조세계는 **낮이 낮에게, 밤이 밤에게** 서로 부르며 응창한다.

셋째로, 시편은 창세기 1-2장과 비슷하게 인간의 참 본질을 우리에게 일깨운다. 인간은 창조세계에서 무한히 작은 존재이지만 하나님 같은 영광의 관이 씌워져 있다. 시편 8편이 핵심 본문이다. 이 시는 "여호와 우리 주여, 주의 이름이 온 땅에 어찌 그리 아름다운지요"라는 우렁찬 찬송으로 시작된다. 이스라엘의 삶의 정황에서 이는 왕에게 쓰던 어법이다. 따라서 이 구절에서 하나님은 왕으로 제시된다. 그분의 영광은 하늘보다 높고 인간의 모든 영광을 능가한다.

3절에 저자는 "거대한 하늘, 캄캄하고 광대한 하늘"을 우러러보면서, 우주의 하나님이 왜 "한없이 작은 내 모습"에 주목하셔야 하는지 의문에 잠긴다(『메시지』). 은하계에만도 항성과 행성은 각각 4천억 개와 1천억 개 이상으로 추산되며,

지구상의 생명체는 약 750억 톤에 달한다. 그런데 그분은 왜 인간에게 마음을 쓰시는가? 우리는 약하고 가녀리며 흙(라틴 어로 '후무스')이라는 유기물로 만들어졌다. 모든 피조물처럼 우리도 오늘 있다가 내일 사라지는 유한한 존재다. 짐 커터는 시편 8편을 이렇게 옮겼다.

> 내가 하늘로 눈을 들어 주의 손가락으로 지으신 작품,
> 위엄차게 궤도를 도는 달과 별들을—
> 공중을 나는 독수리, 바다를 가르는 돌고래,
> 바람을 타고 넘는 영양, 초장의 풀을 뜯는 양 떼를—보니
> 인간이 누구기에 주께서 우리에게 마음을 두시고
> 남녀노소를 이토록 돌보시나이까?[10]

그런데 하나님은 우리에게 왕과 여왕처럼 영화와 존귀로 "관을 씌우"신다(시 8:5). 군주에게만 왕족의 특권을 주시는 게 아니라 **모든** 인간을 왕의 지위로 높이신다. 하지만 이런 특별한 신분에 우리가 아마 감탄하는 동안에도, 시편 저자가 일깨우듯이 여전히 관건은 하나님이다. **하나님이** 우리를 지으셨고 돌보시며 관을 씌우신다. **하나님이** 우리를 통치자로 세우시고 만물을 우리의 발아래 두신다. 1절에서 왕이신 하나님께 돌리던 영광이 이제 인간에게 적용되지만, 어디까지나 그것은 하나님이 베푸시고 받으시는 **하나님의** 영광이다.

시편이 일깨우듯이 우리는 왕의 정체만 아니라 왕의 책임도 받았으니, 곧 하나님의 통치 방식을 본받아 그분의 작품인 **창조세계를 통치하는 것이다.** 시편 8편 6-8절의 어법은 창세기 1-2장과 비슷하다. 하나님은 인간을 "모든 소와 양과 들짐승이며 공중의 새와 바다의 물고기와 바닷길에 다니는 것"의 통치자로 삼으셨다. 왕이 하나님의 백성을 애정으로 다스려야 하듯이, 인간도 창조세계를 하나님처럼 사랑과 애정으로 다스려야 한다.

요컨대 하나님은 인간에게 명하여 이 땅을 돌보고 가꾸게 하셨다. 우리를 **이 땅에** 두어, 그분이 이미 만들어 놓으신 것으로 무언가를 만들게 하셨다. 시편의 정황에서 저자는 하나님께 자신을 "지켜 주"시고(16:1) "지키시고"(17:8) 목숨을 "보존"해 달라고(86:2, 이상 히브리어로 '샤마르') 기도한다. 또 2편 11절의 저자는 이 땅의 왕들에게 주를 경외함으로 "섬기"라고(히브리어로 '아바드') 촉구한다. 그런데 이 두 단어가 창세기 2장 15절에도 똑같이 나온다. 즉 하나님이 사람에게 명하여 "창조세계를 경작하며('아바드') 지키게('샤마르')" 하신다.[11]

의미심장하게도 첫 단어 '아바드'는 인간에게 하나님을 "섬기거나" "예배하도록" 명하는 문맥에 자주 등장한다. 둘째 단어 '샤마르'에는 "살피다, 지키다, 보존하다"라는 개념이 들어 있다.[12] 창세기의 관점을 이어받은 시편의 요지는 이것이다. 우리는 **하나님을 위해** 창조세계를 "경작하고"(즉 "섬기고") **하나님의 이름으로** 창조세계를 "지킨다"(즉 "보존한다"). 그러므로 왕으로서의 우리의 통치를 제사장의 소명이 견제한다. 제사장으로서 우리는 하나님의 것들을 모든 피조물에게 사랑으로 베풀고, 반대로 창조세계의 모든 것들을 하나님께 사랑으로 돌려드려야 한다.[13]

이 일에 충실할 수 있으려면 반드시 "하나님의 창조 목적에 맞게 일해야" 한다.[14] 그 목적이란 무엇일까? 거기에는 다음과 같은 삶의 특징이 포함된다. 바로 기쁜 찬송, 경이에 찬 감사, 창조세계의 신중한 청지기 역할, 희망찬 회복과 화해 작업, 너그러운 대인 교류, 충실한 생활 등이다. 우리가 이 일에 성공할 수 있는 유일한 이유는 그리스도께서 친히 인간의 이 사명을 충실히 수행하셨다는 확신 때문이다. 그렇게 그분은 생명을 주시는 성령의 능력으로 말미암아 천지의 창조주이신 아버지께 순종하셨다.

그리스도께서 창조세계의 중심에 계시기에 창조세계는 인간에게 무한에 가까운 즐거움의 원천이 될 수 있다. 오직 그리스도 안에서 우리는 창조세계가 얼마나 사랑받는 존재인지를 깨닫는다. 십자가에서 죽으시고 부활하신 그리스도를 통해 우리는 창조세계가 참으로 망가진 상태임을 깨닫는다. 승천하신 그리스도를 통해서는 창조세계가 장차 새롭게 창조되리라는 소망을 본다. 피조물 가운데 처음 나신 그분은 "우리의 식욕을 돋우셔서, 장차 다가올 것을 맛보게" 하시려고 우리에게 성령을 주신다(고후 5:5, 『메시지』).

그리스도 안에서 우리는 창조세계의 **모든** 목적을 깨닫는다. 즉 "이 삶은 죄와 은혜와 죽음과 생명의 전시장이고, 역사는 중요하고 일정 방향으로 진행되며, 별을 비롯한 사물의 체계는 시작점이 있었고 끝날 수도 있으며, 생물과 무생물 할 것 없이 모든 피조물은 하나님 앞에 서 있다."[15] 그리스도 안에서 우리는 창조세계가 "얼마나 신기하게 하나님을 참으로 기쁘시게 하는지를" 깨닫는다.[16] 알고 보면 그리스도 안에서 창조세계는 근본적으로 은혜의 표현이며, 하나님은 그 은혜 안에 살도록 우리를 부르신다. 하나님의 풍족한 경제 속에 산다는 뜻이다.

의지적으로 그런 풍족한 경제 속에 사는 한 방법은 '안식일' 의식을 품는 것이다. 그러려면 일곱째 날의 안식을 "수고롭게 잘 일한 뒤의 회복"으로 보아서는 안 된다.[17] 안식일을 성가신 의무로 보거나 하나님의 일에 따라붙는 덤으로 보아서도 안 된다. 안식일은 하나님이 자신의 작품을 음미하며 충분히 즐거워하시는 축일이다. 칼 바르트의 설명대로 "엄밀히 말해서 피조물에게 관이 씌워지려면, 하나님이 즐겁게 안식하시는 가운데 자신이 창조하신 세상을 돌아보시고 내려다보셔야만 한다."[18]

바르트가 우리의 시조인 아담과 하와와 관련하여 지적했

듯이, 안식일은 인간이 목격한 하나님의 첫 활동이다. 그래서 우리에게 일주일의 첫날은 월요일이 아니라 안식일이다. 이렇게 볼 때 인간의 삶은 "부과된 업무가 아닌 휴일로, 고된 일과 수고가 아닌 기쁨으로" 시작된다.[19] 은혜의 날에 시작된다. 하나님은 계속 인간을 불러 창조세계의 은혜 속으로 완전히 들어가게 하신다. 풍족한 경제가 지배하는 그곳에는 늘 자원이 충분하다.[20]

결론

시편 속 창조세계의 시는 이상의 내용을 우리에게 거듭 환기시킨다. 창조세계의 찬송은 의무면서 또한 즐거움이고, 마르바 던이 예배의 기본 성격을 묘사할 때 쓴 표현을 빌리자면 "고귀한 시간 낭비"다.[21] 하나님은 우리에게 "곡식"을 주실 뿐 아니라 은택으로 "한 해를 관 씌우"신다. 피조물마다 하나님이 예비하신 자신들의 목적을 증언하는데, 이 증언은 결코 최소한에 그치거나 그저 실용적인 게 아니라 "오늘은 내일에게 해 줄 말이 가득"하다.[22] 하나님은 우리에게 창조세계를 경작하고 지키라고 명하신다. 고용 계약을 맺은 종으로서가 아니라 하나님의 특권의 관을 쓴 대리 왕으로서, 그분이 그토록 사랑하시는 세상으로 무언가를 만들라고 명하신다.

물론 우리는 본연의 소명을 다하지 못할 때가 많은 게 사실이다. 창조세계를 돌보기는커녕 오히려 착취한다. 그렇게 우리가 자원을 훼손하고 낭비할 때, 캐스린 쉬퍼데커가 제대로 지적했듯이 "이 땅은 찬송할 역량을 잃어 간다."[23] 또 우리는 죽을 운명을 받아들이기는커녕 신처럼 되려다가 인간의 참 본질을 왜곡한다. 창조 질서 속의 제자리를 거부한 채 방향을 잃고 불안해한다. 창조주를 배척하고는 그 대신 인간성을 말살하는 온갖 우상으로 만족한다. 그리고 믿음으로 하나님의 풍족한 경제를 깨닫기보다는 결핍의 경제밖에 보지 못한다.

결핍의 경제 속에서 우리는 시간, 에너지, 친구, 기회, 자원, 선(善) 등 무엇이든 충분하지 않을까 봐 두려워한다. 그 근원에는 하나님으로도 충분하지 못할 것이라는 두려움이 도사리고 있다. 우리는 창조세계를 즐거워하기는커녕 문명의 각종 이기에 얽매여 자연과는 담을 쌓는다. 은혜 안에 살기는커녕 본능에 굴하여 폭력, 착취, 상품화, 인색한 탐욕, 자만심, 병적 불안 등에 빠진다. 또 수명의 한계가 "지금의 최고의 삶"을 앗아갈까 봐 두려워한다.[24]

나도 이 모든 것을 수시로 느낀다. 점점 나이가 들어 갈수록 죽기 전에 이루지 못할지도 모르는 모든 일에 대해 끊임없이 염려한다. 내가 해내는 일이 충분하다고 느껴질 때는 거의 없다. 나는 시간을 내서 참으로 쉬거나 내게 가장 가까운 존재들—내 호흡과 몸, 아내와 자녀—앞에 현존하는 일도 잘하지 못한다. 삶의 일부 기본 영역에서 하나님을 신뢰하지 못하며, 내 앞날의 모든 알 수 없는 부분 때문에 자주 아찔해진다. 중독성 있는 SNS의 마력과도 싸워야 한다. 이래저래 대면 관계를 외면하기가 쉬워지기 때문이다. 게다가 하나님을 찬송해야겠다고 생각하면서도 실제로는 그러지 못할 때가 많다.

물론 시편이 내게 도움이 된다. 내가 도움을 잘 받기만 한다면 말이다. 시편은 내게 위를 보라고 말한다. 올려다보면 우주는 얼마나 크고 나는 얼마나 작으며, 이런 미미한 존재인 내게 영광의 관이 씌워졌으니 또 얼마나 좋은가. 시편은 내게 아래를 보라고 말한다. 내려다보면 사랑으로 창조세계를 경작하고 지키도록 지음 받은 내 손과 발이 있다. 시편은 또 나를 지으신 분을 보라고 말한다. 그분은 얼마나 지혜로우시고 능하시고 선하시고 너그러우신 분인가.[25]

그리고 시편은 내게 주변을 둘러보라고 말한다. 핀자츠키의 신성한 게임을 하며 들의 백합화와 공중의 새와 이끼와 바위를 보노라면, 그들은 염려하지도 않고 쓸데없이 애쓰지도 않으며 오히려 나를 불러 은혜로우신 창조주를 즐거워하게 한다. 그분 안에는 늘 자원이 충분하다. 충분하고도 **남는다**. 내게 들을 귀가 있다면 창조세계가 부르는 찬송의 교향곡이 들려올 것이다. 아이작 왓츠는 '하늘이 주의 영광을 선포하고'라는 찬송가에 그것을 아름답게 담아냈다.

해와 달과 별 주 찬양하며
쉼 없이 온 땅을 돌고 도니
주의 진리도 힘차게 달려
모든 나라에 미치나이다.[26]

묵상을 위한 질문

1. 창조세계의 시(시 8, 19, 24, 33, 95, 104, 139, 145, 147, 148 편)를 통해 창조세계를 보는 당신의 시각이 어떻게 달라졌는가?

2. 당신이 자연, 물질세계, 인간 밖의 세상과 어떻게 연결되어 있다고 느껴지는가? 어떻게 단절되어 있다고 느껴지는가?

3. 어떻게 하면 더 자주 자연으로 나갈 수 있겠는가? 이 일을 성공리에 꾸준히 하려면 무엇이 당신에게 도움이 되겠는가?

4. 한 주간의 뉴스를 읽어 보면, 인간과 나머지 창조세계의 관계가 망가져 있다는 사실이 어떻게 확인되는가?

5. 시편 8편과 19편은 어떻게 창세기 1-2장의 어법을 되풀이하거나 확대하는가?

6. 당신이 살고 있는 지역의 독특한 식물군이나 동물군이나 지질학적 특성은 무엇인가? 그것들은 어떻게 "자기

만의 언어로" 하나님께 찬송을 올려 드리고 있겠는가?

7. 시편은 우리가 하나님을 섬기고 예배하는 것을 "땅을 경작하고 지킨다"라는 창세기의 어법으로 표현한다. 이 특수한 표현은 창조세계의 선한 청지기 개념에 대한 당신의 이해를 어떻게 뒷받침해 주거나 바로잡아 주는가?

8. "창조세계의 찬송은 의무이면서 또한 즐거움이고 고귀한 시간 낭비다." 이 말에 따르면 당신이 하나님께 드리는 찬송에 대한 생각은 어떻게 달라지는가?

연습

1. 시편 148편이나 150편을 읽으라. 여러 번 읽고 묵상하라. 그 내용으로 기도하라. 일부를 암송해 보라. 그렇게 마음속에 품고 다니면서 종일 하나님과의 생생한 대화를 지속하라.

2. 창조세계를 보는 시편의 관점과 현대 사회의 관점이 어떻게 다른지 적어 보라. 일치하는 부분도 적어 보라.

3. 그룹으로 모여 당신이 살고 있는 부근의 다양한 생물을 탐색해 보라. 그곳에 자라는 특이한 수목과 화초는 무엇인가? 가장 흔한 새와 동물은 무엇인가? 가장 자연스럽게 재배되는 먹거리는 무엇인가? 다 마친 뒤에

지구의 일부인 그 지역 고유의 경이로 인해 하나님을
찬송하라.

4. 실제로 당신이 주변 창조세계의 선한 청지기가 될 수
있는 몇 가지 방법을 공동체와 함께 모색해 보라.

5. 그룹으로 핀자츠키의 신성한 게임을 해 보라. 혼자서
나 짝을 지어 바깥을 20-30분 동안 돌아다니다 돌아와
서, 하나님의 특정한 성품을 연상시킨 자연의 사물이
무엇인지 서로 나누어 보라.

6. 시편에서 창조세계의 시를 읽다 보면 마치 가능한 한
자주 자연으로 나가라고 그 시들이 우리를 거듭 떠미
는 것 같다. 더 의지적으로 꾸준히 자연으로 나갈 수 있
는 방법을 열거해 보라. 자연 속을 거닐며 보고 듣고 냄
새 맡고 맛보고 만지고, 그리하여 창조세계의 기쁨과
하나님의 기쁨을 알기 위해서 말이다.

7. "시편에 따르면 창조세계는 지혜의 하나님이 창조세계
의 기쁨을 위해 말씀과 호흡으로 지어 주신 선물이다."
이 말을 그룹으로 토의해 보라.

8. 창조세계나 지구나 자연 환경과 관련된 기독교 서적을
읽고 그룹으로 토의해 보라.

기도

천지를 창조하신 하나님, 생물과 무생물 할 것 없이 주의 모든 피조물이 주님 앞에 서 있습니다. 창조세계의 중심에 계신 그리스도 안에서 우리는 창조세계가 얼마나 신기하게 하나님을 참으로 기쁘시게 하는지를 깨닫습니다. 온 세상의 중보자이신 그리스도를 통해서는 창조세계가 얼마나 망가져 있는지를 깨닫고, 피조물 가운데 처음 나신 그리스도를 통해서는 창조세계의 최종 운명이 새 창조임을 깨닫습니다! 주님이 창조세계를 마냥 즐거워하시듯이 우리도 주님의 창조세계를 즐거워하게 하소서. 주님이 이 땅을 사랑으로 돌보시듯이 우리도 이 땅을 돌보게 하소서. 그리고 우리 손의 모든 창조 작업으로 하나님을 찬송하고, 이웃을 섬기고, 마침내 우주가 영원히 살아날 그날을 고대하게 하소서. 삼위일체 하나님의 이름으로 기도합니다. 아멘.

맺는말

모든 사랑의 행위는 자아의 위험을 무릅쓴다.
– 유진 피터슨[1]

시편 저자는 자신이 느끼는 뛸 듯한 기쁨, 깊은 슬픔,
혼란을 지독히도 솔직하게 표현한다. 내가 보기에 시편은
바로 그 점에서 남다르다. 그래서 종종 이런 생각이 든다.
왜 교회 음악은 더 이와 같지 않을까?
– 보노[2]

작가 캐슬린 노리스는 미네소타주 칼리지빌의 세인트존
스 수도원에서 베네딕토회 수도사들과 함께 지내던 몇 년 동
안, 어린 시절 하와이에서 자라며 접했던 하나님과는 사뭇 다
른 하나님을 만났다. 유년의 그녀에게 교회란 잘 차려입고 찬
송을 부른다는 그 두 가지 의미였다. 주로 "똑바로 앉고", "착
해지고", "거룩한 생각"을 하고, "좋은 표정"을 짓고, "행동이

바르다"라는 뜻이었다. 그런데 성인이 되어 베네딕토회 수사 수녀와 함께 꾸준히 시편으로 기도하면서 그녀는 다른 종류 의 교회에 눈떴다.

> 시편을 그런 식으로 경험하면서 나는 유년기의 하나님을
> 점차 떠나보낼 수 있었다. 그 하나님은 기도와 신앙에
> 불가능한 기준을 정해 놓고서, 잘 차려입거나 '행동이 바를'
> 수 없는 내게 종교란 탐색할 가치가 없다는 확신을 심어
> 주었다……. 당신은 삶의 모든 감정과 상황 속에서 성경의
> 이 위대한 "찬송 책"에 다가간다. 기분은 지옥 같을지
> 몰라도 어쨌든 당신은 노래한다. 알고 보니 놀랍게도
> 시편은 당신의 참 감정을 매몰하거나 부정하지 않으며,
> 하나님과 모든 사람 앞에서 그 감정을 되새기게 한다.[3]

시편의 책장 속에서 그녀가 만난 신앙은 어느 작가가 미 국의 "참 종교"라고 표현한 낙관론과 부정(否定)에 대항했다. 그 신앙은 "먼저 인간이 되기도 전에 거룩해지기부터 하려는 우리의 성향"을 물리쳤고,[4] 현실에 무감각해지거나 마음의 얽 히고설킨 문제를 무시하도록 우리를 내버려 두지 않았다. 또 그 신앙은 인간의 경험에 공명하는 이야기들을 내놓으면서도 하나님께 불충실한 게 아니라 충실했다. 시편에서 그녀는 자 아도취의 치료제와 진정한 변화의 가능성을 만났다.

물론 시편은 고금의 그리스도인들에게 바로 그런 책이었다. 16세기의 장 칼뱅은 시편에서 "영혼의 모든 부위의 해부도"를 보았다. 4세기의 목회자 아타나시우스는 한 젊은이에게 시편을 권하면서, 시편에서 다름 아닌 하나님을 새롭게 만남으로써 "자신에 대해 배울" 수 있다고 했다. 오늘날의 학자들과 목회자들에게 시편은 "**위험한 삶의 한복판에서** 하나님이 베푸시는 구원의 도움"이다(강조 원문).[5] 시편은 우리 마음을 예수님께로 이끈다. 시편은 성령의 특효약처럼 마음의 병을 치료한다. 시편의 도움으로 우리는 하나님께 "자기답고 솔직하게" 기도할 수 있다.[6]

히포의 아우구스티누스가 시편 84편 2절 주해에 묘사한 신앙심의 궤적은 놀랍게도 현대인에게 익숙하게 느껴진다. "여기서 갈망하던 우리가 저기서 받는다. 여기서 아쉬워 한숨짓다가 저기서 기뻐한다. 여기서 기도하고 저기서 찬송한다. 여기서 탄식하다가 저기서 희열에 잠긴다."[7] 그의 말대로 마음이 동경하는 것은 집이다. "참새도 제 집을 얻고 제비도……보금자리를 얻었나이다"(시 84:3). 그렇다면 우리 마음이 집으로 삼는 것은 무엇인가? 아우구스티누스가 답했듯이, 하나님의 은혜로 말미암아 사랑에서 생겨난 집이다.[8]

그래서 결국 시편은 하나님의 사랑으로 우리를 빚어낼 수 있다. 우리가 원하기만 한다면 말이다. 유진 피터슨이 지적했듯이 하나님의 사랑은 우리를 눈뜨게 한다.[9] 사랑 안에서 우리는 처음부터 있었는데도 서두름이나 무관심 때문에 간과했던 것을 보게 된다. 이기심으로 왜곡되었던 것도 사랑 안에서 진실하고 신중하게 볼 수 있다. 친밀해질 수 있는 모든 기회도 사랑 덕분에 이제 허울 좋은 자율에 대한 막연한 위협으로 보이지 않고, 오히려 상대를 알고 깊이 알려질 수 있다는 복된 초대로 변한다. 피터슨은 그것을 시편 45편 주해에 이렇게 설명했다.

> 사랑은 우리가 거부와 조롱과 비하로부터 자신을
> 보호하려고 쌓아 둔 방벽을 뚫고 들어간다. 사랑의 눈으로
> 보면 삶이란 곧 하나님이 사랑을 위해 창조하신 것이다.
> 이기심에 병든 눈으로 보면 아름다움과 선이 보이지
> 않는다. 희미하고 흐리멍덩한 꼴불견 세상에 걸려 넘어져,
> 세상이 흉하거나 살벌하거나 따분하다고 불평할 뿐이다.[10]

우리 마음에서 인간성을 말살하는 온갖 이기심을 도려낼 수 있는 길은 그리스도 안에 있는 하나님의 사랑뿐이다. 그 사랑을 성령께서 우리 마음에 흠뻑 부으시고, 특히 시편 말씀을 통해 우리에게 소통하신다. 낸 메릴이 의역한 시편 37편 39-40절에 이 개념이 잘 포착되어 있다.

> 정직한 자들을 구원하는 은혜는

사랑이신 그분에게서 온다.
사랑은 환난 때에
  그들의 피난처다.
사랑이 이끄는 길로
  그들은 무사히 집에 도착하며,
힘으로 유혹하는 자들로부터
  건짐 받는다.
사랑은 모두를 초대하여 마음을 열게 한다.[11]

물론 이 일에는 위험이 따른다. 우리는 상처받고 거부당
하고 오해받고 기만당하고 소외되고 버림받을 위험이 있다.
하지만 바로 그래서 시편은 예수님을 따라 믿음과 소망과 사
랑으로 살려는 사람에게 한없이 소중하다.

시편은 우리에게 위험을 무릅쓰고 하나님과 이웃과 주변
세상을 사랑할 것을 권유하면서, 이 위험을 혼자서 감행하는
게 아니라고 다독여 준다. 우리는 고금의 허다한 동료 순례자
무리와 함께 이 모험에 나선다.

우리가 하나님의 공동체 앞에 감히 비밀을 털어놓는 이
유는 우리를 사방으로 빙 둘러 감싸는 그분의 한결같은 사랑
을 확신하기 때문이다. 적어도 그런 믿음을 조금이나마 붙들
고 있기 때문이다.

우리가 감히 시편에서 기도를 배우는 이유는 예수께서

친히 우리 기도를 가능하게 하시고 본을 보이심을 시편이 보여 준다고 믿기 때문이다. 그분은 인간의 마음의 모든 슬픔과 기쁨을 아시는 분이다.

시편의 시를 읽으며 깨닫듯이, 속도를 늦추어 주목할 수밖에 없는 이 음악적이고 은유가 풍부한 언어를 통해 우리는 하나님을 가깝고 친밀하면서도 또한 낯설고 신비로우신 분으로 만난다.

시편으로 노래하면 혼자가 아님을 깨닫는다. 상실의 슬픔, 불의에 대한 분노, 회의에 빠져 길을 잃은 혼란, 건짐과 구원을 기뻐하는 한없는 행복 등을 맨 처음 느낀 사람은 우리가 아니다. 그래서 시편에 나오는 방식대로 우리는 공동체 안에서 무엇이든—즐거이 세상에 외치고 싶은 일만 아니라 차라리 비밀로 간직하고 싶은 일까지도—다 말할 수 있으며, 이를 통해 하나님은 우리를 치유하여 "영원한 길로" 인도하신다(시 139:24).

시편으로 기도하면, 나와는 다른 상황에서 어쩌면 하나님께 "어느 때까지니이까"라고 부르짖는 다른 사람들의 목소리가 들려온다. 시편 덕분에 우리는 사람 앞에 고백하기에도 부끄러울 자신의 고뇌와 치부를 하나님 앞에 드러낼 수 있다.

분노의 기도를 드리되 분노에 삼켜지지 않는 법, 맥락에 맞게 저주하는 법, 미워하되 죄짓지 않는 법, 망가진 세상에 널린 온갖 저주받을 참상을 욕하되 욕하지 않는 법도 시편에 나와 있다.

시편에서 우리는 기뻐 외치는 나무와 산에 합류하고픈 뜨거운 열망도 얻는다. 공중의 새처럼 우리도 즐거워하고 강물과 함께 손뼉 친다. 모든 창조세계처럼 우리도 기쁨이 감미롭고 충만하게 실현될 날을 아프도록 사모하며 소망한다.

시편은 우리에게 원수를 지목하고 드러내고 책망할 뿐 아니라 예수님의 이름으로 원수를 사랑하고 놓아주고 섬기라고 명한다. 이런 시편 말씀을 우리는 자신에게 있는지도 몰랐던 자유로 기꺼이 믿는다.

이제 우리는 의지적으로 정의를 시행한다. 비참한 상실이나 불경하고 불의한 행위를 한탄하기만 하는 게 아니라 또한 빈민, 궁핍한 자, 과부, 고아, 약자, 외국인, 나그네, 압제당하는 모든 자를 옹호한다. 그들 모두를 하나님 앞에 기도로 올려 드리며, 그분께서 의로우신 재판장이 되어 자비로 모든 일을 바로잡아 주시기를 구한다.

이런 기도를 우리는 현실을 직시하면서 드린다. 우리 기도 중 다수가 평생 이루어지지 않을 수도 있음을 알고서 기도한다. 지독히도 무서운 죽음의 세력이 날마다 우리의 죽을 운명을 들이대며 우리가 진토일 뿐임을 환기시킨다는 것도 안다. 하지만 동시에 우리는 풀처럼 시드는 우리를 이제 생명을 낳는 나무로 바꾸어 주시기를 하나님께 기도한다. 그러려면 참된 생명을 지으시는 "생명의 원천"이신 하나님께 깊이 뿌리를 내려야 한다.

우리가 이 모든 시편 말씀을 읽고 암송하고 묵상하고 기도하고 노래하는 것은 결코 순전히 고독한 행위가 아니다. 우리는 모든 언어와 부족과 나라의 사람들로 더불어 시편으로 기도한다. 역사 속의 모든 시대와 지구상의 모든 문화 속의 신자들과 함께 기도한다.

모든 상황 속의 모든 민족에 더하여 우리는 창조세계의 찬송―천사와 천사장, 새벽별과 헤아릴 수 없이 깊은 대양, 바다의 용과 가축 떼, 불과 우박, 사과 과수원과 백향목 숲, "청춘남녀들"과 "노인과 아이들"(시 148편,『메시지』)의 찬송―에도 동참한다. 창조세계의 분명하지 않은 찬송에 가담하여 우리의 분명한 찬송을 하나님께 드리는 것이다. 만물을 창조하셨고 재창조하시는 그분께 말이다.

창조세계와 우리의 찬송은 얼마나 오랫동안 드려질까? 시편에 따르면 우리가 살고 숨 쉬며 존재하는 한에는 끝이 없고, 또 하나님이 살아 계시는 한에는 즉 영원무궁토록 언제까지나 계속된다.

시편은 창세기의 메아리로 열리고 온 우주의 찬송 교향곡으로 닫힌다. 윌리엄 브라운의 표현으로 "시편 1편에서 순례가 시작되어 목적지를 내다본다."[12] 시편을 그렇게 보면 우리는 '길'을 가는 사람이 된다. 물론 우리는 이 길을 혼자 걷지 않고, 하나님께 끝까지 충실하려는 사람들과 함께 걷는다. 충실한 기도, 충실한 증언, 충실한 생활, 충실한 우정, 충실한 노동의 윤곽을 파악하려는 희망을 품고, 우리는 그리스도의 기도서인 총 150편의 시를 쭉 통과해 나간다.[13]

결국 우리는 이 길을 예수님과 함께 걷는다. 그분께 시편은 마음의 노래다. "길"을 가면서 우리도 예수님처럼 사랑으로 시편을 읽고 노래하고 기도한다. 요한복음에 보면 예수님이 하시는 모든 일은 자신이 아버지를 사랑하심(요 14:31)과 아버지께서 자신을 사랑하심(요 15:9)을 세상에 알리시기 위해서다. 하나님의 그 사랑을 성령께서 우리 마음에도 부어 주신다(롬 5:5). 그러므로 예수께서 시편으로 기도하심은 사랑을 위해서이기도 하다.

하나님의 한결같은 사랑을 주고받을 수 있는 공간이 시편을 통해 우리 마음속에 열릴 것을 믿으면서, 우리도 예수님의 이름으로 예수님과 함께 시편으로 기도한다. 하나님께는 아무것도 비밀로 숨길 수 없다. 시편 저자와 함께 우리도 어려움에 처할 때 하나님이 그 인자하심으로 우리를 영접해 주시기를 기도한다(시 59:10). 우리도 최대한 믿음을 동원하여 "여호와여, 내가 주를 사랑하나이다"라고 고백한다(시 18:1). 우리도 모든 창조세계가 듣도록 시편 31편 23-24절 말씀으로 기도한다.

너희 모든 성도들아, 하나님을 사랑하여라.

하나님께서는 그분을 가까이하는 모든 사람을
보살피시나,
거만하여 자기 힘으로 하려는 자들에게는
　고스란히 갚으신다.
용기를 내어라. 굳세어라. 포기하지 마라.
　이제 곧 오시리니, 하나님을 바라라. (『메시지』)

후기

　다윗 왕이 예루살렘으로 언약궤를 옮긴 과정이 사무엘하에 적혀 있다. 십계명의 두 돌판이 담겨 있었다는 언약궤는 하나님의 임재를 상징했다. 그때 다윗이 거의 벌거벗은 채로 주님 앞에 덩실덩실 춤을 추자 그의 군대는 즐거워했고 행인들은 깜짝 놀랐다.

　기쁨과 겸손이 만난 이 파격의 장면이야말로 내 생각에 가수에 대한 최고의 정의다. 노래하려면—정말 제대로 노래하려면—영혼의 속살이 드러나야 한다. 그래야 노래가 귀를 거쳐 영혼에까지 참으로 가 닿는다.

　나는 복음성가를 좋아한다. 기뻐 외치며 발을 구르고 손뼉을 치다가, 크레셴도로 끝날 때면 노래가 계속되는지 아니면 다른 노래로 바뀌는지도 잘 모른다. 복음성가가 믿음의 행보라는 설명을 들은 적이 있다. 주변 세상이나 자신의 처지에 대해 기분이 썩 좋지 않더라도 일단 믿음으로 부르기 때문이다. 꼭 도달해야 할 새로운 자리로 찬송이 우리를 데려다 주리라는 믿음으로 말이다. 시편의 수많은 시도 바로 그와 같다. 당신을 꼭 있어야 할 자리로 이끌어 주는 기도다.

그런데……

시편에서 내가 가장 꼭 붙드는 시들은 그런 부류가 아니다. 가장 오래도록 가장 단단히 붙잡는 시들은 더 어두운 영토인 고통과 유기(遺棄)와 두려움과 회의의 자리에서 건네 오는 말이다. 이는 복음성가보다 블루스에 더 가깝다. 하지만 다윗이 하나님과의 관계를 회복하는 법과 대화를 다시 시작하는 법을 터득한 때는 바로 맨 밑바닥에까지 떨어져 그분과 가장 멀어졌다고 느껴지던 때다.

그 대화는 적나라하게 솔직하다. 대화의 주제는 그가 있고 싶은 곳이 아니라 지금 있는 곳이다. 예컨대 다윗이 시편 22편에 묘사한 난데없는 곳이 그렇다. 그는 자신이 이끌어야할 나라의 변방에서 어느 굴속에 숨어 있다. 좋은 친구의 아버지인 사울 왕이 아직 나라를 이끌고 있는데, 그 사울이 다윗을 죽이려 한다.

"내 하나님이여, 내 하나님이여, 어찌 나를 버리셨나이까"(시 22:1). 절망의 굴속에서 블루스가 우리를 구원한다. "여호와여, 언제까지니이까. 스스로 영원히 숨기시리이까"(시 89:46)라는 저자의 물음은 지독히도 솔직하다. 다윗은 침묵하시는 그분께 따지다 못해 격노하다시피 한다. "내가 부를 때에 응답하소서"(시 4:1).

시편 저자의 고통과 버림받은 심정과 두려움은 우리 수 많은 이들과 특히 예술가인 데이비드 테일러의 공감을 자아 낸다. 웬만한 '종교' 음악에 결여되어 있는 시편의 복잡성이 그에게는 진한 매력으로 다가온다. 그의 신조는 얼마든지 "마 음을 열고 두려움 없이" 나아가자는 것이다. 그래서 본인부터 정말 그 모습이 되어 가장 아름다운 방식으로 하나님 앞에 자 신을 드러낸다. 책 제목을 『벌거벗은 모습으로』라고 해도 될 뻔했다. 이 책을 읽으면서 당신의 자아가 약간 들추어진다는 기분이 들지 않는다면, 무장을 해제해야 할 때인지도 모른다.

시편은 우리를 정통으로 꿰뚫어 본다. 우리 속을 훤히 들 여다본다.

우리 유명인들은 남의 눈에 거슬리는 온갖 자화자찬으 로 자신을 알리지만, 성경에서 "자신을 알린다"라는 말은 전 혀 다른 의미다. 사도 바울은 "지금은 내가 부분적으로 아나 그때에는 주께서 나를 아신 것 같이 내가 온전히 알리라"(고전 13:12)라고 썼다. 시편을 읽거나 노래함으로써 우리는 제대로 알고 알려질 수 있다.

가수가 노래를 부르는 게 아니라 노래가 가수를 노래한 다. 내가 곧 노래가 된다. 가수는 바로 그것을 위해 산다. 자신 이 노래가 되는 순간, 제대로 알려지는 순간을 위해 산다. 이 책의 독자들도 어느새 노래가 되어 제대로 알려지기를 기도 한다.

시편에 들어서는 사람은 누구나 노래가 되리라.

U2 리드 싱어
보노

감사의 말

이 책으로 인해 감사해야 할 사람이 아주 많다.

책에 대한 소감을 들려주고 시종 격려를 아끼지 않은 토드 헌터 주교, 브라이언과 태머러 머피, 제프 윌리엄스, 로렌 핸스, 존 골딩게이, 앤디 디어맨에게 깊은 감사를 전한다. 텍사스주 리치몬드의 멋진 작업 공간 '더 길드'를 내준 에밀리 쉬어러에게도 감사한다. 책의 태반을 거기서 썼다.

장별로 요긴한 피드백과 더불어 수정하고 개선할 점을 탁월하게 제안해 준 나의 부모님 빌과 이본 테일러, 지노 힐데브랜트(그의 좋은 친구들인 게리 칼라일, 조지 프라이어 박사, 론 모건에게도), 매트 댐피어, 피터 퀘일로, 하워드 모리슨, 클린트 윌슨(그의 그룹의 독자들에게도), 브라이언 모스, 진마리 테이드, 조니 우드에게 특히 감사하고 싶다.

책의 내용을 전국 각지의 청중에게 시험해 볼 수 있었던 많은 기회를 인해서도 똑같이 고마움을 느낀다. 레이티 랒지 수련원(스티븐 퍼셀에게 특별히 감사한다), 테네시주 내슈빌의

322

세인트조지스 감독교회(클린트 윌슨에게 특별히 감사한다), 텍사스주 휴스턴의 그리스도 왕 장로교회 성인 주일학교반(테일러 리치먼에게 특별히 감사한다), 텍사스주 리치몬드의 제일침례교회 소그룹(조이스 트리거와 존 로크하트에게 특별히 감사한다), 휴스턴 침례대학교의 우등 대학(필립 탤런에게 특별히 감사한다), 허치무트 집회(앤드류와 피트 피터슨에게 특별히 감사한다), 리뎀티브 프레즌스 집회(마이크 코스퍼에게 특별히 감사한다), 베리 칼리지의 루멘 강의(조녀선 허긴스에게 특별히 감사한다), "분열된 세상에서의 예배와 신학과 예술"을 다룬 브렘 센터 집회 등이다.

이 책의 잠재력을 믿어 준 앤드리아 하이네크에게 진심으로 감사한다. 원고를 최종 상태까지 세심히 다듬어 주고, 까다로운 질문들을 던져 독자를 상대로 책에 성공 가능성을 부여해 준 웹스터 얀스에게 심심한 감사를 표한다. 수진 홍, 레이첼 톡스타인, 셰이 놀런, 제이미 로크하드 등 도서출판 넬슨의 환상적인 팀에게 감사를 한가득 전한다. 잰 피터슨의 환대와 웃음과 너그러운 우정에 감사한다. 나의 두 자녀 블라이드와 세바스찬이 늘 소망을 선한 목자이신 예수님께 두고, 자신들이 내게 엄청난 복임을 알았으면 좋겠다. '길에서' 나의 충실한 동료 순례자가 되어 주는 아내 페드라 진에게 감사한다. 유진 피터슨과 보노에게는 모든 것을 인해 감사드린다.

추천 자료

시편을 더 탐구하려는 독자들을 위해 여기 좋은 출발점이 될 만한 자료를 몇 가지 소개한다. 어디서부터 시작할지를 더 쉽게 정할 수 있도록 기본 범주별로 분류했다. 물론 이 목록은 마중물일 뿐이고 전체 다는 아니다. 온라인에 좋은 자료가 많이 나와 있으니 그것도 활용하기를 바란다.

1. 시편 입문

1. 버나드 앤더슨,『시편의 깊은 세계』(대한기독교서회).
2. 월터 브루그만,『브루그만의 시편 사색』(솔로몬).
3. C. 하젤 불록,『시편의 문학적 신학적 개론』(크리스챤출판사).
4. 롤프 A. 제이콥슨, 칼 N. 제이콥슨,『시편으로의 초대』(대서).
5. 유진 피터슨,『응답하는 기도』(IVP).
6. 톰 라이트,『땅에서 부르는 하늘의 노래, 시편』(IVP).

2. 시편과 기도

1. 디트리히 본회퍼,『본회퍼의 시편 이해』(홍성사).
2. 월터 브루그만,『시편의 기도』(기독교문서선교회).

3. 팀 켈러, 캐시 켈러,『팀 켈러의 묵상: 예수의 노래들』(두란노).
4. C. S. 루이스,『시편 사색』(홍성사).
5. 토마스 머튼,『가장 완전한 기도』(성바오로출판사).
6. 유진 피터슨,『시편으로 드리는 매일 기도』(홍성사).

3. 시편과 예배

1. 칼뱅 기독교 예배 연구소의 시편 관련 자료. https://worship.calvin.edu/.

4. 시편의 새로운 번역

1. 유진 피터슨,『메시지』(복있는사람).

5. 시편에 대한 성경학과 신학

1. 월터 브루그만,『시편적 인간: 주는 마음의 비밀을 아시나이다』(한국장로
   교출판사).
2. 엘런 데이비스,『하나님의 진심: 구약 성경, 천천히 다시 읽기』(복있는사
   람).
3. 제임스 L. 메이스,『시편: 목회자와 설교자를 위한 주석』(한국장로교출판
   사).
4. 낸시 드클라이세-왈포드, 롤프 A. 제이콥슨, 베스 라닐 태너,『NICOT 시
   편』(부흥과개혁사).

6. 시편과 예술

1. 카디포니아의 '고난 주간에 묵상할 성전에 올라가는 노래와 할렐루야 시 모음.' 카디포니아(Cardiphonia)는 예배 음악 송라이터들이 현대 교회에 다양한 방식의 시편 노래를 크라우드 펀딩 방식으로 제공하는 모임이며 주로 포크록 계열이다. https://psalms.bandcamp.com/.

2. 레너드 번스타인 작곡의 장편 합창곡 '치체스터 시편'(1965년), https://leonardbernstein.com/works/view/14/chichester-psalms.

3. 풀러 스튜디오 제작의 단편 영화 "보노와 유진 피터슨: 시편," https://fullerstudio.fuller.edu/bono-eugene-peterson-psalms/.

4. 네덜란드의 그리스도인 화가 아나카 카이의 그림에 유진 피터슨의 글이 어우러진 화집. Anneke Kaai & Eugene Peterson, *Seeing a New Song: Painting the Psalms Connection*.

5. 싱어송라이터 샌드라 맥크래컨(Sandra McCracken)이 발표한 시편에 관한 여러 앨범. https://sandramccracken.bandcamp.com/album/psalms.

주

머리말

1. Denise Dombkowski Hopkins, *Journey Through the Psalms* (St. Louis: Chalice, 2012), 1.

2. Stanley Jaki, *Praying the Psalms: A Commentary* (Grand Rapids: Eerdmans, 2001), 27.

3. 이 단편 영화를 다음 웹사이트에서 볼 수 있다. "Bono & Eugene Peterson: The Psalms," Fuller Studio, 2016년 4월 26일, https://www.youtube.com/watch?v=-l40S5e90KY. 이 영화와 관련된 모든 추가 영상, 구체적인 인터뷰, 기사 등 더 자세한 정보는 다음 여러 자료를 참조하라. "Bono & Eugene Peterson on the Psalms," Fuller Studio, https://fullerstudio.fuller.edu/bono-eugene-peterson-psalms/. "Bono & David Taylor: Beyond the Psalms," Fuller Studio, https://fullerstudio.fuller.edu/bono-and-david-taylor-beyond-the-psalms/. "Bono & Eugene Peterson: The Psalms," Brehm Center, http://www.brehmcenter.com/initiatives/texas/projects/the-psalms/. Andrea Palpant Dilley, "Meet the Man Behind the Bono and Eugene Peterson Conversation," *Christianity Today*, 2016년 5월 20일, https://www.christianitytoday.com/ct/2016/june/bridging-gap-between-church-and-arts.html. "Bringing a Dream to Life: Alumnus David Taylor on Bono, Eugene Peterson, and the Psalms," Regent College,

2016년 6월 1일, https://www.regent-college.edu/about-us/news/2016/
bringing-a-dream-to-life--alumnus-david-taylor-on-bono--eu-
gene-peterson--and-the-psalms.

4. 전체 방향을 그렇게 잡은 시편 주석도 있다. Patrick Henry Reardon, *Christ in the Psalms* (Ben Lomond, CA: Conciliar Press, 2000).

5. 다음 책의 관점이 다분히 그렇다. Laurence Kriegshauser, *Praying the Psalms in Christ* (Notre Dame, IN: University of Notre Dame Press, 2012).

6. 더 깊이 파고 싶은 독자에게는 이 책의 '주'와 '추천 자료' 난에 수록된 책들을 활용할 것을 권한다.

1. 솔직함

1. Walter Brueggemann, *From Whom No Secrets Are Hid: Introducing the Psalms* (Louisville, KY: Westminster John Knox, 2014), xi. (『시편적 인간: 주는 마음의 비밀을 아시나이다』, 한국장로교출판사)

2. Ellen F. Davis, *Getting Involved with God: Rediscovering the Old Testament* (Cambridge, MA: Cowley, 2011), 9. (『하나님의 진심: 구약 성경, 천천히 다시 읽기』, 복있는사람)

3. Athanasius, *On the Incarnation* (New York: St. Vladimir's Seminary Press, 1977), 106. (『말씀의 성육신에 관하여』, 죠이북스)

4. Brueggemann, *From Whom No Secrets Are Hid*, xi-xii.

5. Brueggemann, *From Whom No Secrets Are Hid*, 94.

6. Laurance Wieder, *Words to God's Music: A New Book of Psalms* (Grand Rapids: Eerdmans, 2003), "Psalm 139: Recognition," 174.

7. Eugene Peterson, *Answering God: The Psalms as Tools for Prayer* (New York: HarperCollins, 1989), 3-4. (『응답하는 기도』, IVP)

8. Denise Dombkowski Hopkins, *Journey Through the Psalms* (St. Louis: Chalice, 2002), 1장.

9. Walter Brueggemann, *Praying the Psalms: Engaging Scripture and the Life of*

the Spirit (Eugene, OR: Cascade, 2007), 7. (『시편의 기도』, 기독교문서선교회)

10. Calvin Seerveld, *Voicing God's Psalms* (Grand Rapids: Eerdmans, 2005), 51.

11. Eugene Peterson, *Praying with the Psalms: A Year of Daily Prayers and Reflections on the Words of David* (New York: HarperOne, 1993), 62. (『시편으로 드리는 매일 기도』, 홍성사). 다음 두 책도 참조하라. John D. Witvliet, *The Biblical Psalms in Christian Worship: A Brief Introduction and Guide to Resources* (Grand Rapids: Eerdmans, 2007), 28. Bernhard W. Anderson, *Out of the Depths: The Psalms Speak for Us Today*, with Steven Bishop (Louisville, KY: Westminster John Knox, 2000), 95. (『시편의 깊은 세계』, 대한기독교서회)

12. Jim Cotter, *Psalms for a Pilgrim People* (Harrisburg, PA: Morehouse Publishing, 1998), "Psalm 32: Release from the Burden of Sin," 68.

13. Carroll Stuhlmueller, *The Spirituality of the Psalms* (Collegeville, MN: Liturgical Press, 2002), 131, ("시편의 병자들은 자신의 약하고 의존적인 상태를 놀랍도록 솔직하게 고백한다……. 병자는 어느새 무너져 우울해진다.")

14. Peterson, *Answering God*, 100. Hopkins, *Journey Through the Psalms*, 5.

15. Rolf A. Jacobson & Karl N. Jacobson, *Invitation to the Psalms: A Reader's Guide for Discovery and Engagement* (Grand Rapids: Baker Academic, 2013), 56. (『시편으로의 초대』, 대서)

16. Peterson, *Answering God*, 100.

17. Athanasius, *On the Incarnation*, 106-107.

18. Karl Barth, *Church Dogmatics*, 제3권 2편, Harold Knight, G. W. Bromiley, J. K. S. Reid & R. H. Fuller 번역 (Edinburgh: T. & T. Clark, 1960), 41. (『교회교의학』, 대한기독교서회)

19. Barth, *Church Dogmatics*, 제3권 2편, 192.

20. 팀 켈러와 캐시 켈러는 시편 44편 23절을 이렇게 설명했다. "'주여, 깨소서'라는 말은 담대하고도 솔직한 외침이다." Timothy & Kathy Keller, *The Songs of Jesus: A Year of Daily Devotions in the Psalms* (New York: Viking, 2015), 93. (『팀 켈러의 묵상: 예수의 노래들』, 두란노)

21. John Goldingay, *Psalms, Volume 1: Psalms 1-41* (Grand Rapids: Baker Academic, 2006), 22-23.

22. Davis, *Getting Involved with God*, 5.

23. N. T. Wright, *Simply Christian: Why Christianity Makes Sense* (New York: HarperOne, 2010), 151. (『톰 라이트와 함께하는 기독교 여행』, IVP)

24. Athanasius, *On the Incarnation*, 103.

25. 앞서 말한 단편 영화에서 보노가 시편을 묘사한 표현이다. "Bono & Eugene Peterson: The Psalms," Fuller Studio, 2016년 4월 26일, https://www.youtube.com/watch?v=-l40S5e90KY.

26. Peterson, *Praying with the Psalms*, 89.

2. 공동체

1. "Minister for Loneliness Appointed to Continue Jo Cox's Work," BBC News, 2018년 1월 17일, https://www.bbc.com/news/uk-42708507.

2. C. Hassell Bullock, *Encountering the Book of Psalms: A Literary and Theological Introduction* (Grand Rapids: Baker Academic, 2001), 52. (『시편의 문학적 신학적 개론』, 크리스챤출판사)

3. 모니카 르윈스키는 그 말을 오랜만에 처음 들었다고 말했다. 그녀의 글이다. "그 말을 듣는 순간 내 마음에 균열이 일면서 눈물이 핑 돌았다. 물론 1998년에 나는 응원의 편지를 많이 받았고, 가족과 친구들이 나를 지지해 준 것도 (다행히!) 사실이다. 그러나 대체로 혼자였다. **너무나 외로웠다.** 공적으로 혼자였다. 무엇보다 나를 친밀하게 잘 알던 그 위기의 중심인물이 나를 버렸다. 내가 잘못했다는 거야 주지의 사실이지만 그 외로움의 바다에서 허우적거리던 헤엄은 무서웠다." Monica Lewinsky, "Emerging from 'The House of Gaslight' in the Age of #MeToo," *Vanity Fair*, 2018년 2월 25일, https://www.vanityfair.com/news/2018/02/monica-lewinsky-in-the-age-of-metoo.

4. "New Cigna Study Reveals Loneliness at Epidemic Levels in America," CIGNA, 2018년 5월 1일, https://www.cigna.com/newsroom/news-releases/2018/new-cigna-study-reveals-loneliness-at-epidemic-levels-

in-america.

5. Laura Entis, "Chronic Loneliness Is a Modern-Day Epidemic," *Fortune*, 2016년 6월 22일, http://fortune.com/2016/06/22/loneliness-is-a-modern-day-epidemic/. Rhitu Chatterjee, "Americans Are a Lonely Lot, and Young People Bear the Heaviest Burden," NPR, 2018년 5월 1일 ("1990년대 중반에서 2000년대 초반 사이에 태어난 Z세대의 외로움 지수는 평균 48.3이었고, 그 바로 윗세대인 밀레니얼 세대는 45.3이었다. 이에 비하여 베이비부머 세대와 72세 이상에 해당하는 가장 위대한 세대의 외로움 지수는 각각 42.4와 38.6으로 나타났다.")

6. "Minister for Loneliness Appointed to Continue Jo Cox's Work."

7. Jane E. Brody, "Shaking Off Loneliness," *New York Times*, 2013년 5월 13일, https://well.blogs.nytimes.com/2013/05/13/shaking-off-loneliness/ ("존 카치오포 박사는 탄탄한 증거에 기초하여 윌리엄 패트릭과 공저한 『인간은 왜 외로움을 느끼는가』(민음사)에 이렇게 말했다. '세상에 나 혼자라는 심정으로 집에 앉아 있을 때 우리가 아이스크림이나 기타 지방질 음식을 찾는 게 이상한 일일까? 우리는 뇌의 쾌락 중추에 당분과 지방을 주입하여 고통을 덜려 하며, 자제력이 없다 보니 그대로 직행한다.' 그의 설명에 따르면 외로운 사람은 무슨 수를 써서라도 잠시나마 기분을 달래는 경향이 있다. 그래서 과식, 과음, 흡연, 과속 운전, 문란한 성생활 등에 빠질 수 있다.")

8. 예컨대 영어 흠정역(KJV)의 경우, 시편에 "회중"이라는 단어는 21회, "총회"는 4회, "백성"은 122회, "이웃"은 10회, "친구"는 4회가 각각 쓰였다.

9. 다음 책을 참조하라. John Goldingay, *Psalms, Volume 1: Psalms 1-41* (Grand Rapids: Baker Academic, 2006), 60.

10. Eugene Peterson, *Where Your Treasure Is: Psalms That Summon You from Self to Community* (Grand Rapids: Eerdmans, 1993), 10-11. (『유진 피터슨의 기도 학교』, 조이선교회출판부)

11. James L. Mays, *The Lord Reigns: A Theological Handbook to the Psalms* (Louisville, KY: Westminster John Knox, 1994), 32 ("의란 곧 공동체의 건강과 행복(샬롬)이며, 그 행복을 창출하고 증진하는 행위다. 질서가 잡혀 샬롬이 이루어진 공동체의 성격과 상태가 바로 의다. 의의 행실과 활동은 공동체를 이롭게 하

고 사태를 바로잡는다……. 체다카(의)의 반대인 악은 공동체와 그 안의 사람들을 대적하는 해로운 성품과 행실이다.")

12. Mays, *The Lord Reigns*, 52.

13. Goldingay, *Psalms, Volume 1*, 59.

14. Bullock, *Encountering the Book of Psalms*, 52.

15. Stanley Hauerwas, "Reflections on Learning How to Speak Christian," ABC Religion & Ethics, 2010년 8월 16일, http://www.abc.net.au/religion/articles/2010/08/16/2984111.htm.

16. Mays, *The Lord Reigns*, 42-43. James L. Mays, *Psalms: Interpretation: A Bible Commentary for Teaching and Preaching* (Louisville, KY: Westminster John Knox, 2011), 66-69. (『시편: 목회자와 설교자를 위한 주석』, 한국장로교출판사)

17. Bullock, *Encountering the Book of Psalms*, 160, ("동료 예배자는 그 상황이나 비슷한 상황 속에서 자신을 보았고, 구원을 노래하는 이의 기쁨 속에 힘차게 들어갔다. 또는 시편 저자가 성도에게 자신의 찬송과 경축에 동참하도록 촉구한 이유는 기쁨을 나누어 동료에게서 믿음의 반응을 이끌어 내고 싶어서였을 수 있다.")

18. Mays, *The Lord Reigns*, 52.

19. 다음 책에 인용되어 있다. John D. Witvliet, *The Biblical Psalms in Christian Worship: A Brief Introduction and Guide to Resources* (Grand Rapids: Eerdmans, 2007), 41.

20. Reggie Kidd, *With One Voice: Discovering Christ's Song in Our Worship* (Grand Rapids: Baker, 2005). 시편 22편 22절에 이런 말씀이 있다. "내가 주의 이름을 형제에게 선포하고 회중 가운데에서 주를 찬송하리이다."

21. Kidd, *With One Voice*, 126.

22. 구약에 시행되던 노래와 음악에서 신약의 공예배 비전으로 이어져 내려온 것이 무엇인지에 대해서는 다음 책을 참조하라. W. David O. Taylor, *The Theater of God's Glory: Calvin, Creation and the Liturgical Arts* (Grand Rapids: Eerdmans, 2017), 1장 "Musical Instruments in Calvin"과 5장 "The Double Movement of Creation in Worship."

23. Susan Pinker, "The Secret to Living Longer May Be Your Social Life," TED,

2017년 4월, https://www.ted.com/talks/susan_pinker_the_secret_to_living_longer_may_be_your_social_life.

24. Zephania Kameeta, *Why, O Lord? Psalms and Sermons from Namibia* (Geneva: World Council of Churches, 1986), 26.

3. 역사

1. 다음 책에 인용되어 있다. John D. Witvliet, *The Biblical Psalms in Christian Worship: A Brief Introduction and Guide to Resources* (Grand Rapids: Eerdmans, 2007), 4.

2. Ellen F. Davis, *Getting Involved with God: Rediscovering the Old Testament* (Cambridge, MA: Cowley Publications, 2011), 7. (『하나님의 진심: 구약 성경, 천천히 다시 읽기』, 복있는사람). 시편이 유대교와 기독교에 사용된 역사를 탁월하게 소개한 책으로는 다음을 참조하라. Bruce K. Waltke & James M. Houston, *The Psalms as Christian Worship: An Historical Commentary* (Grand Rapids: Eerdmans, 2010).

3. John Goldingay, *Psalms, Volume 1: Psalms 1-41* (Grand Rapids: Baker Academic, 2006), 35. ("지금 우리가 아는 것과 비슷한 형태의 시편이 처음 생겨난 때는 대략 페르시아 시대나 그리스 초기인 제2성전 시대였다. 아마 이 시들은 처음부터 유대교 공동체의 권위 있는 자료에 속해 있었을 테고, 그런 의미에서 시편이 생겨난 때가 곧 정경으로 확정된 때이기도 하다……. 각각의 시가 기록된 시기는 알 수 없지만 시편 자체가 생겨난 과정은 다소나마 추적이 가능하다.")

4. Bernhard W. Anderson, *Out of the Depths: The Psalms Speak for Us Today*, with Steven Bishop (Louisville, KY: Westminster John Knox, 2000), 17-18. (『시편의 깊은 세계』, 대한기독교서회). ("이스라엘에게 ('다윗의 시'라는) 표제는 꼭 다윗이 저자라는 뜻은 아니었다. 공동체가 하나님 앞에 나아와 예배할 때 자신들을 다윗과 동일시했다는 뜻이었다. 다윗의 생애 속에 하나님 백성의 불행과 위엄이 공히 담겨 있었다는 점에서 그는 원형적 인물이었다……. 이스라엘에 왕이 없어진 국난의 시절에 백성은 다윗의 이야기에서 자기네 실존의 원형뿐 아니라

장차 임하여 하나님의 통치를 실현할 왕의 모형까지 보았다.")

5. 시편을 잘 읽어 보면 표제, 핵심 단어, 주제 등 일정한 기준으로 묶어 놓은 시 '모음'이 여럿 보인다. 예컨대 '다윗의 시'(3-41, 51-72, 138-145편), '고라 자손의 시'(42-49, 84-85, 87-88편), 하나님을 '엘로힘'으로 지칭한 시 (42-83편), '아삽의 시'(73-83편), '성전에 올라가는 노래'(120-134편), '할렐루야 시'(111-118, 146-150편) 등이 있다.

6. 시편의 히브리어 원제는 '찬송의 책'이라는 뜻의 "테힐림"이다. 히브리어 성경의 헬라어 역본인 칠십인역에는 이 150편의 시가 '현악기에 맞추어 부르는 노래들'이라는 뜻의 "프살모이"로 지칭된다. 주후 5세기의 헬라어 사본인 알렉산드리아 사본도 프살테리온(*Psalterion*)으로 칭하여 시편의 음악적인 면을 부각시킨다. 영어 단어 '시편'(Pslater)은 바로 그 제목에서 유래했다.

7. Goldingay, *Psalms, Vol. 1*, 76 ("시편을 포함한 구약의 암시를 걷어 낸다면 요한계시록에서 온전히 살아남을 구절이 거의 하나도 없다. 그런데 요한계시록에 실제로 구약이 인용된 경우는 전무하다"). 다음 책도 참조하라. Steve Moyise, "The Psalms in the Book of Revelation," 출전: *The Psalms in the New Testament*, Steve Moyise & Maarten J. J. Menken 편집 (London: T & T Clark, 2004), 231-246.

8. 이번 장의 많은 자료는 주로 다음 두 책을 참조했다. William L. Holladay, *The Psalms Through Three Thousand Years: Prayerbook of a Cloud of Witnesses* (Minneapolis: Fortress, 1993). Kevin Adams, *150: Finding Your Story in the Psalms* (Grand Rapids: Square Inch Press, 2011).

9. 다음 책에 인용되어 있다. Massey H. Shepherd, *The Psalms in Christian Worship: A Practical Guide* (Minneapolis: Augsburg, 1976), 37.

10. C. Hassell Bullock, *Encountering the Book of Psalms: A Literary and Theological Introduction* (Grand Rapids: Baker Academic, 2001), 94. (『시편의 문학적 신학적 개론』, 크리스찬출판사)

11. 아우구스티누스와 시편의 관계를 자세히 보려면 다음 책을 참조하라. Jason Byassee, *Praise Seeking Understanding: Reading the Psalms with Augustine* (Grand Rapids: Eerdmans, 2007).

12. Athanasius, *On the Incarnation* (New York: St. Vladimir's Seminary Press, 1977), 104. (『말씀의 성육신에 관하여』, 죠이북스)

13. Augustine, *Confessions*, 제9.7.15권/ (『어거스틴의 참회록』, 생명의말씀사). 다음 책에 인용되어 있다. Holladay, *The Psalms Through Three Thousand Years*, 166.

14. 동방 정교회에는 주교가 성찬 예배를 집전하기 위해 예복을 입는 동안 열네 가지 기도를 드리는 관습이 있었는데, 그중 여덟 가지가 시편에서 유래했다.

15. Gordon Wenham, *The Psalter Reclaimed: Praying and Praising with the Psalms* (Wheaton, IL: Crossway, 2013), 16.

16. Roland Bainton, *Here I Stand: A Life of Martin Luther* (Nashville: Abingdon Press, 1950), 335. (『마르틴 루터』, 생명의말씀사)

17. 다음 책에 인용되어 있다. Witvliet, *The Biblical Psalms, 39-40*. 다음 책도 참조하라. Bruce A. Cameron, *Reading the Psalms with Luther: The Psalter for Individual and Family Devotions* (St. Louis, MO: Concordia Publishing House, 2007).

18. Holladay, *The Psalms Through Three Thousand Years*, 195.

19. Horton Davies, *Worship and Theology in England: From Andrewes to Baxter and Fox, 1603-1690* (Princeton, NJ: Princeton University Press, 1975), 270, 272.

20. James F. White, *Protestant Worship: Traditions in Transition* (Louisville, KY: Westminster John Knox, 1989), 129. (『개신교 예배』, 기독교문서선교회)

21. Esther Rothenbusch Crookshank, "'We're Marching to Zion': Isaac Watts in Early America," 출전: *Wonderful Words of Life: Hymns in American Protestant History and Theology*, Richard J. Mouw & Mark A. Noll 편집 (Grand Rapids: Eerdmans, 2004), 21.

22. 다음 책에 인용되어 있다. Mark Noll, "The Defining Role of Hymns in Early Evangelicalism," 출전: *Wonderful Words of Life: Hymns in American Protestant History and Theology*, Richard J. Mouw & Mark A. Noll 편집 (Grand Rapids: Eerdmans, 2004), 5.

23. 다음 책에 인용되어 있다. Brian Brock, *Singing the Ethos of God: On the Place of Christian Ethics in Scripture* (Grand Rapids: Eerdmans, 2007), 74.

24. 올드린과 암스트롱과 마이클 콜린스가 엄선하여 준비한 일련의 메시지에서 뽑은 발췌문이다. Edwin Aldrin, Neil Armstrong, & Michael Collins, "Apollo Expeditions to the Moon: Chapter 11.7," NASA, https://history.nasa.gov/SP-350/ch-11-7.html.

25. 다음 책에 인용되어 있다. Adams, *150: Finding Your Story in the Psalms*, 119.

26. Adams, *150: Finding Your Story in the Psalms*, 191.

27. Adams, *150: Finding Your Story in the Psalms*, 17-18.

28. U2, "40," Universal Music Group, 2018년 12월 12일, https://www.youtube.com/watch?v=pt9Xc4jO-Yc.

29. Christopher R. Weingarten 외, "U2's 50 Greatest Songs," Rolling Stone, 2017년 6월 29일, https://www.rollingstone.com/music/music-lists/u2s-50-greatest-songs-205104/40-201620/.

30. 다음 책에 인용되어 있다. John Dillenberger 편집, *Martin Luther: Selections from His Writings* (New York: Anchor Books, 1962), 41. (『루터 저작선』, 크리스천다이제스트)

31. 성공회 성구집 웹사이트에서 기도 원문을 볼 수 있다. *Book of Common Prayer*, "The Lessons Appointed for Use on the Sunday Closest to November 16: Year A, Proper 28," https://www.lectionarypage.net/YearA/Pentecost/AProp28.html.

4.기도

1. 신약학자 고든 피가 캐나다 밴쿠버의 리젠트 칼리지에서 학생들에게 늘 하던 말이다.

2. 강연 제목은 "시편 속의 그리스도"이며 다음 책에 인용되어 있다. Edwin Robertson, *My Soul Finds Rest in God Alone* (Guildford, UK: Eagle, 2001), 8.

3. Thomas Merton, *Bread in the Wilderness* (New York: New Directions Books, 1953), 38.

4. Thomas G. Long, *Testimony: Talking Ourselves into Being Christian* (San Francisco: Jossey-Bass, 2004), 47. (『크리스천으로 당당하게 살아가기』, 일용할 양식)

5. 다음 책에 인용되어 있다. Robertson, *My Soul Finds Rest in God Alone*, 9.

6. Eugene Peterson, *Answering God: The Psalms as Tools for Prayer* (New York: HarperCollins, 1989), 4. (『응답하는 기도』, IVP)

7. 다음 책에 인용되어 있다. Calvin R. Stapert, *A New Song for an Old World: Musical Thought in the Early Church* (Grand Rapids, MI: Eerdmans, 2007), 151.

8. John D. Witvliet, *The Biblical Psalms in Christian Worship: A Brief Introduction and Guide to Resources* (Grand Rapids: Eerdmans, 2007), 제1부 "The Psalms and the Basic Grammar of Christian Worship," 11-12. ("예배의 어휘와 문법에서 성경 시편은 기본 스승이자 길잡이이다……. 기독교 신앙의 DNA를 더 잘 이해하고 우리의 예배를 심화시키고 싶다면, 기도하는 마음으로 시편을 숙독하는 것보다 더 좋은 출발점은 별로 없다.")

9. James Luther Mays, *Psalms: Interpretation: A Bible Commentary for Teaching and Preaching* (Louisville, KY: Westminster John Knox, 2011), 34. (『시편: 목회자와 설교자를 위한 주석』, 한국장로교출판사). ("주께서 다스리신다는 신학이 시편에 팽배할 뿐 아니라, 시편은 언어가 주님의 통치에 반응하는 기본 형태다. 세 가지 주된 역할을 통해 시편은 인간이 어떻게 그 나라의 기준대로 그 나라에 살아야 하는지를 규정한다. '여호와께서 다스리시기에' 인간은 경이와 기쁨으로 찬송하고, 의존과 감사로 기도하며, 경건한 신뢰와 순종을 실천할 수 있다. 마땅히 그래야 한다.")

10. Walter Brueggemann, *The Psalms and the Life of Faith* (Minneapolis: Fortress, 1995), 68.

11. Peterson, *Answering God*, 서문.

12. Witvliet, *Biblical Psalms in Christian Worship*, 26-28.

13. Witvliet, *Biblical Psalms in Christian Worship*, 26 ("시편이 우리에게 가르쳐

주듯이 1인칭 단수로 드려진 기도도 늘 독백만은 아니다.")

14. David F. Ford, *Self and Salvation: Being Transformed* (New York: Cambridge University Press, 1999), 127. 다음 책도 참조하라. Sigmund Mowinckel, *The Psalms in Israel's Worship*, 제1권, D. R. Ap-Thomas 번역 (Nashville: Abingdon, 1962), 42-46.

15. 다음 책에 인용되어 있다. William L. Holladay, *The Psalms Through Three Thousand Years: Prayerbook of a Cloud of Witnesses* (Minneapolis: Fortress, 1993), 165.

16. 다음 책에 인용되어 있다. Holladay, *The Psalms Through Three Thousand Years*, 165.

17. Ellen F. Davis, *Getting Involved with God: Rediscovering the Old Testament* (Cambridge, MA: Cowley Publications, 2011), 5. (『하나님의 진심: 구약 성경, 천천히 다시 읽기』, 복있는사람)

18. Timothy & Kathy Keller, *The Songs of Jesus: A Year of Daily Devotions in the Psalms* (New York: Viking, 2015), viii. (『팀 켈러의 묵상: 예수의 노래들』, 두란노)

19. 다음 책을 참조하라. Mark D. Futato, *Joy Comes in the Morning: Psalms for All Seasons* (New Jersey: P&R Publishing, 2004), 59-62.

20. Athanasius, *On the Incarnation* (New York: St. Vladimir's Seminary Press, 1977), 103. (『말씀의 성육신에 관하여』, 죠이북스)

5. 시

1. Eugene Peterson, *Holy Luck* (Grand Rapids: Eerdmans, 2013), xvi.

2. George Herbert, "The Church Porch," 출전: *The Complete English Poems* (London: Penguin Classics, 1991), 6.

3. Dr. Seuss, *Yertle the Turtle and Other Stories* (New York: Random House, 1958), 40.

4. Marilyn McEntyre, "Why Read a Poem at a Time Like This?" Medium,

2016년 9월 15일, https://medium.com/active-voice/why-read-a-poem-at-a-time-like-this-8b1f884de94d#.jpxzwvwbc.

5. John W. Work, *American Negro Songs: 230 Folk Songs and Spirituals, Religious and Secular* (1940; 중판, Mineola, NY: Dover, 1998), 24-25.

6. G. K. Chesterton, *Orthodoxy* (San Francisco: Ignatius, 1995), 65-66. (『정통』, 아바서원)

7. C. S. Lewis, *The Seeing Eye and Other Selected Essays from Christian Reflections* (New York: Ballantine, 1986), 174. (『기독교적 숙고』, 홍성사)

8. 시는 다양한 종류와 다양한 실천에 따라 우리 안에 하나님에 대한 그리고 세상 속의 우리 자리에 대한 다양한 개념을 형성한다. 이에 대해서는 다음의 내 책에서 시와 예배에 대한 장을 참조하라. W. David O. Taylor, *Glimpses of the New Creation: Worship and the Formative Power of the Arts* (Grand Rapids: Eerdmans, 2019).

9. C. S. Lewis, *Reflections on the Psalms* (New York: HarperOne, 2017), 3. (『시편 사색』, 홍성사)

10. 이 사실은 다음 책에서 차용했다. Carroll Stuhlmueller, *The Spirituality of the Psalms* (Collegeville, MN: Liturgical Press, 2002), 16.

11. Work, *American Negro Songs*, 23.

12. 다음 책에 인용되어 있다. Howard Gardner, *Frames of Mind: The Theory of Multiple Intelligences* (New York: Basic Books, 2011), 80. (『지능이란 무엇인가?』, 사회평론)

13. Laurence Perrine & Thomas R. Arp, *Sound and Sense: An Introduction to Poetry* (New York: Harcourt College Publishers, 1991), 148. (『소리와 의미』, 형설출판사)

14. John Goldingay, *Psalms, Volume 1: Psalms 1-41* (Grand Rapids: Baker Academic, 2006), 348.

15. Gerard Manley Hopkins, *Poetry and Prose* (London: Penguin Classics, 1953), "As Kingfishers Catch Fire," 51.

16. Cynthia Ozick, *Art and Ardor* (New York: Alfred A. Knopf, 1983), 248.

17. Eugene Peterson, *Subversive Spirituality* (Grand Rapids: Eerdmans, 1997),

"Pastors and Novels," 188. (『하나님의 신비에 눈뜨는 영성』, 좋은씨앗)

18. Eugene Peterson, *Subversive Spirituality* (Grand Rapids: Eerdmans, 1997), "Novelists, Pastors, and Poets," 180.

19. Peterson, "Novelists, Pastors, and Poets," 180-181.

20. 그리스도인들은 영창, 운율에 맞춘 음송, 합창, 찬송가, 제창, 아카펠라 등 다양한 방식으로 시편을 노래해 왔는데, 이에 대한 유익한 해설을 다음 책에서 볼 수 있다. Reginald Box, *Making Music to Our God: How We Sing the Psalms* (London: SPCK, 1996).

21. 이 점에 대해서는 다음 책을 참조하라. W. E. Brown & J. J. Rankin, "Oral Poetry," 출전: *Dictionary of the Old Testament: Wisdom, Poetry & Writings*, Tremper Longman III & Peter Enns 편집 (Downers Grove, IL: InterVarsity Press Academic, 2008), 497-501.

22. Francis Hopkinson, "To Thee, my God and Saviour, I," *Hymnary*, https://hymnary.org/text/to_thee_my_god_and_savior_i_hopkinson.

23. Charles Wesley, *Hymns on the Trinity* (Bristol: Pine, 1767), https://divinity.duke.edu/sites/divinity.duke.edu/files/documents/cswt/67_Trinity_Hymns_%281767%29.pdf. 다음의 예배 시집과 시도 참조하라. Malcolm Guite, *Sounding the Seasons: Seventy-Seven Sonnets for the Christian Year* (Norwich: Canterbury Press, 2014). Malcolm Guite, "Trinity Sunday: A Sonnet," 2012년 6월 2일, https://malcolmguite.wordpress.com/2012/06/02/trinity-sunday-a-sonnet/.

24. Stuhlmueller, *Spirituality of the Psalms*, 7 ("'다윗의 시'라는 문구는 다윗 왕 자신을 저자로 인증하기보다는, 다윗 왕의 후원을 받던 시편 저자들의 조합에 해당 시의 저작권을 허용했다는 의미이다. 이 조합의 설립자도 아마 다윗일 것이다.")

25. 다음 책을 참조하라. David G. Firth, "Asaph and Sons of Korah," 출전: *Dictionary of the Old Testament*, 24-27.

26. 그 밖의 전반적 특성으로는 시적 또는 문법적 단위 안에 예상되는 단어를 빼는 생략(시 114:4), 연 구분(시 13, 19편), 후렴구(시 67, 80편), 답관체(시 119편, 잠 31:10-31, 애 1-4장), 각운이나 비슷한 음이나 두운 같은 말소리 (시 127:1), 모음운(시 102:6), 산문이나 법조문보다 풍성한 비유적 표현과

은유 등이 있다.

27. E. C. Lucas, "Terminology of Poetry," 출전: *Dictionary of the Old Testament*, 520-525.

28. 성경의 시에 대한 유익한 자료로 다음 여러 책을 참조하라. John D. Witvliet, *The Biblical Psalms in Christian Worship: A Brief Introduction and Guide to Resources* (Grand Rapids: Eerdmans, 2007), 76-85. C. Hassell Bullock, *Encountering the Book of Psalms: A Literary and Theological Introduction* (Grand Rapids: Baker Academic, 2001), 36-43. (『시편의 문학적 신학적 개론』, 크리스챤출판사). Nancy deClaisse-Walford, *Introduction to the Psalms: A Song from Ancient Israel* (St. Louis, MO: Chalice, 2004), 2장. Bernhard W. Anderson, *Out of the Depths: The Psalms Speak for Us Today*, with Steven Bishop (Louisville, KY: Westminster John Knox, 2000), 2장 "The Poetry of Prayer and Praise." (『시편의 깊은 세계』, 대한기독교서회). Rolf A. Jacobson & Karl N. Jacobson, *Invitation to the Psalms: A Reader's Guide for Discovery and Engagement* (Grand Rapids: Baker Academic, 2013), 1장 "Why Is My Bible Repeating Itself? Learning to Understand Hebrew Poetry." (『시편으로의 초대』, 대서)

29. Dietrich Bonhoeffer, *Psalms: The Prayer Book of the Bible* (Minneapolis: Fortress, 1974), 24. (『본회퍼의 시편 이해』, 홍성사)

6. 슬픔

1. Frederick Buechner, *Now and Then: A Memoir of Vocation* (San Francisco: HarperOne, 1983), 46.

2. 시편의 애통 시를 개인에게 아름답게 접목시킨 예는 다음 책을 참조하라. Ann Weems, *Psalms of Lament* (Louisville, KY: Westminster John Knox, 1995).

3. Eugene Peterson, *Answering God: The Psalms as Tools for Prayer* (New York: HarperCollins, 1989), 35. (『응답하는 기도』, IVP)

4. Carroll Stuhlmueller, *The Spirituality of the Psalms* (Collegeville, MN: Liturgical Press, 2002), 99.

5. Walter Brueggemann, *The Message of the Psalms: A Theological Commentary* (Minneapolis: Augsburg, 1984), 72. (『브루그만의 시편 사색』, 솔로몬)

6. Walter Brueggemann, *From Whom No Secrets Are Hid: Introducing the Psalms* (Louisville, KY: Westminster John Knox, 2014), 19. (『시편적 인간: 주는 마음의 비밀을 아시나이다』, 한국장로교출판사)

7. Stuhlmueller, *Spirituality of the Psalms*, 100.

8. Brueggemann, *Message of the Psalms*, 78.

9. 다음 책에 인용되어 있다. John D. Witvliet, *The Biblical Psalms in Christian Worship: A Brief Introduction and Guide to Resources* (Grand Rapids: Eerdmans, 2007), 43.

7. 분노

1. Kim Phuc Phan Thi, "These Bombs Led Me to Christ," *Christianity Today*, 2018년 4월 20일, https://www.christianitytoday.com/ct/2018/may/napalm-girl-kim-phuc-phan-thi-fire-road.html.

2. 다음 책에 쓴 서문에 나온다. C. S. Lewis, *A Grief Observed* (New York: HarperOne, 2009), 10. (『헤아려 본 슬픔』, 홍성사)

3. Jeffrey Kluger, "The Las Vegas Shooting and Our Age of Anger," *Time*, 2017년 10월 4일, http://time.com/4969640/las-vegas-shooting-anger/.

4. Vanessa Barford, "Why Are Americans So Angry?" BBC News, 2016년 2월 4일, https://www.bbc.com/news/magazine-35406324.

5. J. Todd Billings, "Can Anger at God Be Righteous?" *Christianity Today*, 2018년 12월 28일, https://www.christianitytoday.com/ct/2019/january-february/can-anger-at-god-be-righteous-psalms-suffering.html. "하나님께 따지는 듯 분노와 두려움을 표출하는 시는 어떤가? 여태 나는 시편이 바로 우리의 기도를 위해 주신 하나님의 말씀이라고 가르쳐 왔다. 그런

데 가장 보편적인 종류의 시(시편의 약 40퍼센트)인 애통시를 통합할 길이 막막했다. 시편의 선율이 단조로 바뀌어 불협화음마저 낼 때면 그냥 나는 따라 부르지 않았다. 애통시에 익숙하지 않은 사람은 나만이 아니었다."

6. 데이비드 스토우가 지적했듯이 아이작 왓츠는 1719년에 『신약의 언어를 입힌 다윗의 노래집』(*The Songs of David Imitated in the Language of the New Testament*)이라는 자작 찬송가를 펴낼 때 바로 그 이유로 시편 속의 저주의 시들은 제외했다. David Stowe, *Song of Exile: The Enduring Mystery of Psalm 137* (Oxford: Oxford University Press, 2016), 73.

7. C. S. Lewis, *Reflections on the Psalms* (New York: HarperOne, 2017), 22. (『시편 사색』, 홍성사)

8. Walter Brueggemann & William H. Bellinger Jr., *Psalms* (Cambridge, UK: Cambridge University Press, 2014), 262.

9. 성경에 제시되어 있듯이 악인(인간)과 악한 영(통치자들과 권세들)은 공히 세상에서 하나님의 선한 질서를 망가뜨린다. 폭력과 파괴와 살상의 극단적 행위는 인간이 실성하거나 미쳐 버리는 광기이면서, 또한 초자연적 존재가 하나님의 창조세계를 도둑질하고 죽이고 멸망시키려는 마성이다.

10. Mary Douglas, *Purity and Danger: An Analysis of the Concepts of Pollution and Taboo* (London: Routledge, 2002), 3-7, 78-85. (『순수와 위험』, 현대미학사)

11. Douglas, *Purity and Danger*, 117-118.

12. Douglas, *Purity and Danger*, 160-172.

13. Douglas, *Purity and Danger*, 197-200.

14. Geoffrey Hughes, *Swearing: A Social History of Foul Language, Oaths and Profanity in English* (Oxford: Blackwell, 1991). Hugh Rawson, *Wicked Words: A Treasury of Curses, Insults, Put-Downs, and Other Formerly Unprintable Terms from Anglo-Saxon Times to the Present* (New York: Crown, 1989).

15. Stowe, *Song of Exile*, 32, 62, 85.

16. 다음 책에 인용되어 있다. Stowe, *Song of Exile*, 171.

17. 다음 책을 참조하라. Joel M. LeMon, "Saying Amen to Violent Psalms:

Patterns of Prayer, Belief, and Action in the Psalter," 출전: *Soundings in the Theology of the Psalms: Perspectives and Methods in Contemporary Scholarship*, Rolf A. Jacobson 편집 (Minneapolis: Fortress, 2011), 93-110.

18. 다음 책에 인용되어 있다. *Stowe, Song of Exile*, 171.

19. 다음 책에 인용되어 있다. *Stowe, Song of Exile*, 172.

20. Dietrich Bonhoeffer, *Psalms: The Prayer Book of the Bible* (Minneapolis: Fortress, 1974), 59-60. (『본회퍼의 시편 이해』, 홍성사)

21. Aristotle, *The Nicomachean Ethics*, David Ross 번역 (Oxford: Oxford University Press, 2009), 36. (『니코마코스 윤리학』, 숲)

22. Eugene Peterson, "Bono & Eugene Peterson: The Psalms," Fuller Studio, 2016년 4월 26일, https://www.youtube.com/watch?v=-l40S5e90KY.

23. 리타 배싯(Lytta Basset)은 "거룩한 분노는 불의에 맞서며, 우리에게 (끝까지 하나님을 의지하는 가운데) 세상의 잘못을 바로잡을 의욕을 불러일으킨다" 라고 말했다. 다음 책에 인용되어 있다. Daniel Michael Nehrbass, *Praying Curses: The Therapeutic and Preaching Value of the Imprecatory Psalms* (Eugene, OR: Pickwick, 2013), 155.

8. 기쁨

1. Dorothy Day, *The Long Loneliness* (San Francisco: Harper & Row, 1952), 29. (『고백』, 복있는사람)

2. Catherine La Cugna, *God for Us* (San Francisco: Harper, 1973), 338-339.

3. Walter Brueggemann, *From Whom No Secrets Are Hid: Introducing the Psalms* (Louisville, KY: Westminster John Knox, 2014), 47. (『시편적 인간: 주는 마음의 비밀을 아시나이다』, 한국장로교출판사)

4. David F. Ford & Daniel W. Hardy, *Living in Praise: Worshipping and Knowing God* (Grand Rapids: Baker Academic, 2005), 92 ("웃음과 시와 찬송에 는 강도가 높아져 넘쳐흐른다는 논리가 작용한다. 격하고 통쾌한 즐거움은 폭소 와 짝을 이루며, 시의 농축성과 경제성 덕분에 그것이 더 널리 더 강렬하게 소통

된다. 십자가에서 죽으신 예수 그리스도의 부활도 바로 그 논리로 기독교의 핵을 이룬다.")

5. James L. Mays, *The Lord Reigns: A Theological Handbook to the Psalms* (Louisville, KY: Westminster John Knox, 1994), 62. ("책의 형식인 전개와 결론과 제목을 보면, 책의 내용인 기도와 교훈이 주님께 드리는 찬송으로 규정되어 있다. 문학적 장르는 그대로 있으나 책의 기능은 정경의 또 다른 장르로 바뀐다……. 시편의 제작은 결국 성경에 찬송을 입히는 프로젝트였다. 찬송을 정경으로 승화시키는 사업이었다.")

6. Rolf A. Jacobson & Karl N. Jacobson, *Invitation to the Psalms: A Reader's Guide for Discovery and Engagement* (Grand Rapids: Baker Academic, 2013), 46–50, 151. (『시편으로의 초대』, 대서)

7. Ford & Hardy, *Living in Praise*, 9.

8. Eugene H. Peterson, *The Message: The Bible in Contemporary English* (Colorado Springs, CO: NavPress, 1993), 272. (『메시지』, 복있는사람)

9. Thomas Merton, *Praying the Psalms* (Collegeville, MN: Liturgical Press, 1956), 12. (『가장 완전한 기도』, 성바오로출판사)

10. John Calvin, *Sermon on Job*, Douglas Kelly 번역 (Edinburgh: Banner of Truth, 1993), 4:20; 39:8–40:6. (『칼빈의 욥기 강해』, 지평서원)

11. 그 내용은 다음의 내 책에 자세히 다루었다. W. David O. Taylor, *The Theater of God's Glory: Calvin, Creation and the Liturgical Arts* (Grand Rapids: Eerdmans, 2017).

12. 하나님의 건지심을 경험한 신자들에게 "그 일은 꿈만 같았다. 너무 비현실적이고 불가능해 보여 도저히 설명이 안 됐고, 예상조차 못한 일이었다. 그러나 여호와의 건지심은 당연히 그런 기적의 성격을 띤다. 여호와를 떠나서라면 그런 이적이 환상처럼 보이지만 이 경우는 생생한 현실이었다!" Walter Brueggemann & William H. Bellinger Jr., *Psalms* (Cambridge, UK: Cambridge University Press, 2014), 539.

13. *Book of Common Prayer*, "Holy Baptism," https://www.bcponline.org.

14. 다음 책에 인용되어 있다. Edwin Robertson, 편집 번역, *My Soul Finds Rest in God Alone* (Guildford, UK: Eagle, 2001), 105.

15. Robertson, *My Soul Finds Rest in God Alone*, 106.

16. Robertson, *My Soul Finds Rest in God Alone*, 107.

17. 다음 책에 인용되어 있다. David Ford, *The Shape of Living: Spiritual Directions for Everyday Life* (Norwich: Canterbury Press, 2012), 165.

18. Patrick Miller, *Interpreting the Psalms* (Minneapolis: Fortress, 1986), 66.

19. Walter Brueggemann, *The Message of the Psalms: A Theological Commentary* (Minneapolis: Augsburg, 1984), 167. (『브루그만의 시편 사색』, 솔로몬)

20. Eugene Peterson, *Answering God: The Psalms as Tools for Prayer* (New York: HarperCollins, 1989), 123. (『응답하는 기도』, IVP)

21. Ellen F. Davis, *Getting Involved with God: Rediscovering the Old Testament* (Cambridge, MA: Cowley Publications, 2011), 30. (『하나님의 진심: 구약 성경, 천천히 다시 읽기』, 복있는사람)

22. Denise Dombkowski Hopkins, *Journey Through the Psalms* (St. Louis: Chalice, 2002), 33. ("우리의 찬송이 너무 기계적이고 건성이라서 우리의 할렐루야가 공허해진 것은 아닐까?")

23. C. S. Lewis, *Surprised by Joy* (New York: Houghton Mifflin Harcourt, 1956), 68. (『예기치 못한 기쁨』, 홍성사)

24. Ford & Hardy, *Living in Praise*, 48.

25. Ford & Hardy, *Living in Praise*, 176.

9. 원수

1. Dietrich Bonhoeffer, "A Bonhoeffer Sermon," Donald Bloesch 번역, *Theology Today* 38, no.4 (1982): 469.

2. 예컨대 휴스턴 경찰국 노조위원장 조 가말디는 이렇게 말했다. "경찰관이 적이라는 궤변을 퍼뜨리는 사람들은 자신의 신상이 우리에게 다 파악되어 있음을 알아야 한다." Marcy de Luna, "'We Are the Good Guys. We're Trying to Protect Our Community,' Says HPD Union President Joe Gamaldi," *Houston Chronicle*, 2019년 1월 29일, https://www.houstonchronicle.

com/news/houston-texas/houston/article/HPD-union-Joe-Gamaldi-officer-shooting-houston-13570291.php.

3. Jay Ambrose, "Liberals Are Enemies of Freedom," *Tribune News Service*, 2018년 10월 11일, https://www.vcstar.com/story/opinion/colum-nists/2018/10/11/liberals-enemies-freedom/1603402002/.

4. Jason McIntosh, "Republicans Are Enemies of Human Civilization," *Fogknife*, 2018년 6월 19일, http://fogknife.com/2018-06-19-republicans-are-enemies-of-human-civilization.html. 다음 기사도 참조하라. Roland Vincent, "35 Reasons Conservatives Are the Enemy," *Armory of the Revolution*, 2015년 3월 25일, https://armoryoftherevolution.wordpress.com/2015/03/25/35-reasons-conservatives-are-the-enemy/.

5. Jim Powell, "How Did Our Friend Iran Become Our Enemy?" *Forbes*, 2011년 12월 22일, https://www.forbes.com/sites/jimpowell/2011/12/22/how-did-our-friend-iran-become-our-enemy/#10ec182f68b0.

6. 하버드 대학의 정치학자 새뮤얼 P. 헌팅턴은 이렇게 썼다. "전쟁이 사회를 분열시킬 때도 있지만, 공공의 적은 대개 국민의 정체성과 유대감을 높이는 데 유리하게 작용한다. 공공의 적이 미미하거나 부재하면 반대 효과를 낼 수 있다." Samuel P. Huntington, "The Erosion of American National Interests," *Foreign Affairs Journal* (1997년 9-10월), https://www.foreignaffairs.com/articles/1997-09-01/erosion-american-national-interests.

7. Carol Giacomo, "Iran and the United States: Doomed to Be Forever Enemies?" *New York Times*, 2019년 1월 20일, https://www.nytimes.com/2019/01/20/opinion/iran-united-states-trump.html. Hamid Dabashi, "Who Is the 'Great Satan'?" *Al Jazeera*, 2015년 9월 20일, https://www.aljazeera.com/indepth/opinion/2015/09/great-satan-150920072643884.html. ("'큰 사탄'은 원수를 지칭하는 절대적 은유로서, 이란 이슬람 공화국 자체―그 산만한 자의식과 억압된 은밀한 욕망―속에 배어들어 있다.")

8. Lorraine Boissoneault, "The Ballad of the Boombox: What Public Enemy Tells Us About Hip-Hop, Race and Society," *Smithsonian*, 2017년 2월 9

일, https://www.smithsonianmag.com/smithsonian-institution/ballad-boombox-what-public-enemy-tells-us-about-hip-hop-race-and-society-180962095/#DHKDXmBtTcTmVS4L.99.

9. Kory Grow, "Public Enemy Reveal Origins of Name, Crosshairs Logo," *Rolling Stone*, 2014년 8월 18일, https://www.rollingstone.com/music/music-news/public-enemy-reveal-origins-of-name-crosshairs-logo-241248/.

10. Walter Brueggemann & William H. Bellinger Jr., *Psalms* (Cambridge, UK: Cambridge University Press, 2014), 260.

11. Eugene Peterson, *Answering God: The Psalms as Tools for Prayer* (New York: HarperCollins, 1989), 95. (『응답하는 기도』, IVP)

12. Nancy L. deClaisse-Walford, "The Theology of the Imprecatory Psalms," 출전: *Soundings in the Theology of Psalms: Perspectives and Methods in Contemporary Scholarship*, Rolf A. Jacobson 편집 (Minneapolis: Fortress, 2011), 83.

13. J. Clinton McCann Jr., *A Theological Introduction to the Book of Psalms: The Psalms as Torah* (Nashville: Abingdon, 1993), 119-20.

14. 이런 은유는 다음 책에서 차용했다. Erich Zenger, *A God of Vengeance?: Understanding the Psalms of Divine Wrath* (Louisville, KY: Westminster John Knox, 1996), 11.

15. Zenger, *God of Vengeance?*, 9-11.

16. 다음 책을 참조하라. Zenger, *God of Vengeance?*, 12.

17. John Day, "The Imprecatory Psalms and Christian Ethics," *Bibliotheca Sacra* 159 (2002): 170. 다음 책도 참조하라. Daniel Michael Nehrbass, *Praying Curses: The Therapeutic and Preaching Value of the Imprecatory Psalms* (Eugene, OR: Pickwick, 2013), 160.

18. Jim Cotter, *Psalms for a Pilgrim People* (Harrisburg, PA: Morehouse Publishing, 1998), 240.

19. Peterson, *Answering God*, 98.

20. 피터 J. 레이하르트가 중요한 말을 했다. "시편 속 저주의 시는 그리스도인

에게 비열해지거나 악의를 품거나 복수심을 불태워도 된다는 구실을 주지 않는다. 불량배마냥 악담을 지껄일 근거도 못 된다. 하나님은 이슬람 국가(ISIS)라는 적을 우방으로 변화시키심으로써 멸하실 수도 있다. 시편으로 기도할 때 우리는 결과를 그분께 맡기고 예수님처럼 한다. 즉 공의로 심판하시는 재판장께 우리 자신을 의탁한다(벧전 2:23)." Peter J. Leithart "Teach Us to Pray," *First Things*, 2015년 4월 24일, https://www.firstthings.com/web-exclusives/2015/04/teach-us-to-pray.

21. John Mark Hicks, "Preaching Community Laments: Responding to Disillusionment with God and Injustice in the World," 출전: *Performing the Psalms*, David Fleer & David Bland 편집 (St. Louis: Chalice, 2005), 75.

22. Zenger, *God of Vengeance?*, vii–viii, 75.

23. Zenger, *God of Vengeance?*, 75.

10. 정의

1. Tamara Jones & Joshua Partlow, "Pa. Killer Had Prepared for 'Long Siege,'" *Washington Post*, 2006년 10월 4일, http://www.washingtonpost.com/wp-dyn/content/article/2006/10/04/AR2006100400331.html.

2. Rick Lyman, "Man Guilty of Murder in Texas Dragging Death," *New York Times*, 1999년 2월 24일, https://www.nytimes.com/1999/02/24/us/man-guilty-of-murder-in-texas-dragging-death.html.

3. Bukola Adebayo and Sara Mazloumsaki, "30,000 Nigerians Flee Boko Haram Violence in Two Days, UN Says," CNN, 2019년 1월 29일, https://www.cnn.com/2019/01/29/africa/nigerians-flee-boko-haram-violence-intl/index.html.

4. 국제정의선교회의 발표에 따르면, "이들 빈곤층 성인과 소년은 2018년부터 감금된 채 인도 북부의 대중적인 튀김 간식인 빠니뿌리를 만들었다. 마을에서 모집될 때 노동으로 갚는다는 조건으로 겨우 1만 루피(약 150,000원)를 빌렸는데, 공장 주인은 무리한 이자율을 적용해 평생 빚을 갚을 수

없게 만들어 놓고 일거수일투족을 통제했다. 하루 18시간씩 중노동을 시
키면서 작업 속도가 느려지면 욕하며 무지막지하게 때렸다. 자신의 권력
을 늘 두려워하게 만든 것이다." International Justice Mission, "Scared and
Scarred: 11 Rescued from Fried Snack Factory," https://www.ijm.org/
news/scared-and-scarred-11-rescued-from-fried-snack-factory.

5. Liam Stack, "Catholic Church in Texas Names Nearly 300 Priests Accused
of Sex Abuse," *New York Times*, 2019년 1월 31일, https://www.nytimes.
com/2019/01/31/us/priests-abuse-texas.html.

6. Emily Palmer & Alan Feuer, "El Chapo Trial: The 11 Biggest Revelations
from the Case," *New York Times*, 2019년 2월 3일, https://www.nytimes.
com/2019/02/03/nyregion/el-chapo-trial.html.

7. "Flint Water Crisis Fast Facts," CNN Library, 2018년 12월 6일, https://
www.cnn.com/2016/03/04/us/flint-water-crisis-fast-facts/index.
html.

8. Manny Fernandez, "A Year after Hurricane Harvey, Houston's Poorest
Neighborhoods Are Slowest to Recover," *New York Times*, 2018년 9월 3일,
https://www.nytimes.com/2018/09/03/us/hurricane-harvey-houston.
html.

9. Nicholas Wolterstorff, *Justice in Love* (Grand Rapids: Eerdmans, 2011), 7장
"What Is Justice?" (『사랑과 정의』, IVP)

10. John Mark Hicks, "Preaching Community Laments: Responding to Disil-
lusionment with God and Injustice in the World," 출전: *Performing the
Psalms*, David Fleer & David Bland 편집 (St. Louis: Chalice, 2005), 76.

11. C. S. Lewis, *Reflections on the Psalms* (New York: HarperOne, 2017), 14. (『시
편 사색』, 홍성사)

12. 디트리히 본회퍼에 따르면 "악한 시대에는 세상이 불의 앞에 침묵한다. 빈
민과 불쌍한 사람을 압제하여 그 부르짖는 소리가 하늘에 닿는데도, 이 땅
의 재판관과 통치자는 이를 외면한다. 박해받는 교회가 극심한 고통 중에
하나님의 도움을 구하며 사람들에게 정의의 시행을 촉구해도, 세상의 누
구 하나 입을 열어 정의를 부르짖지 않는다." Dietrich Bonhoeffer, "A Bon-

hoeffer Sermon," Donald Bloesch 번역, *Theology Today* 38, no.4 (1982): 467.

13. Nancy deClaisse-Walford, Rolf A. Jacobson, & Beth LaNeel Tanner, *The Book of Psalms* (Grand Rapids: Eerdmans, 2014), 577, 732. (『NICOT 시편』, 부흥과개혁사)

14. Nicholas Wolterstorff, *Justice: Rights and Wrongs* (Princeton, NJ: Princeton University Press, 2008), 82.

15. Eugene Peterson, *Where Your Treasure Is: Psalms That Summon You from Self to Community* (Grand Rapids: Eerdmans, 1993), 135. (『유진 피터슨의 기도 학교』, 조이선교회출판부)

16. 니카라과 시인 에르네스토 카르데날은 이런 시의 정신을 시편 일부의 참신한 번역에 담아냈다. Ernesto Cardenal, *Salmos* (Madrid: Editorial Trotta, 1998).

17. 월터스토프가 쓴 표현이다. Wolterstorff, *Justice: Rights and Wrongs*, 76.

18. Bob Ekblad, *Reading the Bible with the Damned* (Louisville, KY: Westminster John Knox, 2005), 129. (『소외된 자들과 함께 성경 읽기』, 성서유니온선교회)

19. 신명기 24장 17절에 "너는 객이나 고아의 송사를 억울하게 하지 말며 과부의 옷을 전당 잡지 말라"라는 말씀이 있다.

20. 다음 책을 참조하라. N. T. Wright, *Evil and the Justice of God* (Downers Grove, IL: InterVarsity Press, 2006), 3장 "Evil and the Crucified God." (『악의 문제와 하나님의 정의』, IVP)

21. Wolterstorff, *Justice: Rights and Wrongs*, 24-26, 42. Wolterstorff, *Justice in Love* (Grand Rapids: Eerdmans, 2011), 85-86. 아울러 9장 "Love as Care"와 15장 "What Is Forgiveness?"도 참조하라.

22. Daniel M. Bell Jr., "Deliberating: Justice and Liberation," 출전: *The Blackwell Companion to Christian Ethics*, Stanley Hauerwas & Samuel Wells 편집 (Oxford: Blackwell, 2006), 190.

23. Nicholas Wolterstorff, *Journey Toward Justice: Personal Encounters in the Global South* (Grand Rapids: Baker Academic, 2013), 108. (『월터스토프 하나님의 정의』, 복있는사람)

24. 시편의 세계가 도시 정황의 세계와 어떻게 교차할 수 있는지에 대한 유익한 고찰은 다음 책을 참조하라. Gerald H. Wilson, "Songs for the City: Interpreting Biblical Psalms in an Urban Context," 출전: *Psalms and Practice: Worship, Virtue, and Authority*, Stephen Breck Reid 편집 (Collegeville, MN: Liturgical Press, 2001), 231-243.

25. Donald W. Shriver Jr., *An Ethic for Enemies: Forgiveness in Politics* (Oxford: Oxford University Press, 1995), 31. (『적을 위한 윤리: 사죄와 용서의 정치윤리』, 이화여자대학교출판부)

26. 그토록 선뜻 용서하기로 한 그들의 결단을 좋게 보지 않는 시선도 있었다. Jeff Jacoby, "Undeserved Forgiveness," *Boston Globe*, 2006년 10월 8일. http://www.jeffjacoby.com/5858/undeserved-forgiveness.

27. Bob Abernathy, "Amish Forgiveness," PBS, Religion & Ethics News Weekly, 2007년 9월 21일. https://www.pbs.org/wnet/religionandethics/2007/09/21/september-21-2007-amish-forgiveness/4295/.

28. Daniel Burke, "Amish Search for Healing, Forgiveness After 'The Amish 9/11,'" RNS, 2006년 10월 5일. https://web.archive.org/web/20061021051654/http://www.religionnews.com/Articleof-Week100506.html. Ann Rodgers, "Nickel Mines Legacy: Forgive First," *Pittsburgh Post-Gazette*, 2007년 9월 30일. http://old.post-gazette.com/pg/07273/821700-85.stm.

29. Donald B. Kraybill, Steven M. Nolt, & David L. Weaver-Zercher, *Amish Grace: How Forgiveness Transcended Tragedy* (San Francisco: Jossey-Bass, 2007), 12장 "Grief, Providence and Justice." (『아미시 그레이스』, 뉴스앤조이)

30. W. E. B. Du Bois, *The Souls of Black Folks* (New York: Penguin, 1996), 213-214. "'슬픔의 노래들'의 모든 슬픔 속에 희망이 섬 쉰다. 궁극의 정의에 대한 믿음이다. 절망의 단조 가락은 종종 승리와 담담한 확신으로 바뀐다. 때로는 삶에 대한 믿음이고, 때로는 죽음에 대한 믿음이며, 때로는 공정한 내세의 무한한 정의에 대한 확신이다."

31. 시편 37편에 대한 짐 코터의 기도다. Jim Cotter, *Psalms for a Pilgrim People*

(Harrisburg, PA: Morehouse Publishing, 1998), 82.

11. 죽음

1. Henri Nouwen, *A Sorrow Shared: A Combined Edition of the Nouwen Classics, In Memoriam and A Letter of Consolation* (Notre Dame, IN: Ave Maria Press, 2010), 66.
2. 다음 기사에 이 이야기를 더 자세히 소개했다. W. David O. Taylor, "When Jesus Doesn't Calm the Storm," *Christianity Today*, 2017년 8월 31일, https://www.christianitytoday.com/ct/2017/august-web-only/when-jesus-doesnt-calm-storm-hurricane-harvey-houston-flood.html.
3. Walter Brueggemann, *From Whom No Secrets Are Hid: Introducing the Psalms* (Louisville, KY: Westminster John Knox, 2014), 124. (『시편적 인간: 주는 마음의 비밀을 아시나이다』, 한국장로교출판사)
4. Hans Schwarz, *Eschatology* (Grand Rapids: Eerdmans, 2000), 257.
5. Carroll Stuhlmueller, *The Spirituality of the Psalms* (Collegeville, MN: Liturgical Press, 2002), 134-137.
6. 저자의 허락을 받아 인용한다.
7. 다음 책을 참조하라. Bernhard W. Anderson, *Out of the Depths: The Psalms Speak for Us Today*, with Steven Bishop (Louisville, KY: Westminster John Knox, 2000), 111. (『시편의 깊은 세계』, 대한기독교서회)
8. 다음 책에 유익한 배경 정보가 나온다. Frederick J. Mabie, "Chaos and Death," 출전: *Dictionary of the Old Testament: Wisdom, Poetry & Writings*, Tremper Longman III & Peter Enns 편집 (Downers Grove, IL: InterVarsity Press Academic, 2008), 41-54.
9. Samuel Terrien, *The Psalms: Strophic Structure and Theological Commentary* (Grand Rapids: Eerdmans, 2003), 133.
10. Stanley Hauerwas, "Reflections on Learning How to Speak Christian," ABC Religion & Ethics, 2010년 8월 16일, http://www.abc.net.au/reli-

gion/articles/2010/08/16/2984111.htm.

11. 다음 책을 참조하라. Allen Verhey, *The Christian Art of Dying: Learning from Jesus* (Grand Rapids: Eerdmans, 2011), 346.

12. Central Intelligence Agency, "The World Factbook," https://www.cia.gov/library/publications/the-world-factbook/geos/xx.html.

13. Jamie Holguin, "A Murder a Minute," CBS News, 2002년 10월 3일, https://www.cbsnews.com/news/a-murder-a-minute/.

14. Peter Saul, "Let's Talk about Dying," TEDxNewy, 2011년 11월, https://www.ted.com/talks/peter_saul_let_s_talk_about_dying.

15. 이 내용은 다음의 훌륭한 책에 나온다. Matthew Levering, *Dying and the Virtues* (Grand Rapids: Eerdmans, 2018), 119-134.

16. 하비가 지나간 지 한 달도 못 되어 허리케인 어마와 마리아가 각각 플로리다, 푸에르토리코와 카리브해 일대를 덮쳐 5백억에서 9백억 달러 사이의 재산 피해를 냈다. 허리케인 마리아로 인한 사망자는 1,400명에서 5,740명 사이로 추산된다.

17. Edwidge Danticat, *The Art of Death: Writing the Final Story* (Minneapolis: Graywolf Press, 2017), 29. (『남아 있는 날들의 글쓰기』, 엑스북스)

12. 생명

1. 이 찬송가의 원문 전체를 다음 웹사이트에서 볼 수 있다. Charles Wesley, "Author of Life Divine," https://hymnary.org/text/author_of_life_divine.

2. 나의 누나의 교통사고 일지와 수개월에 걸친 회복을 다음 웹사이트에서 볼 수 있다. https://christchurchofaustin.org/category/christine/.

3. 클라우스 베스터만(Claus Westermann)의 말로 다음 책에 인용되어 있다. Bernhard W. Anderson, *Out of the Depths: The Psalms Speak for Us Today*, with Steven Bishop (Louisville, KY: Westminster John Knox, 2000), 118. (『시편의 깊은 세계』, 대한기독교서회)

4. Walter Brueggemann, *From Whom No Secrets Are Hid: Introducing the*

Psalms (Louisville, KY: Westminster John Knox, 2014), 69, 71. (『시편적 인간: 주는 마음의 비밀을 아시나이다』, 한국장로교출판사)

5. John Goldingay, *Psalms, Volume 3: Psalm 90-150* (Grand Rapids: Baker Academic, 2008), 193.

6. 욥기 34장 14-15절에도 이 개념이 나온다.

7. 이사야 35장과 42장은 창조의 능력이 하나님께만 있다는 이 개념을 우주, 인간, 생태계, 이스라엘 등 그분의 모든 작품에 적용한다.

8. Anderson, *Out of the Depths*, 143.

9. Brueggemann, *From Whom No Secrets Are Hid*, 70.

10. Robert Alter, *The Book of Psalms: A Translation with Commentary* (New York: W. W. Norton & Company, 2007), 113.

11. Matthew Henry, *A Commentary on the Whole Bible, Volume 3: Job to Song of Solomon* (Old Tappan, NJ: Fleming H. Revell Company, 1986), 786. (『매튜 헨리 주석 10: 시편 2』, CH북스)

12. Charles Briggs, *A Critical and Exegetical Commentary on the Book of Psalms*, 제1권, *The International Critical Commentary* (New York: Charles Scribner's Sons, 1906), 286.

13. Walter Brueggemann, *The Message of the Psalms: A Theological Commentary* (Minneapolis: Augsburg, 1984), 19. (『브루그만의 시편 사색』, 솔로몬)

14. 다음 여러 책을 참조하라. Artur Weiser, *The Psalms: A Commentary* (Philadelphia: The Westminster Press, 1962), 839. (『국제성서주석: 시편』, 한국신학연구소). Leslie C. Allen, *Psalms 101-150: World Biblical Commentary*, 개정판 (Nashville: Thomas Nelson, 2002), 397-398. (『시편 하 101-150편: WBC 성경주석 21』, 솔로몬). Goldingay, *Psalms*, 제3권, 737. J. Clinton McCann Jr., *The Book of Psalms*, 제4권, TNIB (Nashville: Abingdon Press, 1996), 660-662, 1274. Amos Hakham, *The Bible: Psalms, with the Jerusalem Commentary*, 제3권 (Jerusalem: Mosad Harav Kook, 2003), 491.

15. 하나님은 자기 백성과 더불어 "옛" 언약 대신 "새" 언약을 맺으신다(렘 31:31-37). 이스라엘의 욕된 "옛" 이름 대신 "새" 이름을 주신다(사 62:2). "옛" 영으로 고생하며 우상 숭배에 매여 더럽혀진 이스라엘에게 여호와께

서 "새" 영과 "새" 마음을 약속하신다(겔 11:19, 18:31, 36:26). 또 주께서 장
차 "옛" 천지 대신 "새" 하늘과 "새" 땅을 창조하시리니 "이전 것은 기억되
거나 마음에 생각나지 아니할 것"이다(사 65:17). 포로 생활에 대한 다음
책의 주해도 참조하라. N. T. Wright, *The New Testament and the People of
God* (Minneapolis: Fortress, 1992), 268-279, 299-301. (『신약성서와 하나님
의 백성』, CH북스)

16. Augustine, *Expositions of the Psalms 121-150*, 제3권 20편, *The Works of
Saint Augustine: A Translation for the 21st Century*, Maria Boulding 번역
(New York: New City Press, 2004), 374.

17. Augustine, *Expositions of the Psalms*, 121-150, 492.

18. 아우구스티누스에 따르면 예수님의 새 노래는 "자비의 새 음악"과도 같다.
Augustine, *Expositions of the Psalms 73-98*, 제3권 18편, *The Works of Saint
Augustine: A Translation for the 21st Century*, Maria Boulding 번역 (New
York: New City Press, 2002), 424-425, 459-460. 이 사랑의 새 노래는 "결코
낡아지지 않기에" 언제나 새롭다. 낡아지지 않는 이유는 우리가 늘 그리스
도의 부활하신 생명의 관성에 붙들려 있기 때문이다(골 3:17). 바로 그 생
명이 새로운 피조물에게 주어졌다(고후 5:17, 갈 6:15).

19. Jeremy S. Begbie, "Looking to the Future: A Hopeful Subversion," 출전:
For the Beauty of the Church: Casting a Vision for the Arts, W. David O. Tay-
lor 편집 (Grand Rapids: Baker, 2010), 198 주6.

20. 이 찬송가의 원문 전체를 다음 웹사이트에서 볼 수 있다. Charles Wesley,
"Author of Life Divine," https://hymnary.org/text/author_of_life_divine.

13. 열방

1. Samuel Ngewa, 출전: *Africa Bible Commentary*, Tokunboh Adeyemo 편집
(Grand Rapids: Zondervan, 2006), 시편 67편 4-5절에 대한 주해, 684.

2. Christopher J. H. Wright, *The Mission of God: Unlocking the Bible's Grand
Narrative* (Downers Grove, IL: InterVarsity Press Academic, 2006), 467. (『하나

님의 선교』, IVP)

3. David Brooks, "Yes, I'm an American Nationalist," *New York Times*, 2018년 10월 25일, https://www.nytimes.com/2018/10/25/opinion/america-nationalism-diversity-trump.html ("애국심은 온 국민을 향한 사랑이므로 팽창하는 사랑이고, 환대하려는 마음—사랑을 나누되 범위를 넓혀 더 많이 사랑하려는 마음—이 수반되므로 고귀한 사랑이다.")

4. Duane L. Christensen, "Nations," 출전: *Anchor Bible Dictionary*, 제4권, David Noel Freedman 외 편집 (New York: Doubleday, 1992), 1037 ("정경의 탄생 과정에서 '열방의 빛인 이스라엘'은 단연코 지엽적 주제가 아니다. 열방은 이스라엘의 생명의 모체이자 존재 이유 자체다.")

5. Walter Brueggemann & William H. Bellinger Jr., *Psalms* (Cambridge, UK: Cambridge University Press, 2014), 376-77.

6. Wright, *Mission of God*, 467.

7. Wright, *Mission of God*, 479.

8. 복수의 인간적 차원과 신적 차원에 대해 월터 브루그만이 유익하게 지적했듯이, "복수에 성공한다는 의미는 없고 하나님을 전적으로 확신한다는 의미뿐이다. 복수를 구하는 부르짖음은 이런 시의 결말부에서도 해결되지 않는다. 분노도 사라지지 않는다. 다만 복수심을 솔직히 **인정하고 내려놓는** 이중의 반응을 통해 극적인 변화가 일어나 있다". Walter Brueggeman, *Praying the Psalms* (Winona, MN: Saint Mary's Press, 1982), 60. (『시편의 기도』, 기독교문서선교회)

9. 다음 책을 참조하라. Brueggeman, *Praying the Psalms*, 62-65.

10. James L. Mays, *Psalms: Interpretation: A Bible Commentary for Teaching and Preaching* (Louisville, KY: Westminster John Knox, 2011), 447. (『시편: 목회자와 설교자를 위한 주석』, 한국장로교출판사)

11. Mays, *Psalms*, 448.

12. Walter Brueggemann, *The Message of the Psalms: A Theological Commentary* (Minneapolis: Augsburg, 1984), 151 (『브루그만의 시편 사색』, 솔로몬). ("여호와의 왕권 앞에서 다른 모든 왕권은 힘을 잃고, 권력을 절대화하려는 모든 유혹도 상대화된다⋯⋯. 여호와의 속성이야말로 이스라엘의 모든 정치권력—재

판관, 왕, 제사장—의 결정적 속성이다.")

13. James L. Mays, *The Lord Reigns: A Theological Handbook to the Psalms* (Louisville, KY: Westminster John Knox, 1994), 112.

14. Mays, *The Lord Reigns*, 116.

15. Wright, *Mission of God*, 501.

16. Mays, *The Lord Reigns*, 116.

17. Wright, *Mission of God*, 489. 분명히 이것이 학개 2장 7절의 관점이다.

18. W. Creighton Marlowe, "Music of Missions: Themes of Cross-Cultural Outreach in the Psalms," *Missiology* 26 (1998): 452. 다음 두 기사도 참조하라. Joan Huyser-Honig, "Why Persecuted Christians Sing Psalms in Pakistan," Calvin Institute of Christian Worship, 2013년 1월 7일, https://worship.calvin.edu/resources/resource-library/why-persecuted-christians-sing-psalms-in-pakistan/. Philip Jenkins, "Psalm 91: In Every Time and Place," *Christian Century*, 2018년 1월 9일, https://www.christiancentury.org/article/notes-global-church/psalm-91-every-time-and-place.

19. 이 기도는 케냐 성공회의 성찬 예배에 쓰이는 기도문을 각색한 것이다. 자세한 내용은 다음 웹사이트를 참조하라. https://www.reformedworship.org/article/march-2018/kenyan-rite.

14. 창조세계

1. 다음 책에 인용되어 있다. Robert W. Jenson, *Systematic Theology*, 제2권, *The Works of God* (Oxford: Oxford University Press, 1999), 14.

2. "SNH Commissioned Report No.374: The Special Qualities of the National Scenic Areas," Scottish Natural Heritage, 2010, https://www.nature.scot/snh-commissioned-report-374-special-qualities-national-scenic-areas.

3. Calvin Seerveld, *Voicing God's Psalms* (Grand Rapids: Eerdmans, 2005), 8.

4. 이 점에 대해서는 다음 책을 참조하라. E. C. Lucas, "Wisdom Theology,"

출전: *Dictionary of the Old Testament: Wisdom, Poetry & Writings*, Tremper Longman III & Peter Enns 편집 (Downers Grove, IL: InterVarsity Press Academic, 2008), 901–912.

5. Ellen F. Davis, *Getting Involved with God: Rediscovering the Old Testament* (Cambridge, MA: Cowley Publications, 2011), 68. (『하나님의 진심: 구약 성경, 천천히 다시 읽기』, 복있는사람)

6. Davis, *Getting Involved with God*, 68.

7. Bernhard W. Anderson, *Out of the Depths: The Psalms Speak for Us Today, with Steven Bishop* (Louisville, KY: Westminster John Knox, 2000), 144. (『시편의 깊은 세계』, 대한기독교서회). ("시편 104편에 하나님의 창조세계의 놀라운 질서와 설계가 그림처럼 제시된다. 공들여 만드신 그 전체 속에서 인간을 포함한 모든 피조물이 제때에 제자리를 얻는다. 이 시에는 미학적 즐거움의 요소마저 들어 있다. 하나님의 창조세계가 아름답게 느껴진다는 것이다. 그런데 이 아름다움의 경험은 단지 인간의 지각에 기초한 것이 아니다……. 하나님이 창조세계의 작품을 '즐거워하시기에' 인간의 즐거움도 충만할 수 있다.")

8. 다음 책을 참조하라. Tremper Longman III, "Psalms 2: Ancient Near Eastern Background," 출전: *Dictionary of the Old Testament: Wisdom, Poetry & Writings*, 593–605.

9. 다음 책을 참조하라. Rolf A. Jacobson & Karl N. Jacobson, *Invitation to the Psalms: A Reader's Guide for Discovery and Engagement* (Grand Rapids: Baker Academic, 2013), 156–157. (『시편으로의 초대』, 대서)

10. Jim Cotter, *Psalms for a Pilgrim People* (Harrisburg, PA: Morehouse Publishing, 1998), 13.

11. 두 히브리어 단어의 번역은 다음 책을 참조했다. Davis, *Getting Involved with God*, 192–194.

12. Davis, *Getting Involved with God*, 192.

13. 인간의 소명 중 이 부분을 탐색하려는 독자에게는 3회분으로 구성된 다음의 성경 공부가 도움이 될 것이다. "Creation Care," *Christianity Today*, 2007년 12월 1일, https://www.christianitytoday.com/biblestudies/c/creation-care.html.

14. John Goldingay, *Psalms, Volume 1: Psalms 1-41* (Grand Rapids: Baker Academic, 2006), 161.

15. Gordon W. Lathrop, *Holy Ground: A Liturgical Cosmology* (Minneapolis: Fortress, 2003), 45.

16. Karl Barth, *Church Dogmatics*, 제3권 1편, J. W. Edwards, O. Bussey, & Harold Knight 번역 (Edinburgh: T. & T. Clark, 1958), 346. (『교회 교의학』, 대한기독교서회)

17. Barth, *Church Dogmatics*, 제3권 1편, 214.

18. Barth, *Church Dogmatics*, 제3권 1편, 181.

19. Barth, *Church Dogmatics*, 제3권 1편, 219.

20. 안식일에 대한 논고를 바르트는 지친 인간을 위한 약간 실제적인 정보로 결론짓는다. 매주를 "힘겨운 오르막길"로 볼 게 아니라 "안식일이라는 정상으로부터 즐겁게 하산하는 길"로 보아야 한다는 것이다. Barth, *Church Dogmatics*, 제3권 1편, 228.

21. Marva J. Dawn, *A Royal Waste of Time: The Splendor of Worshiping God and Being Church for the World* (Grand Rapids: Eerdmans, 1999). (『고귀한 시간 낭비: 예배』, 이레서원)

22. Calvin Seerveld, *Voicing God's Psalms* (Grand Rapids: Eerdmans, 2005), 8.

23. Kathryn Schifferdecker, "Creation Theology," 출전: *The Dictionary of the Old Testament*, 68. ("오염된 강은 하나님을 목청껏 찬송할 수 없다.")

24. Walter Brueggemann, *From Whom No Secrets Are Hid: Introducing the Psalms* (Louisville, KY: Westminster John Knox, 2014), 79. (『시편적 인간: 주는 마음의 비밀을 아시나이다』, 한국장로교출판사)

25. 이 점에 대해서는 다음 책을 참조하라. Christopher R. J. Holmes, *The Lord Is Good: Seeking the God of the Psalter* (Downers Grove, IL: InterVarsity Press Academic, 2018), 5장 "The Good Creator."

26. 이 찬송가의 원문 전체를 다음 웹사이트에서 볼 수 있다. https://hymnary.org/text/the_heavens_declare_thy_glory_lord_in_ev.

맺는말

1. Eugene Peterson, *Where Your Treasure Is: Psalms That Summon You from Self to Community* (Grand Rapids: Eerdmans, 1993), 174. (『유진 피터슨의 기도 학교』, 죠이선교회출판부)

2. "Bono & Eugene Peterson: The Psalms," Fuller Studio, 2016년 4월 26일, https://www.youtube.com/watch?v=-l40S5e90KY. 다음 자료도 참조하라. "Bono & Eugene Peterson on the Psalms," Fuller Studio, https://fuller-studio.fuller.edu/bono-eugene-peterson-psalms/.

3. Kathleen Norris, "The Paradox of the Psalms," 출전: *Out of the Garden: Women Writers on the Bible*, Christina Buchmann & Celina Spiegel 편집 (New York: Fawcett Columbine, 1994), 222-223. 다음 책도 참조하라. Kathleen Norris, *The Psalms with Commentary by Kathleen Norris* (New York: Riverhead Books, 1997).

4. Norris, "The Paradox of the Psalms," 225.

5. Rolf A. Jacobson & Karl N. Jacobson, *Invitation to the Psalms: A Reader's Guide for Discovery and Engagement* (Grand Rapids: Baker Academic, 2013), 56. (『시편으로의 초대』, 대서)

6. Eugene Peterson, *Praying with the Psalms: A Year of Daily Prayers and Reflections on the Words of David* (New York: HarperOne, 1993), 89. (『시편으로 드리는 매일 기도』, 홍성사)

7. Augustine, *Expositions of the Psalms 73-98*, 제3권 18편, *The Works of Saint Augustine: A Translation for the 21st Century*, Maria Boulding 번역 (New York: New City Press, 2002), 190.

8. Augustine, *Expositions of the Psalms 73-98*, 196.

9. Peterson, *Where Your Treasure Is*, 171-172.

10. Peterson, *Where Your Treasure Is*, 172.

11. Nan C. Merrill, *Psalms for Praying: An Invitation to Wholeness* (New York: Continuum, 2007), 69-70.

12. William P. Brown, *Seeing the Psalms: A Theology of Metaphor* (Louisville,

KY: Westminster John Knox, 2002), 57. 브라운은 이렇게 덧붙였다. "저자는 시편의 입구에 즉 시편이라는 피난처의 문턱과 길머리에 나무를 심어 놓은 셈이다……. 성전 입구의 양옆에 따로 세워진 나무 기둥들이 그곳을 불가침의 성역으로 구분해 주듯이, 시편 1편도 시편의 범위가 철두철미하게 교훈과 신앙임을 말해 준다"(75).

13. Brown, *Seeing the Psalms*, 165.

마음을 열고, 두려움 없이

삶을 인도하는 시편

초판 1쇄 인쇄 2024년 7월 30일

초판 1쇄 발행 2024년 8월 16일

지은이   데이비드 테일러

옮긴이   윤종석

펴낸이   박명준

편집   박명준   펴낸곳 바람이 불어오는 곳

디자인   김진성   출판등록 2013년 4월 1일 제2013-000024호

제작   공간   주소 03041 서울 종로구 자하문로 5, 5층

                        전자우편 bombaram.book@gmail.com

                        문의전화 010-6353-9330   팩스 050-4323-9330

                        홈페이지 bombarambook.com

ISBN 979-11-91887-23-5 03230

바람이불어오는곳 은
삶의 여정을 담은 즐거운 책을 만듭니다.

🅕 🅸 bombaram.book